帆式船舶自主航行制导与控制

张国庆　章文俊　黄晨峰　著

国防工业出版社
·北京·

内 容 简 介

本书深入总结编者近年来围绕帆式船舶自主航行控制任务取得的关键研究成果，涵盖帆式船舶建模、迎/顺风换舷策略、自主制导技术、动态面控制、鲁棒神经阻尼技术、动态事件触发机制、速度调节控制、能耗优化与帆力补偿等理论技术与实际需求实践，设计帆式船舶自主航行制导与鲁棒控制策略。本书内容融入了编者对帆式船舶智能航行控制的一系列思考所得和研究设计范例，力求使本书内容在全面性和实用性方面具有较高的参考价值。

本书各部分内容既相互联系又相互独立，读者可根据自己需要选择学习。本书内容精炼，系统性和实用性强，可作为交通运输工程、交通信息工程及控制、航海科学与技术、控制科学与工程等专业高年级本科生和研究生的教材和参考书使用，也可供绿色智能船舶建造及航行控制相关领域的广大工程技术人员和科研工作者自学和参考。

图书在版编目（CIP）数据

帆式船舶自主航行制导与控制／张国庆，章文俊，
黄晨峰著. -- 北京：国防工业出版社，2025. -- ISBN
978 - 7 - 118 - 13641 - 8

Ⅰ . U674. 926

中国国家版本馆 CIP 数据核字第 2025US8817 号

※

国防工业出版社 出版发行

（北京市海淀区紫竹院南路 23 号　邮政编码 100048）
三河市天利华印刷装订有限公司印刷
新华书店经售

*

开本 710×1000　1/16　插页 8　印张 11½　字数 200 千字
2025 年 5 月第 1 版第 1 次印刷　印数 1—1500 册　定价 88.00 元

（本书如有印装错误，我社负责调换）

国防书店：(010)88540777　　　书店传真：(010)88540776
发行业务：(010)88540717　　　发行传真：(010)88540762

前　言

　　帆船应用最早可追溯到明代"郑和七下西洋",已有上千年的历史。随着蒸汽机的发明,性能优越的机动船逐渐取代帆船成为承担远洋运输任务的主要运载工具。然而,20 世纪七八十年代,全球发生两次严重石油危机。在常规石化能源供应紧缺和全球生态环境恶化的双重压力下,世界各国相继重启风帆推进的研究工作。随着国际海事组织(IMO)关于船舶能效设计指数(EEDI)强制要求的全面生效,采用风帆作为现代船舶的推进动力再次成为船舶制造与智慧航运领域的研究热点。2018 年,由中船重工研制、大连船舶重工建造的世界第一艘以风帆作为助推动力的大型油轮"凯力号"成功交付,载重量达30.8 万吨,填补了国际上 30 万吨级大型风帆助航船的空白。2022 年 9 月,大连船舶重工成功交付新一代节能环保型大型油轮"新伊敦号"。与"凯力号"相比,该油轮采用第二代自主研发风帆装置,更加注重船舶运营性能优化,增强船舶在风浪中的航行性能,节约燃油消耗约 9.8%。以上事实表明,帆式船舶相关技术研究已在全球范围内开展,具有重要的技术先进性和商业价值。

　　事实上,帆式船舶在远洋货运、环境观测、海洋牧场、体育训练等领域均具有广泛应用。近年来,笔者一直从事船舶智能航行、海事安全保障技术研究,结合国家"双碳"战略目标和工程应用中长航时任务需求,针对帆船或风帆助航船自主航行问题开展系列研究工作,取得了围绕"帆式船舶自主航行制导与控制"主题的有益成果。基于此,笔者对相关成果进行梳理、精炼和再创造,形成本书,期待为帆船控制领域相关学者及工程技术人员提供参考,进而推动帆船自主航行技术快速发展。

　　本书从相关理论发展角度出发,共分 6 章进行阐述,主要内容如下:

　　第 1 章为全书的绪论,回顾了帆式船舶运动控制理论的发展历史,围绕帆式船舶建模、制导和控制三方面展开论述。为读者阅读本书提供了一个整体性、概略性的了解。

第 2 章简要介绍了 Lyapunov 稳定性理论、自适应 Backstepping 控制。在此基础上，论述了事件触发控制、帆式船舶运动数学模型、海洋环境干扰模型的相关理论，为后续章节的被控对象描述提供了理论铺垫，为读者更好地了解船舶运动系统机理提供基础。

第 3 章针对无人帆船在时变风场下影响航行稳定性，提出了一种无人帆船换舷制导策略下的鲁棒自适应控制方法。

第 4 章面向无人帆船工程任务实际需求，提出了一种改进的 LVS 无人帆船航行制导与鲁棒控制方法。

第 5 章针对两种不同类型的翼型风帆船舶，提出了考虑风帆补偿的自适应事件触发控制算法。

第 6 章针对一类新型的转筒帆助航船舶，提出了一种干预制导下的动态事件触发自适应控制方法。

本书第 1、5、6 章由张国庆撰写，第 2 章由章文俊撰写，第 3、4 章由张国庆和黄晨峰共同撰写，研究生尹世麟、许洋、孙竹、李志豪、石程前、杨逸隆、徐轶晖、赵浩宇、冯君基、姚桂鹏、黄万进、朱洺绪、张宇、李纪强、常腾宇对书稿进行了校对及整理工作。在本书的撰写过程中，张显库教授对全书内容规划给予了悉心指导。感谢大连海事大学刘正江校长、尹勇教授、谢洪彬教授对本书提出宝贵意见。本书反映了最新研究成果，对从事帆式船舶控制研究的学者具有一定的借鉴意义。

本书获得国家优秀青年科学基金项目（52322111）、国家自然科学基金项目（52171291）、辽宁省应用基础研究计划项目（2023JH2/101600039）、辽宁省"兴辽英才计划"青年拔尖人才（XLYC2203129）、大连市杰出青年科技人才项目（2022RJ07）、中央高校基本科研业务费专项资金（3132023502）的资助，在此表示深切的谢意。

由于作者水平有限，书中难免存在不足之处，恳请广大专家读者批评、指正。

作　者

2024 年 08 月　大连

目　录

第1章　绪论 ·· 1

1.1　船舶运动控制发展概述 ································· 2

1.2　帆式船舶研究现状 ····································· 6

　　1.2.1　帆式船舶发展现状 ······························ 6

　　1.2.2　帆式船舶建模、制导与控制 ···················· 8

1.3　帆式船舶自主航行技术难点分析 ······················ 12

1.4　全书结构内容安排 ····································· 12

第2章　帆式船舶建模及相关基础 ························· 14

2.1　帆式船舶运动数学模型 ································· 15

　　2.1.1　风帆种类及推力原理 ··························· 15

　　2.1.2　帆式船舶四自由度非线性数学模型 ·············· 18

　　2.1.3　执行器故障模型 ······························· 20

　　2.1.4　执行伺服系统模型 ····························· 21

2.2　海洋环境干扰模型 ····································· 22

　　2.2.1　风干扰模型 ··································· 22

　　2.2.2　海浪干扰模型 ································· 25

　　2.2.3　海流干扰模型 ································· 29

2.3　Lyapunov 稳定性理论 ·································· 29

　　2.3.1　稳定的概念 ··································· 29

　　2.3.2　Lyapunov 稳定性定理 ·························· 29

　　2.3.3　自适应 Backstepping 控制 ····················· 32

2.4　事件触发控制 ··· 38

第3章 基于 DSC 技术的帆船鲁棒自适应控制 ········· 45

3.1 基于换舷策略的帆船鲁棒自适应控制 ············· 45

  3.1.1 问题描述 ··································· 46

  3.1.2 基于帆角换舷策略的 ILOS 制导 ············ 47

  3.1.3 基于帆角换舷策略的帆船路径跟踪控制 ······· 50

  3.1.4 仿真研究 ································· 54

3.2 基于帆角调节的帆船鲁棒自适应控制 ············· 59

  3.2.1 问题描述 ································· 59

  3.2.2 考虑航行区域划分的帆船复合 ALOS 制导设计 ··· 61

  3.2.3 基于帆角调节的帆船路径跟踪控制 ··········· 63

  3.2.4 仿真研究 ································· 67

3.3 本章小结 ···································· 73

第4章 基于 LVS 制导策略的帆船事件触发控制 ········ 75

4.1 双层虚拟制导下的帆船事件触发控制 ············· 75

  4.1.1 问题描述 ································· 76

  4.1.2 考虑时变风场的双层虚拟制导 ·············· 77

  4.1.3 双层虚拟制导下的帆船事件触发鲁棒控制器设计 · 78

  4.1.4 仿真研究 ································· 83

4.2 LVS 制导下的帆船动态事件触发控制 ············· 89

  4.2.1 问题描述 ································· 89

  4.2.2 考虑大转向执行器受限的改进 LVS 制导策略 ···· 90

  4.2.3 LVS 制导下的帆船动态事件触发控制 ········· 93

  4.2.4 仿真研究 ································· 97

4.3 本章小结 ···································· 101

第5章 基于改进 LVS 制导策略的翼型风帆助航船事件触发控制 ······· 103

5.1 具有容错机制的翼型风帆助航船事件触发控制 ······· 103

  5.1.1 问题描述 ································· 104

  5.1.2 基于航路点虚拟圆弧转向的翼型风帆助航船复合 LVS
      制导设计 ······························· 105

  5.1.3 具有速度调节机制的翼型风帆助航船鲁棒自适应控制 ··· 106

  5.1.4 仿真研究 ································· 112

5.2 具有帆力补偿机制的翼型风帆助航船多端口事件触发控制 ··· 117

  5.2.1 问题描述 ································· 118

5.2.2　针对翼型风帆助航船的虚拟制导 ……………………… 119

5.2.3　考虑帆力补偿的翼型风帆助航船多端口事件触发控制 ……… 120

5.2.4　数值仿真及实船试验 ……………………………… 126

5.3　本章小结 …………………………………………… 136

第6章　基于触发 LVS 制导的转筒型风帆助航船路径跟踪控制 ……… 137

6.1　考虑最优推力的转筒型风帆助航船路径跟踪控制 ………… 137

6.1.1　问题描述 …………………………………………… 138

6.1.2　基于非线性修饰规则的 LVS 制导 ………………… 138

6.1.3　基于推力优化的鲁棒自适应控制算法 ……………… 140

6.1.4　仿真研究 …………………………………………… 145

6.2　基于能耗优化机制的转筒型风帆助航船牧场巡航控制 ……… 150

6.2.1　问题描述 …………………………………………… 150

6.2.2　基于有限边界的触发式 LVS 制导 ………………… 151

6.2.3　基于触发式 LVS 制导的转筒型风帆助航船牧场巡航控制 …… 152

6.2.4　仿真研究 …………………………………………… 156

6.3　本章小结 …………………………………………… 165

参考文献 ……………………………………………………… 166

附录　主要符号、缩写说明 ………………………………… 172

第1章 绪 论

船舶以载货大宗化、运价低廉化、运输便捷化等特点成为交通运输行业最重要的运载工具,在海上运输、海洋开发领域占据不可忽视的地位。联合国贸发委(United Nations Conference on Trade and Development, UNCTD)发布的《2022 世界海运述评》[1]中指出:"在过去的 25 年时间里,20 家最大的海运承运商占有市场份额已由 48% 增至 91%;2020—2021 年,全球船舶的二氧化碳排放量增加约 5%。"尽管船舶在海洋运输中发挥了重要作用,但是现有海洋运输船基本上以内燃机为主,主要消耗石油、天然气等化石能源。根据克拉克森最新研究数据表明[2],全球 100GT 以上的船舶已经突破 10 万艘,全球船用消耗燃油达到 2.8 亿吨,船舶运营用油不仅需求量大,而且还会产生大量的温室气体。随着航运业正在进行低碳燃料过渡,25% 的船舶运力为现代环保船舶,20% 船舶安装了脱硫装置,16% 船舶配备了至少一种节能技术,仅 19% 的船舶由中国建造。2018 年 4 月国际海事组织(International Maritime Organization, IMO)在伦敦通过了《IMO 船舶温室气体减排初步战略》[3],该战略旨在促进航运温室气体减排,期望到 2050 年实现航运温室气体年度排放量下降为 4.7 亿吨,比 2008 年的航运温室气体年度排放量减少 50%。实现该战略的一项重要举措就是采用替代性低碳和零碳燃料,如风能、潮汐能、核能、太阳能,加强新能源智能船舶的研发与创新。风能是海洋上的一种丰富能源,在 5000 年前,人们就开始利用风能推动简易的帆板。15 世纪,帆式船舶作为主要的海上航行工具,最具代表性的有"郑和下西洋"采用的"宝船"。随着"蒸汽时代"的到来,由于帆式船舶运输具有极大的环境不确定、操纵困难以及载货量小的弊端,帆船运动逐渐成为体育竞技活动,并在 1896 年首次被列为奥运会比赛项目,2008 年第 29 届国际奥林匹克运动会帆船竞赛在青岛国际帆船中心举行,多种船型亮相在浮山湾海域,展现了帆式船舶产业的勃勃生机。温室效应以及能源危机的加剧加快了利用清洁能源的技术研发与创新,新型风帆结构及先进的无人系统控制技术促进了对帆式船舶的研究[4]。

随着第四次工业革命的到来,人类进入到人工智能时代,提升船舶自主航行技术装备水平已成为世界各国和地区的重要发展战略。为此，《国家中长期科学与技术发展规划》纲要提出，要大力发展船舶领域信息化和智能化技术，解决我国高技术船载装备配套能力弱的问题[5]。《中国制造 2025》将高新技术船舶列为十大重点研发领域，进一步促进了智能船舶以及无人船舶的发展。无人船舶以更经济、更高效、更精准的优势在海洋工程领域具有广阔的应用前景[6]。2013 年挪威船级社研发的无人船"REVOLT"进行试运营，该船采用电力推动，载货 100TEU①。2016 年英国罗尔斯罗伊斯公司将自主靠泊、避碰、动力定位等技术作为无人船的重点攻关技术。国内无人船研发主要有云洲智能、华测导航技术公司以及各科研院所，无人船主要用于环境监测、海洋调查、安防救援以及无人航运等领域，例如，云洲智能研发环境监测船"ESM30"号、海洋调查船"极行者"号、救援无人船"海豚 1"号和无人货船"筋斗云"号。这些无人船虽然能够实现自主循迹航行和自主避碰功能，但是主要依靠电力推进，存在续航能力不足的缺点。相比于常规水面船舶，帆式船舶由于依赖风能作为动力，能够更好地满足环保、智能、续航久的需求，已经显示出其独特的应用价值，尤其在海洋环境监测、海上救助、海洋资源勘探等领域[7]。帆式船舶由于借助风能的优势，能够实现远距离巡航、长航时值守。尽管如此，帆式船舶的运动控制需要进行迎风换舷操纵，另外具有受环境干扰严重、速度难以调节、系统参数不确定的特点，使得帆式船舶在路径跟踪控制方面存在较大的困难，特别是在迎风或顺风中执行航行任务时。因此，对帆式船舶设计满足海洋工程需求的控制器具有重要的理论意义与实际应用价值。

1.1 船舶运动控制发展概述

数学是一切科学的基础[8]，控制是解决许多科学问题的核心任务。自动化和信息产品给海上交通运输，乃至整个海洋经济发展带来了巨大变革。控制理论与信息技术对交通运输工程系统的发展起到了重要推动作用。船舶运动控制历史渊源悠久，近 30 年来吸引了不少国内外学者从事这方面研究工作并取得了不少开创性成果[9-11]。编者从船舶运动控制角度梳理了船舶智能航行的 3 个发展阶段，即，经典设计（1911—2001）、现代设计（2002—2011）和智能设计（2012 至今）3 个阶段。

经典设计阶段：船舶运动的核心是控制问题，而先进的控制算法的实现又依赖于船舶数学模型[12]。电罗经的应用、航向保持控制的普及以及航迹自动

---

① 1TEU = 1 集装箱

舵的应用是经典设计阶段最典型的船舶运动控制技术进展。早在 1908 年，H. Anschutz 首次发明具有寻北功能的磁罗盘，3 年后 Elmer Sperry 获得发明专利"阻尼陀螺罗经"。罗经测量方位的功能为构建船舶闭环控制系统提供反馈信息，这使得将控制理论应用于船舶自动操纵成为可能。20 世纪 70 年代前后，美国第一代卫星定位系统（Global Positioning System，GPS）的出现进一步为船舶运动控制研究带来了巨大变化，相关研究学者从解决航向保持控制、减摇控制任务逐渐开始尝试解决动力定位、航路点/航迹控制任务，取得较为典型研究成果的学者有 T. I. Fossen[13]，K. Y. Pettersen[14]、贾欣乐[15-16]、张显库[17]。

现代设计阶段：21 世纪以来，随着非完整系统理论的逐步完善，欠驱动船舶的控制在船舶运动控制领域掀起又一股新的研究热潮[18-19]。欠驱动机械系统是指系统控制输入向量张成空间的维数小于系统位形空间维数的机械系统，典型特点是由较少的控制输入维数控制较大位形空间的运动，控制难度较大，受到国内外研究人员的广泛关注。普通商用海船主要具有主机推进器和舵装置 2 大操纵设备，分别控制船舶前进/后退运动和转舵运动，横漂运动没有专门的驱动装置，是一种典型的欠驱动机械系统。即使部分船舶为了改善低速情况下操纵性能而装备了艏/尾侧推装置，但在海上正常营运航速下不能有效提供驱动作用，仍然为欠驱动机械系统[20-22]。欠驱动船舶的控制问题具有挑战性主要在于其不满足 Brockett 定理必要条件，即不存在连续时不变反馈控制律能够有效地镇定/控制上述欠驱动系统；另外，存在加速度不可积分的二阶非完整约束，且系统不能转化为标准的无漂非完整系统，导致多数针对非完整系统的控制策略设计不能直接应用于欠驱动船舶运动控制任务[23-24]。当前欠驱动船舶运动控制研究工作主要解决以下 3 类基本任务[25]：点到点运动控制（即姿态镇定控制，包括动力定位和自动靠离泊控制）、路径跟踪控制、轨迹追踪控制。2009 年，西澳大利亚大学学者 K. D. Do 系统地总结了其 10 余年来在欠驱动船舶运动控制方面的理论研究成果，形成著作[25]，对相关理论研究者具有重要参考价值。如果说著作[25]对近 10 年来欠驱动船舶（包括水下机器人）运动控制研究成果的系统总结是船舶运动控制学科发展的一项重要阶段性成果，那么文献 [26] 则在总结现有研究的基础上为欠驱动船舶运动控制研究工作进一步发展指明了方向，并提出了一些开放问题供广大科研人员共同钻研，对欠驱动船舶运动控制的发展具有重要意义。当前欠驱动船舶运动控制研究主要存在以下 2 点问题：①欠驱动船舶运动控制研究课题始于"利用非完整系统理论分析船舶运动特性"，导致目前部分已有研究成果局限于理论分析，重心关注在求解数学问题上，而忽略了理论研究最终目的是解决海洋工程环境下的船舶运动实际问题。例如，忽略了船舶模型中过多非线性项、未考虑船舶运动系统中执行器和运动状态不可测量等问题；②对于一般非线性系统而言，镇定控制是跟踪控制的一种特殊情况（即参考信号为零），不需要单独考虑进行控制器设计[27]。上述观点不适合欠驱动船舶，镇定控制和跟踪控制任务需要分别进行控制器设计以满足持续激励条件。基于上述问题的考虑，文献 [28] 指出进一步欠驱动船舶运动控制研究工作重点在于解决：同时镇定/跟踪控制策略研究、考虑执行装置约束条件的控制器设计和自适应输出反馈控制研究。

　　智能设计阶段：近年来，国内外船舶领域机构及学者普遍将智能控制技术聚焦于大型船舶，在各国顶层战略设计的推动下，大型船舶智能化进程加快。2012 年，欧盟 MUNIN（海上智能无人驾驶航行网络）项目，首次提出了无人驾驶概念，借助雷达、AIS 感知航行环境，遵循国际海上避碰规则避让过往船舶，通过卫星等通讯链路回传船舶状态信息至岸端控制中心[29-30]。2017 年，武汉理工大学严新平院士团队创立"航行脑"智能航行系统构架，引领国内船舶智能航行技术快速发展[31]。2018 年，芬兰 SVAN 项目研发的全自动渡船 Falco 号实现了自主航行和远程驾驶，在没有船员干预下的渡船在进入港口时能够改变速度和航线，标志着自主航运向前迈出了一大步。2021 年，俄罗斯启动 MASS 试验项目，建立岸基驾控中心并开展真实环境试验，可实现 360°全角度视景实时监测，开展远洋自主航行、岸基远程驾驶技术研究。2023 年 12 月，大连海事大学智能研究与实训两用船"新红专"号在大连下水，入级中国船级社，申请 i-Ship（R1, No, M, I）智能船级符号。2024 年，拖轮"津港轮 36"开展自主伴航海试并取得成功，是船舶智能航行技术进展的重要成果[32]。数学模型和控制算法是上述智能船舶工程应用的重要基础，文献 [33] 在 Fossen 模型基础上，采用非线性信息技术对船舶水动力导数及相关模型参数进行在线辨识，将模型精度提升至 91%。在控制算法层面形成了"百花齐放"的繁荣场景，从单一船舶的路径跟踪控制逐渐多点辐射，在控制任务上形成了多船动力定位、编队协同控制、特殊水域（狭水道、岛礁等）高精度路径跟踪、避障控制等，在制导算法上发展完善了积分前向视距制导律（Line Of Sight, LOS）、动态虚拟船制导律（Dynamic Virtual Ship, DVS）、干预/触发 LVS 制导、虚拟制导等，在控制技术上提出了增益自适应技术、鲁棒神经阻尼技术、动态面技术、预设性能技术、有限/预定时间控制、事件触发控制、容错控制、网络攻击控制等。文献 [33] 讨论了当前船舶路径跟踪控制算法中亟待解决的开放性问题：①避碰规则下多静态/动态障碍约束下船舶高精度路径跟踪问题；②模型非线性、恶劣海况等造成的控制器计算、传输冗余问题；③多船协同船间通信受限问题；④"双碳"背景下绿色智能船舶自主制导与先进控制问题。基于上述问题的考虑，文献 [34-35] 认为船舶高性能路径跟踪控制器仍然值得进一步探索，特别是针对新能源船舶在复杂海事任务场景中的自主航行任务，如内河航行、近岸航行、港内航行等。

上述关于船舶运动控制发展概述，依据主要为编者个人进行文献研读、理解以及对船舶运动控制发展历史的认识。根据上述分析，图1.1给出了船舶运动控制发展概述图，包括了不同发展阶段各种控制算法使用情况。

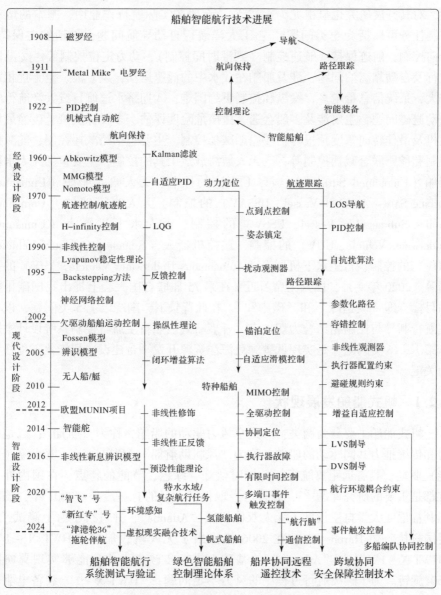

图 1.1　船舶运动控制发展概述

1.2　帆式船舶研究现状

船舶运动控制是当前智能船舶研究领域的一个重要研究课题，其最终目的是提高船舶自动化、智能化水平，保证船舶海上航行的安全性、经济性、舒适性，对其开展研究也显得尤为重要[33]。在船舶实际航行作业中，基本的运动控制任务可概括为 5 类问题[36]：①大洋航行自动导航问题，包括航向保持、转向控制、航迹保持、航速控制（到港时间控制）、动力定位控制等；②港区航行及自动靠离泊问题，涉及船舶在浅水中的低速运动，风、浪、流干扰相对增大，系统信息量增多，操纵和控制更趋困难；③拥挤水道航行或大洋航行的自动避碰问题，主要涉及多船会遇、碰撞危险度评估、多目标决策、碰撞最佳时机及最佳转向幅度预报等；④船舶减摇控制，主要包括鳍减摇控制、舵减摇控制和舵鳍联合减摇控制等；⑤无人航海载运工具的控制，主要包括无人水面船舶（Unmanned Surface Vessel，USV）的控制、无人帆式船舶（Unmanned Surface Sail - Assisted Vessel，USSAV）的控制、无人半潜船舶（Unmanned Semi - Submersible Vessel，USSV）的控制、无人水下机器人（Unmanned Underwater Vehicle，UUV）的控制、遥控机器人（Remotely Operated Vehicle，ROV）的控制、自主水下机器人（Autonomous Underwater Vehicle，AUV）的控制等。2020 年 9 月，国家主席习近平在第 75 届联合国大会上提出我国碳排放的目标，即"碳达峰"和"碳中和"。在此背景下，围绕以上 5 类问题，以自主航行制导与控制相结合为切入点，开展帆式船舶自主航行控制系统设计隶属于第①、⑤类问题，是实现低碳绿色海洋资源开发平台建设或智能化工程任务的关键。

1.2.1　帆式船舶发展现状

帆式船舶主要分为两类：一是全风力驱动的船舶，称为"帆船"；二是风力和传统推力共同驱动的船舶，称为"风帆助航船"。利用海洋环境能源（风能）驱动，具有远距离航行、长航时值守、绿色、节能的特点，在国内外一直都是重要的研究课题[37]，并且已经取得了大量的有益成果。2001 年，美国加利福尼亚大学自主设计了无人双体帆船"Atlantis"，并进行了海上测试[38]。美国科技公司 Harbor Wing 在 2006 年推出了无人帆式船舶"HWT X - 1"，"HWT X - 1"是在"Atlantis"的基础上进一步改进而成，能够实现翼帆的 360°旋转。为了解决航行过程中的风力不足问题，"HWT X - 1"装备电驱动螺旋桨，在航速低于 4kn 时，能够辅助推进航行，螺旋桨可全速航行 4h[39]。

2012 年，美国科技公司 Sail - Drone 将太阳能板和翼帆安装到水面航行器上，推出一款新型的无人帆船 "Sail - Drone USV"。"Sail - Drone USV" 船长 7m，高 7.5m，重 445kg，载荷能力 100kg，太阳能板最大功率为 10W。除此之外，"Sail - Drone USV" 还搭载了 CTD 传感器、测深仪、GPS、计程仪、气象站等传感器，能够执行 6 ~ 12 个月的海面航行任务。2015 年 "Sail - Drone USV" 作为海洋环境数据探测与收集的平台被选入美国北极探索创新技术项目，在白令海峡收集海冰与海温数据，用于分析北极海冰 - 海温关联性影响，艇上风帆装置的成功应用为海洋观测无人艇设计提供了新的思路，具有极高的实用价值和参考意义[40]。澳大利亚科研小组 INNOC 研发的人工智能帆船 "ASV Robot" 在 2006 年开始建造，2012 年 "ASV Robot" 搭载海洋数据传感器、太阳能光板、甲醇燃料电池、通信设备（WLAN，IRIDIUM 卫星通信系统和 UMTS/GPRS）等在波罗的海进行 150 n mile、100h 的完全无人自主航行。阿丽亚娜集团计划建造一艘风帆混合动力滚装船 "Canopee"，"Canopee" 的推进系统包括螺旋桨推进系统和 4 个 30m 高的翼帆，风帆能够节省 30% 的燃料消耗。

同欧美国家相比，国内的帆式船舶研究起步相对较晚，针对帆式船舶的研究主要集中在中科院沈阳自动化研究所、大连海事大学、上海交通大学、哈尔滨工程大学、中船重工 702 研究所等科研院所，近年来也获得了重要的研究成果[41-45]。2018 年 10 月，我国自主研发的大型风帆样机在超大型油轮上进行为期 5 天的海上试验测试并取得了成功，这对节能减排背景下将风帆技术应用到船舶上提供了数据支持。上海交通大学王健等设计了一套风帆混合动力无人艇系统[46]，并通过海试验证了该系统在风帆 3 向受风（横风、顺风、逆风）时有较高的可控性和航迹准确性。与风力发电相比，风帆设备结构简单，可靠性较高，可直接利用绿色能源。同年，由中船重工研制，大连船舶重工集团建造的世界上第一艘以风帆作为助推动力的 "凯力号" 大型油船成功交付，总载重量达 30.8 万吨，填补了国际上 30 万吨级大型帆式船舶的空白，成为当时最大吨位的帆式船舶。"凯力号" 依靠海上风力大大地降低了船舶发动机的负载功率，平均每天可节省 3% 的燃油消耗，合计燃油 2 ~ 3 万吨，节能减排效果显著。2019 年 6 月，第 12 届世界无人帆船大赛（World Robotics Sailing Championship，WRSC）首次在我国宁波举行。WRSC 是专注于无人帆船技术发展的一项世界级赛事，促进了无人帆船在迎风/顺风航行、路径跟踪、自主避障方面的技术突破。2019 年 11 月，中科院沈阳自动化所研制的海洋观测无人帆船 "海鸥" 号在青岛进行了海上航向保持、路径跟踪试验[47]。"海鸥" 号的研发填补我国在无人帆船方面的多项技术空白，对我国远距离、长航时的海洋观测机器人的发展做出了重要贡献。

1.2.2　帆式船舶建模、制导与控制

随着人工智能以及无人控制系统的不断发展，越来越多的先进控制系统被广泛地应用到欠驱动船舶控制领域。帆式船舶作为欠驱动水面船舶的一种，以风能为主要推进能源，具有远距离、长航时航行特点，近年来在海洋环境探索、海洋救助和军事侦察等海洋工程方面具有广阔的应用前景[48]。尽管风能能够为帆式船舶提供一定的推进力，但是具有明显不确定性的风也会造成帆船系统的不稳定，甚至造成船体倾覆[49]。此外，帆、舵操纵的机械特性也会造成帆式船舶系统的控制困难。因此，国内外众多学者已经针对帆式船舶运动控制进行了相关研究，并且取得了众多理论创新[10,50-52]。帆式船舶的研究主要可以分为建模、航向保持控制、路径跟踪控制三部分，建模是帆式船舶运动控制和操纵性的研究基础，航向保持控制是整个控制系统的技术基础，考虑实际工程需求（点到点航行、基于航路点航行、避障航行、编队航行等）的路径跟踪控制是帆式船舶运动控制的主要目标。

帆式船舶的推力来源主要为帆或帆 – 螺旋桨联合输入，转船力矩主要来源于舵，在横摇、纵倾、垂荡自由度上无控制输入，因此，帆式船舶具有明显的欠驱动特性。目前，针对欠驱动船舶数学模型已经形成了十分成熟的研究体系[53]。20 世纪 50 年代，日本学者野本谦作将欠驱动船舶运动描述为动态响应过程，系统输入为舵角，系统输出为艏向角，建立了响应型数学模型（Nomoto数学模型）[54]。该模型的优势是将船舶模型参数通过实船实验进行获取，并且总结为操纵性指数和旋回性指数。Nomoto 数学模型至今仍然是研究船舶航向保持控制的重要模型基础。为了满足更加复杂的工程需求，Abkowitz 团队在 1964 年将舵、螺旋桨和船体视为一个整体进行受力分析，并将船体的流体动力在平衡点附近进行泰勒级数展开[55]，形成了整体型模型流派。整体型数学模型为研究船舶的非线性运动奠定了基础。20 世纪 70 年代，日本船舶操纵运动数学模型研讨小组将舵、螺旋桨和船体上的水动力进行独立分析[53]，提出了分离型数学（Maneuvering Motion Generator, MMG）模型。MMG 模型能够满足船舶在不同任务需求下的有效性。Fossen 团队在拉格朗日型机械系统方程的基础上，提出了一种更加简捷且能够适用于 Matlab 仿真环境的数学模型（Fossen 模型）[53]。依据欠驱动船舶模型，建立精确的帆式船舶运动数学模型是十分必要的，Petres 为小型帆船建立了三自由度数学模型并且给出了相应的路径规划方法[56]。文献 [57] 对存在外界干扰情况下对帆船进行三自由度的数学模型建模，并使用模糊逻辑控制算法进行航向保持仿真试验，验证了模型

的有效性。葛艳针对比赛用小型帆船的风帆空气动力特性进行研究，并建立了精确的帆式船舶运动数学模型[58]。张显库、邓英杰等基于 MMG 思想对帆式船舶建立四自由度数学模型[59]，并且对能够提供最佳帆推力的攻角进行算法计算，但帆仅作为提高船舶运营效率的辅助推力，主推力依旧来源于螺旋桨，这与以帆为主的帆船模型之间存在一定差异。综合考虑 MMG 模型和拉格朗日数值模型，Lin Xiao 等在文献 [60] 对小型帆船建立四自由度数学模型，并利用反步法技术设计航向保持控制器来验证了模型的有效性。但是，由于风帆的作用，外界环境扰动对控制系统影响较大。该模型是在假设外界环境扰动为零的基础上建立的，存在一定的局限性。

帆式船舶的航向保持控制是整个控制系统中的基础技术，并且已经取得了很多有益成果。Yeh 等在文献 [61] 建立了帆角与视风角之间的模糊逻辑关系，并且设计了一种模糊控制算法，对帆式船舶进行航向保持控制，仿真结果表明控制效果较好。但是该研究仅在横风状态下进行仿真试验，忽略了多种风向情况，特别是在顺风和迎风状态下的帆船控制。Abril 对帆式船舶的空气动力特性和水动力特性进行讨论，并且根据帆角速度极图，设计了一种基于速度极图的帆角控制算法，能够使帆产生最大推力沿着参考艏向航行[62]。考虑横摇运动对闭环控制系统的影响，文献 [63] 针对四自由度无人帆船数学模型，并且采用反步法技术设计了一种航向保持控制器，通过李雅普诺夫理论证明了闭环控制系统全局一致渐近稳定。在文献 [63] 中，航向保持控制器是基于精确模型设计的，即模型参数假定已知。事实上，帆式船舶存在未知的模型参数，如船体的二阶、三阶水动力导数。对于工程系统中存在的结构不确定和参数不确定问题，通常采用神经网络或模糊逻辑系统来在线逼近。文献 [64]针对四自由度无人帆船数学模型提出了一种神经网络自适应动态面航向控制算法，在该算法中，采用径向基函数神经网络（Radius Based Function Neural Networks，RBF – NNs）对模型参数未知项进行在线逼近，引入 Nussbaum 函数来解决控制增益方向未知的问题。考虑系统模型不确定、输入受限和未知外界干扰的问题，文献 [65] 针对非仿射无人帆船数学模型设计了一种自适应滑模动态控制器，采用最小参数神经网络逼近系统不确定部分，利用双曲正切函数解决控制输入饱和问题。此外，由于动态面控制技术的引入，解决了自适应Backstepping 第二步中虚拟控制律求导引起的"计算爆炸"。海况条件对帆式船舶影响巨大，复杂的海况容易造成帆式船舶航向不稳定，为了提高帆式船舶在复杂海况下的抗干扰能力，文献 [66] 结合传统 PID 算法针对无人帆船提出了一种新的模糊自适应控制策略，分别在不同海况下进行 MATLAB 仿真试验，仿真结果验证了所提控制算法的有效性。

相比于航向保持控制，帆式船舶路径跟踪控制不仅能够执行更复杂的航行任务，也更加符合海洋工程实际任务需求。然而，由于帆角与环境干扰（风速和风向）耦合的复杂动力学特性以及帆式船舶在迎风和顺风航行时制导律不易得到，关于帆式船舶路径跟踪控制的理论研究较少。根据船舶运动控制系统组成逻辑功能，路径跟踪任务可分为 3 类子系统设计实现[67]，即，制导、控制、导航，如图 1.2 所示。制导系统的目的是根据目标路径自动规划实时参考路径来引导帆式船舶自主航行。控制系统能够通过动态配置控制信号使帆式船舶收敛到期望的参考路径上，其中，帆角/主机转速输入主要用于速度控制，舵角输入主要用于艏向控制。导航系统主要通过船载传感器（电罗经、GPS、计程仪等）测量帆式船舶的运动姿态，并将其通过信号传输网络反馈到制导与控制模块。对于制导模块，现有理论算法主要有 LOS、DVS、势场规划和蚁群算法等[68-71]。文献［72］提出了一种基于最大帆船速度的直线路径跟踪算法，在该算法中，根据起始点与到达点的位置关系设计参考信号，仿真试验验证了控制算法的有效性。尽管直线路径是两点之间的最短路径，但由于帆船依靠帆提供前向推力，因此在某些特殊情况下（迎风航行和顺风航行），帆船无法实现直线路径跟踪。考虑到这种海洋工程实际任务中的机械约束，文献［73］提出了一种基于里程实时优化机制的智能路径规划算法，能够产生更符合工程实际需求的参考路径，即当帆船在迎风和顺风环境中执行航行任务时，采用 Z 型参考路径。为了进一步提高帆船自主航行控制效果，文献［69］提出一种基于人工势场的路径规划方法，在该算法中，将迎风航行和顺风航行区域视为虚拟障碍进行动态规避。仿真结果表明，所提控制算法能够在时变海洋环境下成功地引导帆船在预定的航路点之间航行。在航海实践中，风力推进的不同方向并不是影响帆式船舶动力的唯一因素，在以航路点为基础的规划路线

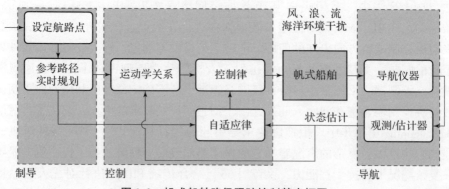

图 1.2　帆式船舶路径跟踪控制基本框图

上，目标点的变化可能会改变帆式船舶的受风情况。为了能够更加准确的引导帆式船舶自主航行，文献［74］提出一种平行制导策略，将帆式船舶的航行路径分为航路点跟踪部分（迎/顺风航行）和航向保持部分（横风航行），针对这两部分分别设计平行制导律和积分 LOS 制导律引导帆式船舶航行在期望路径上。对于控制模块，文献［75］针对四自由度帆式船舶模型中存在的非线性问题，利用滑模控制技术和非线性反馈技术设计了路径跟踪控制器，通过数值仿真试验验证了闭环控制系统具有很好的鲁棒控制性能。

　　实际上，在现有理论文献中，帆式船舶的航行速度是通过优化帆角来获得的，并且为了充分利用风能资源，在设计控制算法时通常会选择最大航行速度[76]。事实上，过高的航行速度在一定程度上会导致闭环控制系统的不稳定或无效，甚至造成帆式船舶倾覆。文献［77］利用极值查找技术设计了在线优化速度算法，并且以 12m 长的龙骨帆船为被控对象进行 MATLAB 数值仿真。考虑到实际海洋环境中风力/风向具有很强的随机性，文献［78］提出了一种基于数据驱动在线优化速度的路径跟踪控制算法，在该算法中，分别设计了作用在舵上的艏向控制器和作用在帆上的速度优化器。通过实船实验，验证了所提控制算法能够实现路径跟踪功能，并且帆式船舶航行速度能够控制在一定的期望范围之内。文献［79］对速度曲线极图展开了进一步的研究，采用约束模型试验方法和静态速度预报程序得到了适用于小型无人帆船速度预报的完整速度曲线极图。针对实际海洋环境干扰，帆式船舶因实时镇定外界干扰造成的信号偏差易发生控制输入抖振现象[80]。进一步，由于帆装置的影响，帆式船舶更容易受到环境干扰引起更加频繁的控制输入抖振。该现象会引起控制信号的传输负载和执行伺服系统的机械磨损，甚至会造成执行器故障。在当前理论研究中，许多学者已针对非线性严反馈系统的事件触发控制算法进行了较为深入的研究[81-83]。在考虑执行器故障的情况下，文献［84］针对非线性系统提出了一种基于模型的事件触发控制算法，事件触发规则被激活时，状态变量、神经网络自适应律同步更新。文献［85］针对无人双体帆船参数化光滑曲线的路径跟踪问题，设计了平行制导算法以及帆角和舵角的事件触发鲁棒模糊控制器，在执行器幅值和速率饱和限制下获得无人帆船对参考速度和参考航向的有效跟踪。文献［86］进一步提出了基于输入端的事件触发机制，仅当控制器输入超出触发阈值之后，控制器才会产生新的控制信号。这极大地降低了控制输入的频繁抖振，从而减少了执行伺服系统的机械磨损。文献［87］将动态事件触发技术引入到帆式船舶路径跟踪控制中，并进行了理论证明和数值仿真，验证了事件触发技术在智能船舶领域的有效性，但对于模型结构更为复杂的无人帆船的相关理论研究尚有不足。

1.3 帆式船舶自主航行技术难点分析

帆式船舶自主航行是"低碳"海洋背景下智能船舶研究的重要任务之一，具有广阔的工程价值，如远海资源探测、海洋环境数据收集、海事搜寻救助等。帆式船舶主要利用风帆作为提供前向推力的主要或辅助设备，利用舵机作为转向设备，对于横漂运动没有相应的动力设备。因此，帆式船舶是一类典型的欠驱动机械系统，这对开展帆式船舶自主航行控制研究工作提出了新的挑战。

基于上述文献综述，笔者经梳理、分析、凝练，以帆式船舶自主航行任务为对象，总结出帆式船舶制导与控制拟解决的 5 类关键问题如下：

（1）帆式船舶作为一种水面欠驱动水面航行器，具有多自由度耦合运动特性，考虑风帆物理特性（三角帆、翼帆、转筒帆等）的帆式船舶多自由度机理建模问题。

（2）帆式船舶在执行航行任务时，由于风向或目标航线的变化，会出现迎风/顺风航行局面，结构简捷的帆式船舶自主航行制导方法需要进一步研究。

（3）帆式船舶存在模型未知项以及执行器增益参数不确定，这对闭环控制算法的设计以及控制精度造成影响。设计易于工程实践的控制算法，解决传统 Backstepping 方法对虚拟控制器求导引起的"计算爆炸"问题。

（4）应从工程实际角度出发，考虑执行器伺服约束系统，对帆式船舶进行帆－舵联合控制器设计，通过实时调整帆角，以获得最佳的航行速度，从而使无人帆船以期望航速执行路径跟踪控制任务。

（5）针对帆式船舶控制系统设计中，控制信号受系统摄动以及海洋干扰引起的频繁振动问题，设计符合帆式船舶操纵特征需求的事件触发技术，对降低控制信号的传输负载以及减少执行器的磨损至关重要。

1.4 全书结构内容安排

作者长期从事船舶智能航行、海事安全保障技术研究[35,88-92]，注重解决船舶运动控制领域信息不对称问题[93]。本书选取三种典型的帆式船舶为研究对象，以帆式船舶智能航行制导与事件触发控制相结合为切入点介绍相关研究工作[94-95]，最终形成一类考虑帆式船舶控制工程需求（时变风场限制、风帆物理机械系统受限、风帆动力补偿）和现实海洋环境条件的、较为完备的船舶自动化系统设计方法。

本书共分 6 章进行介绍。

第 1 章简要介绍了帆式船舶运动控制发展概述，围绕帆式船舶建模、制导和控制三方面展开论述。在此基础上分析了当前帆式船舶自主航行关键问题，为读者阅读本书提供了一个整体性、概略性的了解。

第 2 章论述了帆式船舶运动数学模型及海洋环境干扰模型，在此基础上，介绍了 Lyapunov 稳定性理论、自适应 Backstepping 控制及事件触发控制等相关基础理论，为后续章节的被控对象描述提供了理论铺垫，为读者更好地了解帆式船舶运动系统机理提供基础。

第 3 章阐述了航海工程实际对无人帆船路径跟踪控制任务的需求，即无人帆船遭受时变风场限制严重影响航向稳定性。基于此，提出了通过构建无人帆船换舷制导策略解决实现海洋环境下无人帆船的稳定航行。

第 4 章针对工程实际中存在通信带宽约束、执行器机械物理系统受限等问题。考虑无人帆船航行的特殊需求，如大转向执行器受限、风帆推力不足等情况，提出了改进的 LVS 制导策略，在控制层面，引入事件触发机制、神经网络、动态面技术等方法设计了相关控制律，仿真实例验证了所提控制策略的有效性。

第 5 章阐述了两类翼型风帆助航船，包含以帆作为主动力和以螺旋桨作为主动力的船舶。基于此，5.1 节提出了基于航路点的虚拟船舶制导下具有速度调节机制的翼型风帆船舶鲁棒自适应控制器，5.2 节考虑了翼型风帆作为辅助动力的补偿效应，实现了翼型风帆路径跟踪控制目标。

第 6 章针对转筒帆式船舶路径跟踪任务。在制导层面通过引入干预机制，减少了制导信号的产生频率。在控制层面，通过融合动态事件触发技术、低通滤波技术、神经网络控制技术设计了相应的自适应动态面控制器，控制算法具有简捷、有效的特点。

第2章　帆式船舶建模及相关基础

本章主要介绍开展"帆式船舶自主航行制导与控制"研究涉及的一些基本工具与方法，包括非线性船舶运动数学模型、海洋环境干扰模型、李雅普诺夫（Lyapunov）稳定性理论、事件触发控制，分别为控制系统设计和算法测试平台构建提供基础支撑。

从1788年反馈控制首次应用于瓦特蒸汽机中涡轮机的调速控制至今，控制理论的发展经历了3个阶段：经典控制、现代控制、后现代控制（也有学者称为鲁棒控制)[96]。非线性控制是当前控制理论研究中的一个主流发展趋势，并取得一些重要研究成果[97-99]。非线性控制的根本在于揭示或处理现实世界中的对象具有的本质非线性特征，典型的设计方法包括：Backstepping 方法、非线性 H_∞ 控制、滑模控制等。

俄国数学家 A. M. Lyapunov 在其博士论文《运动稳定性的一般性问题》中开创性地提出求解非线性常微分方程 Lyapunov 函数法。后经发展成为Lyapunov 稳定性理论，为众多国际学者接受，对非线性控制的发展起到重要推进和奠基作用。Backstepping 方法是非线性控制发展的重大突破之一，并因其独特的构造性设计过程和对非匹配不确定性的处理能力，在船舶、飞机、导弹、机器人等控制系统设计中得到了成功应用[100-101]。作为后起之秀，自适应神经网络控制[102-104]将 Backstepping 与神经网络逼近理论结合，成为当前自适应控制的一个重要分支，也是当前众多研究者在尝试解决控制工程问题常用的设计方法。

对于开展帆式船舶运动控制研究而言，控制器设计固然重要，仿真测试也是理论研究结果应用于工程实践过程中的必备环节。通过仿真测试能够降低构建闭环系统运行故障风险，避免或减少不必要的经济损失。本书开展仿真试验采用的帆式船舶运动数学模型、海洋环境干扰模型主要源自文献［28，36，87］的结果，按照风、浪产生机理进行构建演绎。在此基础上参照相关研究结果[33,74,85]修正现有机理模型中的谱系参数，使其能够胜任描述海洋环境干扰。

2.1 帆式船舶运动数学模型

2.1.1 风帆种类及推力原理

帆式船舶通过在船体上安装风帆从而利用风能提供航行动力，风帆主要有软帆、硬质翼帆、转筒帆、风筝帆（天帆）等。目前应用于市场的主要有硬质翼帆和转筒帆，软帆主要应用于体育赛事活动，风筝帆由于操纵难度大、受风影响大、不易回收等难点已经逐渐退出商业应用。本书主要针对具有软帆、硬质翼帆（简称"翼型帆"）和转筒帆的帆式船舶进行研究，其中，软帆与翼型帆具有相似的推力产生原理，因此，本节主要介绍翼型帆和转筒帆的推力原理。

1. 翼型帆推进原理

本书中的翼型帆是指非动力刚性翼帆，多采用结构强度高的轻质保形纤维制成。翼型帆推进原理如图 2.1 所示。当气流通过翼型帆时，在其表面产生压力差，从而获得升力和动力，并进一步转化为相应的推进力，风力作用下的翼型帆升力和阻力可表示为

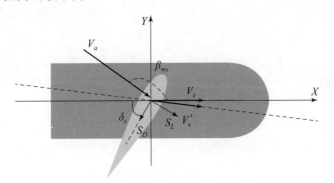

图 2.1 翼帆的推进原理

$$S_L = \frac{1}{2}\rho_a A_s V_a^2 C_{S_L}(\alpha_s)$$

$$S_D = \frac{1}{2}\rho_a A_s V_a^2 C_{S_D}(\alpha_s) \tag{2.1}$$

式中：ρ_a 为空气密度；A_s 为风帆面积；V_a 为相对风速；C_{S_L} 为风帆的升力系数；C_{S_D} 为风帆的阻力系数；α_s 为风帆的攻角。此外，翼型帆在前进自由度上产生的推力可以表示为

$$\tau_{us} = \frac{1}{2}\rho_a A_s V_a^2 C_{S_L}(\alpha_s)\sin(\beta_{ws}) - \frac{1}{2}\rho_a A_s V_a^2 C_{S_D}(\alpha_s)\cos(\beta_{ws}) \quad (2.2)$$

式中：$\beta_{ws} = \alpha_s + \delta_s$，$\delta_s$ 为帆角。

2. 转筒帆推进原理

转筒帆是动力帆的一种典型类型，它需要外部动力来确保帆产生推动船舶前进所需的推力。与普通风帆相比，转筒帆安装灵活，可适用于多种船型，便于对现有船舶进行改造。此外，转筒帆的推进效率高，横风利用率高。转筒帆的推力机理源自马格努斯效应，即物体在流体中旋转会产生横向压差，从而产生与流体流动方向正交的力。转筒帆在风的推动下旋转，随之而来的摩擦力引起周围空气的共同旋转。当遇到斜风时，一面加速另一面减速的滚筒速度差会产生压力差，从而为船舶提供推进推力，如图 2.2 所示。

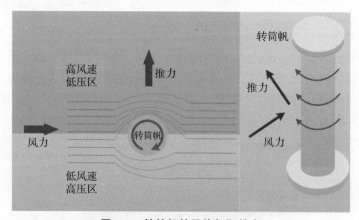

图 2.2　转筒帆的马格努斯效应

转筒帆相关变量之间的矢量关系如图 2.3 所示，$O-X$ 和 $O-Y$ 表示惯性坐标系，$o-x$ 和 $o-y$ 表示附体坐标系。F_y 为转筒帆产生的推力，F_x 为转筒

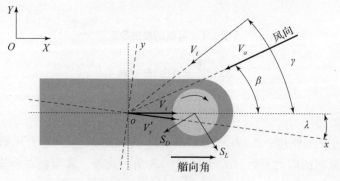

图 2.3　转筒帆推进原理

帆产生的非期望横向力，λ 为漂角，γ 和 β 为真风向和相对风向。其中，β 可以通过矢量三角测量法计算，计算公式可表示为

$$\beta = \cos^{-1}\left(\frac{V_t^2 - V_a^2 - V_s^2}{-2V_a V_s}\right) \tag{2.3}$$

式中：V_t 和 V_s 为真风速和船舶前进速度；V_a 为相对风速，取决于已知 V_t 和 V_s 的值，可表示为

$$V_a = \sqrt{V_t^2 + V_s^2 - 2V_t V_s \cos\gamma} \tag{2.4}$$

转筒帆的升力 S_L 和阻力 S_D 的计算公式可表示为

$$S_L = \rho_o A C_L$$
$$S_D = \rho_o A C_D \tag{2.5}$$

式中：$\rho_o = \dfrac{\rho_A V_a^2}{2}$ 为停滞压力；ρ_A 为空气密度，已知常数；A 为系统的最大投影面积；ω 为转筒旋转角速度；C_L 为升力系数；C_D 为阻力系数。

需要指出，仅适用于长径比为 6 的转筒帆的 C_L 和 C_D 可表示为

$$C_L = -0.0046\chi^5 + 0.1145\chi^4 - 0.9817\chi^3 + 3.1309\chi^2 - 0.1039\chi$$
$$C_D = -0.0017\chi^5 + 0.0464\chi^4 - 0.4424\chi^3 + 1.7243\chi^2 - 1.641\chi + 0.6375 \tag{2.6}$$

式中：$\chi = \dfrac{V_{\text{rotor}}}{V_a} = \dfrac{\omega r}{V_a}$ 为水平风速与转筒切向速度之间的旋转比，转筒帆提供的辅助推力可表示为

$$\tau_{us} = -S_D \cos\beta + S_L \sin\beta \tag{2.7}$$

为了直观地展示转筒帆的节能效果，以 Norsepower 公司制造的 $35\text{m} \times 5\text{m}$ 规格转筒帆为例。图 2.4 为一艘航速为 15kn 的船在不同绝对风角和绝对风速下的等效推力，单位为 kW。可以发现，当绝对风速大于 22m/s，绝对风向与船首呈 105°～135°或 225°～255°时，产生的前进推力相当于 3000kW 的推进功率。相应地，当绝对风速为 10m/s，绝对风向与船首呈 60°～130°或 230°～300°时，产生的推进功率超过 1000kW。

需要说明，翼型帆或转筒帆可以利用风力产生推力，但是推力效率易受风速和风向的影响。针对风力资源不足的航行场景，可以通过改变航向以获得更大的推力。针对风力资源充足的航行场景（即帆提供的推力速度超过船舶期望速度），针对帆式船舶闭环控制系统设计速度调节器，找到最优的帆角或转筒角速度。

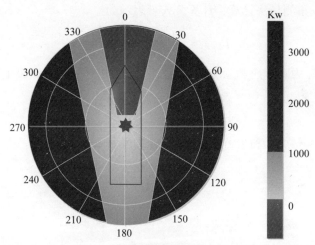

图 2.4　转筒帆推力效率极坐标图

2.1.2　帆式船舶四自由度非线性数学模型

根据欠驱动船舶分离型模型[60]，考虑风帆结构的船舶四自由度非线性数学模型可表示为

$$\dot{\boldsymbol{\eta}} = \boldsymbol{J}(\boldsymbol{\eta}) \cdot \boldsymbol{v}$$
$$\dot{\boldsymbol{v}} = \boldsymbol{M}^{-1}(-\boldsymbol{C}(\boldsymbol{v})\boldsymbol{v} - \boldsymbol{F}(\boldsymbol{v}) - \boldsymbol{G}(\boldsymbol{\eta}) - \boldsymbol{d}_{wi} + \boldsymbol{\tau}) \quad (2.8)$$

$$\boldsymbol{J}(\boldsymbol{\eta}) = \begin{bmatrix} \cos(\psi) & -\sin(\psi)\cos(\phi) & 0 & 0 \\ \sin(\psi) & \cos(\psi)\cos(\phi) & 0 & 0 \\ 0 & 0 & 1 & 0 \\ 0 & 0 & 0 & \cos(\phi) \end{bmatrix}, \boldsymbol{M} = \begin{bmatrix} m_u & 0 & 0 & 0 \\ 0 & m_v & 0 & 0 \\ 0 & 0 & m_p & 0 \\ 0 & 0 & 0 & m_r \end{bmatrix}$$

$$(2.9)$$

$$\boldsymbol{G}(\boldsymbol{\eta}) = \begin{bmatrix} 0 \\ 0 \\ g(\phi) \\ 0 \end{bmatrix}, \boldsymbol{C}(\boldsymbol{v}) = \begin{bmatrix} 0 & -mr & 0 & Y_{\dot{v}}v \\ mr & 0 & 0 & X_{\dot{u}}u \\ 0 & 0 & 0 & 0 \\ -Y_{\dot{v}}v & X_{\dot{u}}u & 0 & 0 \end{bmatrix}, \boldsymbol{F}(\boldsymbol{v}) = \begin{bmatrix} f_u(\boldsymbol{v}) \\ f_v(\boldsymbol{v}) \\ f_p(\boldsymbol{v}) \\ f_r(\boldsymbol{v}) \end{bmatrix}$$

式中：$\boldsymbol{\eta} = [x, y, \phi, \psi]^{\mathrm{T}}$ 为惯性坐标系下帆式船舶的位置坐标、横倾角和艏向角；$\boldsymbol{v} = [u, v, p, r]^{\mathrm{T}}$ 为附体坐标系下帆式船舶的前向速度、横漂速度、横摇角速度和艏摇角速度；相关变量如图 2.5 所示；$m_u = m - X_{\dot{u}}$，$m_v = m - Y_{\dot{v}}$，$m_p = I_{xx} - K_{\dot{p}}$，$m_r = (I_{zz} - N_{\dot{r}})$，$m$ 为帆式船舶质量；$[X_{\dot{u}}, Y_{\dot{v}}, K_{\dot{p}}, N_{\dot{r}}]^{\mathrm{T}}$ 为附体坐标系中的附加质量；I_{xx}，I_{zz} 为附加转动惯量；$\boldsymbol{d}_{wi}, i = u, v, p, r$ 为海洋环境造成的干

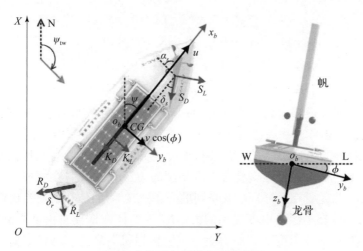

图 2.5　帆式船舶姿态变量说明

扰力/力矩；$G(\boldsymbol{\eta})$ 为在给定倾侧角度下的横摇回复力矩；$g(\phi) = mg\,\mathrm{GM_t}$ $\sin(\phi)\cos(\phi)$，$\mathrm{GM_t}$ 为初稳性高度；$F(\boldsymbol{\nu})$ 为由帆、舵、龙骨以及船体造成的模型未知项，具体推演过程可以编者先前的工作[45,73]；$\boldsymbol{\tau} = [\tau_u, 0, \tau_r]^T$ 为帆式船舶的控制输入力/力矩，其中，τ_u 为帆或帆 + 螺旋桨提供的推进力，τ_r 为舵提供的转船力矩。根据分离型思想，τ_u 用以表示帆式船舶的控制输入（纯帆推进，帆 + 螺旋桨联合推进），其中，τ_{us} 由式（2.2）和式（2.7）计算得出，τ_u 可表示为

$$\tau_u = \begin{cases} \tau_{us}, \text{帆推进力矩} \\ \tau_{us} + \tau_{up}, \text{帆 + 螺旋桨联合推进力矩} \end{cases} \tag{2.10}$$

$$\tau_r = -\rho_w A_R V_{aw}^2 \mid x_R \mid C_L(\alpha_R)$$

$$\tau_{up} = (1 - t_p)\rho_w D_p^4 K_T(J_p) \mid n \mid n \tag{2.11}$$

式中：ρ_w 为海水的密度；A_R 为舵的面积；V_{aw} 为舵的相对速度；t_p 为作用在螺旋桨上的水动力/力矩的尾流分数；D_p 为螺旋桨直径；J_p 为螺旋桨的进展系数；K_T 为推力系数，是关于 J_p 的非线性函数；α_R 为舵的攻角；β_{ws} 为舵的相对流向；x_R 为舵中心距；n 和 δ_R 分别为螺旋桨转速和舵角。

通过线性变换技术将式（2.8）和式（2.9）进行简化得到

$$\begin{cases} \dot{x} = u\cos(\psi) - v\cos(\phi)\sin(\psi) \\ \dot{y} = u\sin(\psi) + v\cos(\phi)\cos(\psi) \\ \dot{\phi} = p \\ \dot{\psi} = r\cos(\phi) \end{cases} \tag{2.12}$$

$$
\begin{cases}
\dot{u} = m_u^{-1}\left[m_v vr + \tau_u + R_u - K_u - H_u + d_{wu} \right] \\
\dot{v} = m_v^{-1}\left[m_u ur + S_v + R_v - K_v - H_v + d_{wv} \right] \\
\dot{p} = m_p^{-1}\left[-g(\phi) + S_p + R_p - K_p - H_p + d_{wp} \right] \\
\dot{r} = m_r^{-1}\left[(m_u - m_v)uv + S_r + \tau_r - K_r - H_r + d_{wr} \right]
\end{cases}
\tag{2.13}
$$

式中：S_v 为帆在横漂自由度受到的力；S_p 为帆在横摇自由度受到的力矩；S_r 为帆在艏摇自由度受到的力矩；R_u 为舵在前向自由度受到的力；R_v 为舵在横漂自由度受到的力；R_p 为舵在横摇自由度受到的力矩；K_u 为龙骨在前向自由度受到的力；K_v 为龙骨在横漂自由度受到的力；K_p 为龙骨在横摇自由度受到的力矩；K_r 为龙骨在艏摇自由度受到的力矩；H_u 为船体在前向自由度受到的力；H_v 为船体在横漂自由度受到的力；H_p 为船体在横摇自由度受到的力矩；H_r 为船体在艏摇自由度受到的力矩。主要根据机翼理论、马格努斯效应和伯努利原理进行计算，在后续的控制器设计中，通常将这一部分作为模型未知项进行处理。

考虑帆式船舶自主航行实际需求和理论推导的局限性，做出如下合理假设。

假设 2.1：帆式船舶的横漂运动具有耗散有界稳定性[36]，即，横漂速度存在上界。

假设 2.2：海洋环境干扰由风干扰和风浪干扰组成，暂不考虑流干扰，即 $\alpha_R = -\delta_R$，而且风干扰由平均风和扰动风构成，具有慢时变特性。

假设 2.3：外界环境干扰 $d_w = \left[d_{wu}, d_{wv}, d_{wp}, d_{wr} \right]^\mathrm{T}$ 存在大于零的未知上界常量 $\bar{d}_{wi}, i = u, v, p, r$，满足 $|d_{wi}| \leqslant \bar{d}_{wi}$，且 $\bar{d}_{wi}$ 仅用于证明闭环控制系统的稳定性。

假设 2.4：转筒型风帆的旋转角速度受到驱动电机的限制，存在 $|\omega| \leqslant |\omega_{\max}|$。

2.1.3　执行器故障模型

在实际海洋工程中，船舶由于外界恶劣环境或者船舶自身的工程网络饱和问题，容易发生执行器故障，特别是对帆式船舶来说，受外界扰动更加频繁，执行器更容易遭受磨损，进而发生执行器故障，降低闭环系统的稳定性。因此，考虑执行器故障模型进行控制器设计对提高控制系统性能具有重要工程意义，执行器故障具体可表达为

$$
\delta_{ia} = k_{\delta_{i,h}} \delta_{io} + \bar{\delta}_{ia}, t \in \left[t_{\delta_{i,h}}^b, t_{\delta i,h}^e \right), i = u, r
\tag{2.14}
$$

式中：$0 < k_{\delta_{i,h}} \leqslant 1$；$\delta_{ia}$ 和 δ_{io} 分别为控制系统的实际输入和命令输入（即执行器的输出信号和输入信号）；$\overline{\delta}_{ia}$ 分别为执行器未知的基础故障上界；$t_{\delta_{i,h}}^{b}$ 和 $t_{\delta_{i,h}}^{e}$ 分别为故障的发生时间和结束时间。根据 $k_{\delta_{i,h}}$ 和 $\overline{\delta}_{ia}$ 的取值不同，可以将执行器故障分为几种情况：

（1）如果 $k_{\delta_{i,h}} = 1$，$\overline{\delta}_{ia} = 0$，则执行器无故障。

（2）如果 $0 < k_{\delta_{i,h}} < 1$，$\overline{\delta}_{ia} = 0$，则表示执行器部分故障，即丧失部分效率。

（3）如果 $k_{\delta_{i,h}} = 1$，$\overline{\delta}_{ia} \neq 0$，则表示执行器存在基础故障。

（4）如果 $k_{\delta_{i,h}} = 0$，$\overline{\delta}_{ia} \neq 0$，则表示执行器全故障，即执行器输入和输出信号之间无关联。

2.1.4　执行伺服系统模型

现有理论研究中，多数结果将船舶推进力/力矩视为可控输入，直接进行控制律设计。然而，船舶控制工程中并非如此，船舶推进力/力矩需由专门的执行伺服系统提供（如主机推进系统、辅助推进系统、舵机伺服系统等），其动态响应过程必将影响船舶闭环控制系统性能。文献［28，33］指出，幅值饱和及速率饱和约束是船舶控制工程中常见的执行器配置约束问题。以转筒帆电力驱动系统为例，图 2.6 给出了本书采用的执行伺服系统模型及故障耦合约束框图，设置 $n_{max} = 170\text{r/min}$，$\dot{n}_{max} = 0.5\text{r/min}^2$，图 2.7 为对应的速率限制条件下 $n_c \to n$ 的阶跃响应过程，不产生饱和限制的前提下，执行伺服系统响应过程等效为时间常数 $\tau_n = \dot{n}_{max}/n_{pb}$ 的一阶惯性系统[56]。很明显，考虑执行器配置约束问题会增加帆式船闭环系统的响应延时、非光滑非线性等问题，会进一步增加相关控制理论研究的难度。

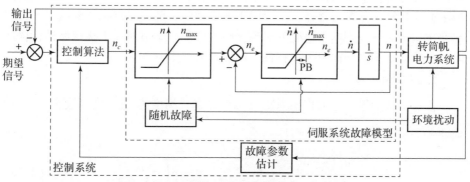

图 2.6　执行伺服系统模型及故障耦合约束框图

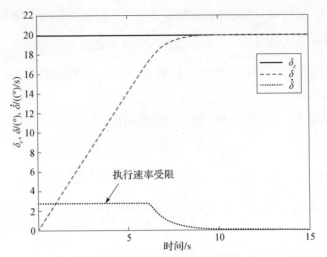

图 2.7 执行伺服系统速率约束阶跃响应曲线($\dot{n}_{\max} = 0.5 \ \mathrm{r/min}^2$)

2.2 海洋环境干扰模型

现实海洋环境干扰主要包括风、海浪、海流，是影响海上行船运动性能的主要外界因素。在船舶运动控制领域，通常采用 Isherwood 方法描述风力干扰，用 ITTC/ISSC 谱、JONSWAP 谱等单峰波谱描述非规则波浪[33,36]。构建准确的海洋环境干扰模型是帆式船舶运动控制系统仿真测试的必备工作，本节详细介绍该研究中采用的风、浪、流等环境干扰模型。

2.2.1 风干扰模型

为了准确地描述实际海况下的海风情况，将风环境干扰分为平均风和扰动风两部分考虑。平均风部分风速在垂向上会随着与地面或水平面距离的接近而减小；而扰动风分量通常在某一海况下为定常的，随测量点距地面或水平面距离变化微小。考虑到本书研究的对象为帆式船舶，本节对风干扰模型进行描述时，只关注二维水平面上风力特性，即风速 U_{wind} 和风向 ψ_{wind}。

1. 平均风分量

假设帆式船舶受风力作用点距离海平面垂直高度为 z_{cw}，则高度 z_{cw} 的平均风速 $\bar{U}(z_{\mathrm{cw}})$ 可以表示为

$$\frac{\bar{U}(z_{\mathrm{cw}})}{\bar{U}_{10}} = \frac{5}{2}\sqrt{\kappa}\ln\frac{z_{\mathrm{cw}}}{z_0}, z_0 = 10\exp\left(-\frac{2}{5\sqrt{\kappa}}\right) \tag{2.15}$$

式中：κ 为海面曳引系数；$\bar{U}_{10}$ 为高度 10m 处连续测量 1h 的统计平均风速。在模型构建过程中，$\bar{U}_{10}$ 可根据海况级别设置对应给出平均风速，详细可参考文献 [33，36]。

平均风干扰的慢时变特性可由 1 阶高斯 – 马尔可夫过程进行描述[85]，即

$$\dot{\bar{U}} + \mu_{w1}\bar{U} = w_{w1}, \quad 0 \leqslant \bar{U}_{\min} \leqslant \bar{U} \leqslant \bar{U}_{\max} \tag{2.16}$$

$$\dot{\psi}_{\text{wind}} + \mu_{w2}\psi_{\text{wind}} = w_{w2}, 0 \leqslant \psi_{\min} \leqslant \psi_{\text{wind}} \leqslant \psi_{\max} \tag{2.17}$$

式中：w_{w1}、w_{w2} 为高斯白噪声；$\mu_{w1} \geqslant 0$，$\mu_{w2} \geqslant 0$ 为常量。

2. 扰动风分量

一般情况下，扰动风分量使用频率密度谱的方法进行描述（关于频率密度谱的使用，在海浪模型中详细描述）。本研究采用由挪威海上工业标准（Norsok Standard）推荐使用的风模型频率谱[36]，也称为 NORSOK 谱，可表示为

$$S_{\text{wind}}(\omega) = 320 \cdot \frac{(\bar{U}_{10}/10)^2 (z_{\text{cw}}/10)^{0.45}}{(1 + x^n)^{\frac{5}{3n}}}, n = 0.468$$

$$x = 172 \cdot \omega (z_{\text{cw}}/10)^{2/3} (\bar{U}_{10}/10)^{-3/4} \tag{2.18}$$

图 2.8 给出了不同平均风速下的 NORSOK 频率密度谱曲线，$\bar{U}_{10} = 15.7\text{m/s}$、$\bar{U}_{10} = 19.0\text{m/s}$、$\bar{U}_{10} = 22.9\text{m/s}$、$\bar{U}_{10} = 27.0\text{m/s}$ 分别对应 6、7、8、9 级海况下风干扰情况。从图 2.8 中容易看出，扰动风具有更多低频能量，且随着平均风速的增长而增大。

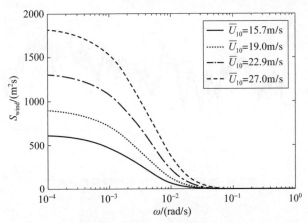

图 2.8　不同平均风速下的 NORSOK 频率密度谱

　　风速 U_{wind} 是通过叠加平均风分量和扰动风分量计算的。利用频率密度谱计算扰动风分量时，将扰动风视为是 N 个简谐波叠加的结果，每个简谐波分量（如第 i 个）可表示为

$$U_{gi}(t) = \sqrt{2S_{wind}(\omega_i)\,\Delta\omega_i}\cos(2\pi\omega_i t + \phi_i) \tag{2.19}$$

式中：ω_i 为简谐波分量频率；$\Delta\omega_i$ 为简谐波分量频率宽度；ϕ_i 为随机相角。

　　因此，风速 U_{wind} 的表达形式为

$$U_{wind}(z_{cw},t) = \bar{U}(z_{cw}) + \sum_{i=1}^{N} U_{gi}(t) \tag{2.20}$$

　　示例 2.1：为了更直观地展现上述风干扰模型的构建，以 7 级海况为例对平均风向 40° 条件下的风干扰进行仿真模拟。仿真示例中，高斯白噪声功率 $P(W_{w1}) = 1.0\text{dBw}$，$P(W_{w2}) = 0.26\text{dBw}$，$\mu_{w1} = 0.8$，$\mu_{w2} = 0.1$，扰动风分量通过 NORSOK 频率谱进行构建，频率范围分成 50 等份。图 2.9 给出了该示例中风干扰模拟的风速 U_{wind} 和风向 ψ_{wind} 的时间变化曲线。图 2.10 是对应的二维风场情况，其中矢量线代表模拟点风速的大小和方向。

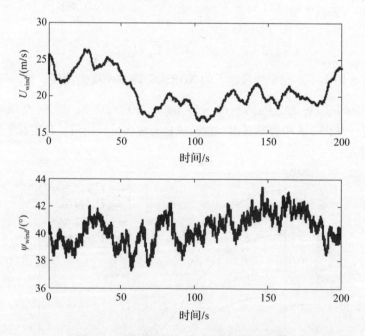

图 2.9　7 级海况下，风干扰时间变化曲线

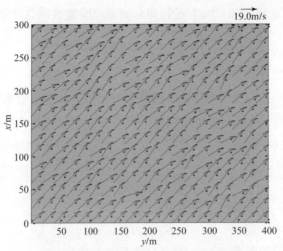

图 2.10　7 级海况下,风干扰二维风场

进一步就帆式船舶运动控制问题而言,风干扰最终要落实到风作用于航行中的帆式船舶产生的流体动力和力矩。关于这部分内容,传统风力干扰模型中已经进行详细阐述[53],在此不做赘述。主要转换公式为

$$\tau_{\text{wind}} = \begin{bmatrix} \tau_{u\text{wind}} \\ \tau_{v\text{wind}} \\ \tau_{p\text{wind}} \\ \tau_{r\text{wind}} \end{bmatrix} = \begin{bmatrix} \dfrac{1}{2} C_X(\gamma_R) \rho_a V_R^2 A_T \\ \dfrac{1}{2} C_Y(\gamma_R) \rho_a V_R^2 A_L \\ \dfrac{1}{2} C_K(\gamma_R) \rho_a V_R^2 A_L \cdot H \\ \dfrac{1}{2} C_N(\gamma_R) \rho_a V_R^2 A_L \cdot L \end{bmatrix} \tag{2.21}$$

式中:力和力矩的单位分别为 N,N·m;ρ_a 为空气密度;γ_R 和 V_R 为对应的相对风向和风速;A_T、A_L 分别为船舶水线面以上的正投影面积和侧投影面积;L 为船舶总长;H 为水线以上侧投影面积 A_L 的形心高度;C_X、C_Y、C_K、C_N 分别为不同自由度的风力(矩)转换系数。

2.2.2　海浪干扰模型

不规则海浪干扰通常由波谱 $S_{\text{wave}}(\omega, \psi_{\text{wave}})$ 进行描述、构建,$S_{\text{wave}}(\omega, \psi_{\text{wave}})$ 是波浪频率 ω、波浪方向 ψ_{wave}(波浪通常为风生浪,波浪方向通常与平均风向一致)的函数,可表示为

$$S_{\text{wave}}(\omega, \psi_{\text{wave}}) = S_w(\omega) D(\omega, \psi_{\text{wave}}) \tag{2.22}$$

式中:$S_w(\omega)$ 为频率密度谱;$D(\omega, \psi_{\text{wave}})$ 为方向分布函数。对上述波谱 $S_{\text{wave}}(\omega,$

ψ_{wave})在整个带宽频率和方向上进行积分能够反映波浪的总体能量，可表示为

$$E_{\text{tot}} = \int_0^\infty \int_{\psi_0-\pi/2}^{\psi_0+\pi/2} S_{\text{wave}}(\omega, \psi_{\text{wave}}) \mathrm{d}\psi \mathrm{d}\omega \tag{2.23}$$

1. 频率密度谱 $S_w(\omega)$

频率密度谱 $S_w(\omega)$用于描述不同频率上模拟波的能量分布情况。对$S_w(\omega)$在整个带宽频率上进行积分可得到整个模拟波的能量。为实施波浪的计算机模拟，通常将 $S_w(\omega)$在整个带宽频率上等分为 N 个简谐波分量，每一简谐波分量的模拟波幅值为

$$\zeta_{ap} = \sqrt{2S_w(\omega_p)\Delta\omega_p} \tag{2.24}$$

式（2.24）对应的简谐波可表示为

$$\zeta_p(t) = \zeta_{ap}\cos(\omega_p t + \phi_p) \tag{2.25}$$

式中：ω_p 为简谐波频率；$\phi_p \in [0, 2\pi)$为随机相角变量。

目前，使用较为广泛的波浪频率密度谱包括 PM（Pierson – Moskowitz）谱，ITTC/ISSC 谱和 JONSWAP 谱。PM 谱用于描述无限广阔深水条件下经局部风场充分发展生成的波浪；ITTC/ISSC 谱和 JONSWAP 谱是在 PM 谱基础上根据具体地理环境特点进行修正的结果。传统 PM 谱的描述方程为

$$S_w(\omega) = \frac{A}{\omega^5}\exp\left(-\frac{B}{\omega^4}\right), A = 0.0081g^2, B = 0.74\left(\frac{g}{\bar{U}_{19.5}}\right)^4 \tag{2.26}$$

式中：g 为重力加速度；$\bar{U}_{19.5}$为海平面 19.5m 高度处平均风速。

图 2.11 给出了式（2.26）在不同风速条件下描述的 PM 谱值曲线。

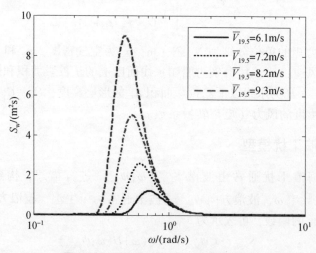

图 2.11　不同风速下的 PM 谱值曲线

2. 方向分布函数 $D(\omega, \psi_{\text{wave}})$

为了描述更一般的具有衍射波干扰的海浪，引入方向分布函数的概念，即 $D(\omega, \psi_{\text{wave}})$ 用于描述波浪能量围绕平均波浪方向 ψ_{u0} 的分布情况。通常情况下，$\psi_{\text{wave}} \in [\psi_{u0} - \pi/2, \psi_{u0} + \pi/2]$，且分布函数对方向 ψ_{wave} 的积分为 1。一种常用的分布函数描述可表示为

$$D(\psi_{\text{wave}} - \psi_{u0}) = \frac{2^{2c-1}c!\ (c-1)!}{\pi(2c-1)!}\cos^{2c}(\psi_{\text{wave}} - \psi_{u0}) \qquad (2.27)$$

ITTC 建议选取参数 $c = 1$。

图 2.12 给出了不同参数 c 条件下方向分布曲线。本书 3.1.4 节、3.2.4 节、4.1.4 节、4.2.4 节、5.1.4 节、5.2.4 节、6.1.4 节、6.2.4 节选取参数 $c = 1$ 以构建现实海况海浪干扰。

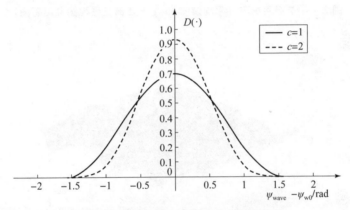

图 2.12　不同参数 c 条件下方向分布曲线

示例 2.2：关于基于 PM 谱生成的海浪模型，编者以 7 级海况，平均浪向 40° 条件进行模拟。对于 7 级海况，$\bar{U}_{19.5} = 19.5\text{m/s}$；图 2.13 给出了 7 级海况，平均浪向 40°，$\bar{U}_{19.5} = 19.5\text{m/s}$ 条件下 PM 波浪谱的三维视图，图 2.14 为对应的 PM 谱产生的波面视图。从仿真结果可以看出，本书采用的波浪模型能够有效描述海浪干扰以及衍射波的高频能量影响。

3. 帆式船舶在波浪中受到的浪力（力矩）干扰

考虑帆式船舶在波浪中受到的浪力（力矩）干扰，需要将 2.2.2 节波浪干扰模型中的自然频率和浪向角转换为遭遇频率 ω_e 和遭遇角 ψ_{we} 进行计算。干扰力（力矩）的具体模型可表示为（力和力矩单位分别为 N 和 N·m）

$$s_i(x, t) = \frac{\mathrm{d}\zeta_i(x, t)}{\mathrm{d}x}, i = 1, 2, \cdots, M \times N \qquad (2.28)$$

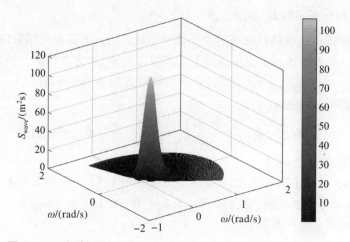

图 2.13　7 级海况下（平均浪向 40°）PM 谱三维视图（见彩图）

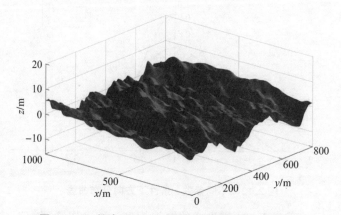

图 2.14　7 级海况下 PM 谱模拟波面视图（见彩图）

$$
\boldsymbol{\tau}_{\text{wave}} = \begin{bmatrix} \tau_{u\text{wave}} \\ \tau_{v\text{wave}} \\ \tau_{p\text{wave}} \\ \tau_{r\text{wave}} \end{bmatrix} = \begin{bmatrix} \displaystyle\sum_{i=1}^{M \cdot N} \rho_w g BLT \cos\psi_{\text{we}} s_i(t) \\ \displaystyle\sum_{i=1}^{M \cdot N} -\rho_w g BLT \sin\psi_{\text{we}} s_i(t) \\ \displaystyle\sum_{i=1}^{M \cdot N} -\rho_w g BLT \sin\psi_{\text{we}} s_i(t) l_K \\ \displaystyle\sum_{i=1}^{M \cdot N} \frac{1}{24} \rho_w g BL(L^2 - B^2) \cos 2\psi_{\text{we}} s_i^2(t) \end{bmatrix} \tag{2.29}
$$

式中：s_i 为波面斜率；B、L、T 分别为船型尺度：船宽、船长、吃水；l_K 为水线下侧投影面积的形心力矩；ρ_w 为海水密度。

2.2.3　海流干扰模型

通常认为海流为定常流或具有慢时变特性，在进行控制器设计或模拟仿真时，通常将流速 V_c 和流向 ψ_c 假定为一个恒值，也有学者将其描述为缓慢时变的一阶马尔科夫过程，即

$$\dot{V}_c + \mu_{w1} V_c = \omega_{w1}, V_0 \leqslant V_c \leqslant V_1$$

$$\dot{\psi}_c + \mu_{w2}\psi_c = \omega_{w2}, \psi_0 \leqslant \psi_c \leqslant \psi_1 \tag{2.30}$$

式中：ω_{w3} 和 ω_{w4} 为高斯白噪声；μ_{w3} 和 μ_{w4} 为大于零的常量。

此外，海流干扰模型需要结合具体帆式船舶运动数学模型进行描述，在 4.1.1 节中详细展开。

2.3　Lyapunov 稳定性理论

2.3.1　稳定的概念

考虑非线性动态系统

$$\dot{x} = f(x), x(t_0) = x_0 \tag{2.31}$$

式中：$x \in R^n$ 为系统的状态；$f: R^n \rightarrow R^n$ 足够光滑。

定义 2.1　如果 $x(t)$ 一旦达到 x^*，将保持一直等于 x^*，则称 x^* 为系统的平衡状态（或平衡点），即满足

$$f(x^*) = 0 \tag{2.32}$$

定义 2.2　如果对于任意的 $\epsilon > 0$，都存在一个 $\delta > 0$ 使

$$\| x(0) \| < \delta \rightarrow \| x(t) \| < \epsilon, \forall t \geqslant 0 \tag{2.33}$$

成立，那么，系统在平衡点 $x = x^*$ 处是稳定的；否则，系统在该平衡点处是不稳定的。

定义 2.3　如果对于任意紧集 $\Omega \in R^n$，并且所有 $x(t_0) = x_0 \in \Omega$，存在 $\mu > 0$ 和时间参数 $T(\mu, x_0)$ 使

$$\| x(t) \| < \mu, \quad \forall t > t_0 + T \tag{2.34}$$

成立，那么，系统半全局一致最终有界[105]。

2.3.2　Lyapunov 稳定性定理

考虑非自治非线性动态系统，即

$$\bar{x} = f(x,t), \quad x(t_0) = x_0 \tag{2.35}$$

式中：$x \in \mathbb{R}^n$；$f: \mathbb{R}^n \times \mathbb{R}_+ \to \mathbb{R}^n$ 为足够光滑的非线性函数；$x(t; x_0, t_0)$ 为系统在初始值 $x_0 = x(t_0; x_0, t_0)$ 条件下 $t > 0$ 时刻的解。Lyapunov 稳定性概念正是用于描述 $x(t; x_0, t_0)$ 相对于系统初始状态 x_0 的动态性能。如果系统初始状态 x_0 摄动为状态 x_{p0}，考虑系统稳定起见，式（2.35）的解 $x(t; x_{p0}, t_0)$ 应收敛到 $x(t; x_0, t_0)$ 的一个邻域内；考虑系统渐近稳定起见，误差变量 $\lim_{t \to \infty} [x(t; x_{p0}, t_0) - x(t; x_0, t_0)] = 0$。因此，式（2.35）的解是：

（1）有界的：如果存在常量 $B(x_0, t_0) > 0$，使

$$|x(t, x_0, t_0)| < B(x_0, t_0), \quad \forall t \geq t_0 \tag{2.36}$$

成立。

（2）稳定的：如果对于任意的 $\epsilon > 0$ 存在 $\delta(\epsilon, t_0) > 0$，使

$$|x_{p0} - x_0| < \delta \to |x(t, x_{p0}, t_0) - x(t, x_0, t_0)| < \epsilon, \forall t \geq t_0 \tag{2.37}$$

成立。

（3）具有吸引性：如果存在 $r(t_0) > 0$，并且对任意的 $\epsilon > 0$ 存在 $T(\epsilon, t_0) > 0$，使

$$|x_{p0} - x_0| < r \to |x(t, x_{p0}, t_0) - x(t, x_0, t_0)| < \epsilon, \quad \forall t \geq t_0 + T \tag{2.38}$$

成立。

（4）渐近稳定的：如果系统是稳定的，并且具有吸引性。

（5）不稳定的：如果系统不满足上述任何一条。

至此，下面给出本书进行稳定性分析的主要工具，包括定理 2.1、定理 2.2 和定理 2.3。

定理 2.1[105]　对于式（2.35）所示的非线性动态系统，原点是其平衡点，$\mathcal{N}$ 是原点附近的一个邻域集合，即 $\mathcal{N} = \{x : \|x\| \leq \epsilon, 其中 \epsilon > 0\}$，则系统在原点是：

（1）稳定：如果对任意的 $x \in \mathcal{N}$，存在一个标量函数 $V(x,t)$，满足 $V(x,t) > 0$ 且 $\dot{V}(x,t) < 0$；

（2）一致稳定：如果对任意的 $x \in \mathcal{N}$，存在一个标量函数 $V(x,t)$，满足 $V(x,t) > 0$ 且是递减的（含义指式（2.37）和式（2.38）中的 $\delta(\epsilon, t_0)$、$r(t_0)$、$T(\epsilon, t_0)$ 是不依赖于 t_0 的），$\dot{V}(x,t) < 0$；

（3）渐近稳定：如果对任意的 $x \in \mathcal{N}$，存在一个标量函数 $V(x,t)$，满足 $V(x,t) > 0$ 且 $\dot{V}(x,t) < 0$；

（4）全局渐近稳定：如果对任意的 $x \in \mathbb{R}^n (\mathcal{N} \in \mathbb{R}^n)$，存在一个标量函数 $V(x,t)$，满足 $V(x,t) > 0$ 且 $\dot{V}(x,t) < 0$；

（5）一致渐近稳定：如果对于任意的 $x \in \mathbb{R}^n (\mathcal{N} \in \mathbb{R}^n)$，存在一个标量函

数 $V(x,t)$，满足 $V(x,t)>0$ 且是递减的，$\dot{V}(x,t)<0$；

（6）全局一致渐近稳定：如果对于任意的 $x\in\mathbb{R}^n(\mathcal{N}\in\mathbb{R}^n)$，存在一个标量函数 $V(x,t)$，满足 $V(x,t)>0$，并且是递减的和径向无界的（当 $\|x\|\to\infty$，$V(x,t)\to\infty$），$\dot{V}(x,t)<0$；

（7）指数稳定：如果对于任意的 $x\in\mathcal{N}$，存在正常量 α、β、γ，满足 $\alpha\|x\|^2\leqslant V(x,t)\leqslant\beta\|x\|^2$ 且 $\dot{V}(x,t)<-\gamma\|x\|^2$；

（8）全局指数稳定：如果对于任意的 $x\in\mathbb{R}^n(\mathcal{N}\in\mathbb{R}^n)$，存在正常量 α、β、γ，满足 $\alpha\|x\|^2\leqslant V(x,t)\leqslant\beta\|x\|^2$ 且 $\dot{V}(x,t)<-\gamma\|x\|^2$。

定理 2.1 中，$V(x,t)>0$ 即为 Lyapunov 函数。定理 2.1 为系统在原点稳定提供了充分条件，是通常控制器设计稳定性分析的主要工具。

定理 2.2　定义 Ω 为式（2.35）所示系统的一个正不变集合。设 $V:\Omega\to\mathbb{R}_+$ 是式（2.35）所示系统的一个连续可微分的 Lyapunov 函数，且满足 $\dot{V}(x,t)\leqslant0$，$\forall x\in\mathbb{R}^n$。$E=\{x\in\Omega\mid\dot{V}(x,t)=0\}$，$M$ 是包含在集合 E 中的最大不变集。则，当 $t\to\infty$ 时，从 Ω 出发的（系统初始状态位于集合 Ω 中）每一个有界解 $x(t)$ 均收敛于不变集 M。

定理 2.3　设 $x=0$ 是式（2.35）所示系统的一个平衡点，并且函数 $f(\cdot)$ 对状态变量 x 和时间 t 是局部利普希茨（Lipschitz）连续的。如果能够寻找到一个连续可微、正定且径向无界的函数 $V:\mathbb{R}^n\to\mathbb{R}_+$，使

$$\bar{V}=\frac{\partial V}{\partial x}f(x,t)+\frac{\partial V}{\partial t}\leqslant-W(x)\leqslant0,\quad\forall t\geqslant0,x\in\mathbb{R}^n \tag{2.39}$$

成立，W 为一连续函数。则，式（2.35）所示系统的所有解全局一致最终有界，且 $\lim\limits_{t\to\infty}W(x(t))=0$。

进一步，如果 $W(x)$ 是正定的，则系统在平衡点 $x=0$ 处全局一致渐近稳定。

定理 2.2 和定理 2.3 在当前非线性自适应控制相关研究中系统稳定性分析具有重要意义，也是本书开展稳定性分析的理论基础。通常情况下，自适应控制中在线调节参数的真实值不能够精确获得，初始值通常由 Rand(·) 随机产生或设置为 $(0,1]$ 之间的小数。基于对自适应参数初始误差的考虑，对 Lyapunov 函数 $V(x,t)$ 求导能够得到

$$\bar{V}\leqslant-2aV+\sigma \tag{2.40}$$

式中，a 与控制器参数设置相关；σ 为自适应参数初始误差，与有界干扰上界有关。

对式（2.40）两端进行积分，能够得到

$$0 \leqslant V(x,t) \leqslant \frac{\sigma}{2a} + \left(V(x_0,0) - \frac{\sigma}{2a} \right) \exp(-2at) \tag{2.41}$$

设 $\dot{\nu} = -2a\nu + \sigma, \nu_0 = V(x_0,0)$，则 $V(x,t)$ 的收敛速度一定大于或等于 ν，且是有界的 $\lim\limits_{t \to \infty} V(\cdot) = \frac{\sigma}{2a}$。根据 Lyapunov 函数的定义，整个闭环控制系统中所有状态变量满足一致渐近最终有界。

2.3.3 自适应 Backstepping 控制

传统自适应 Backstepping 算法要求在线调节参数（或参数向量）个数与系统阶数相同，导致过参数化现象，是自适应控制器设计不希望的结果。本节详细介绍一种避免过参数化的自适应 Backstepping 算法[106]，展现 Backstepping 算法精妙设计的独特之处，同时以此为例将 Lyapunov 稳定性理论的使用呈现给读者。

考虑严格反馈非线性动态系统，即

$$\begin{cases} \dot{x}_1 = x_2 + \vartheta \phi(x_1) \\ \dot{x}_2 = u \\ y = x_1 \end{cases} \tag{2.42}$$

式中：x_1，$x_2 \in R$ 和 u 分别为系统的状态变量和输入变量；$\phi(x_1)$ 为连续的非线性函数；ϑ 为系统中未知参数。

控制系统设计的目的在于能够消除参数不确定对系统的影响，镇定系统输出 $y \to y_r$。下面给出主要设计步骤：

步骤 1. 定义 $z_1 = x_1 - y_r, z_2 = x_2 - \alpha_1 - \dot{y}_r, x_2$ 作为 $\dot{z}_1$ 子系统的虚拟控制量。因此，可以构建步骤 1 的虚拟控制律 α_1，即

$$\alpha_1 = -c_1 z_1 - \hat{\vartheta} \phi \tag{2.43}$$

式中：$\hat{\vartheta}$ 为未知参数 ϑ 的估计，且估计误差 $\tilde{\vartheta} = \vartheta - \hat{\vartheta}$。选取 Lyapunov 函数 $V_1(\cdot)$，$\gamma > 0$ 为自适应增益系数，即

$$V_1(z_1, \tilde{\vartheta}) = \frac{1}{2} z_1^2 + \frac{1}{2\gamma} \tilde{\vartheta}^2 \tag{2.44}$$

对式（2.44）求导，可得到

$$\dot{V}_1(z_1, \tilde{\vartheta}) = z_1 \dot{z}_1 - \frac{1}{2\gamma} \tilde{\vartheta} \dot{\hat{\vartheta}} \tag{2.45}$$

在这类控制中，将未知参数 ϑ 的自适应律推迟到最后一步进行设计，避免过参数化现象产生。误差 $\dot{z}_1$ 子系统可重新整理为

$$\dot{z}_1 = -c_1 z_1 + z_2 + \tilde{\vartheta}\phi \tag{2.46}$$

步骤 2. 对 $z_2 = x_2 - \alpha_1 - \dot{y}_r$ 求导，得到 $\dot{z}_2$ 误差子系统，即

$$\dot{z}_2 = u - \frac{\partial \alpha_1}{\partial x_1}(x_2 + \vartheta\phi) - \frac{\partial \alpha_1}{\partial \hat{y}}\dot{\hat{y}} - \frac{\partial \alpha_1}{\partial y_r}\dot{y}_r - \ddot{y}_r$$

$$= u - \frac{\partial \alpha_1}{\partial x_1}x_2 - \hat{\vartheta}\frac{\partial \alpha_1}{\partial x_1}\phi - \tilde{\vartheta}\frac{\partial \alpha_1}{\partial x_1}\phi - \frac{\partial \alpha_1}{\partial \hat{\vartheta}}\dot{\hat{\vartheta}} - \frac{\partial \alpha_1}{\partial y_r}\dot{y}_r - \ddot{y}_r \tag{2.47}$$

为了进行最终控制律的设计，选取 Lyapunov 函数 $V_2(\cdot)$ 为

$$V_2(z_1, z_2, \tilde{\vartheta}) = V_1 + \frac{1}{2}z_2^2 = \frac{1}{2}z_1^2 + \frac{1}{2}z_2^2 + \frac{1}{2\gamma}\tilde{\vartheta}^2 \tag{2.48}$$

对式（2.48）进行求导，并进行整理可得

$$\dot{V}_2 = z_1 z_2 - c_1 z_1^2 + \tilde{\vartheta}\left(\phi z_1 - \frac{1}{\gamma}\dot{\hat{\vartheta}}\right) + $$

$$z_2\left[u - \frac{\partial \alpha_1}{\partial x_1}x_2 - \hat{\vartheta}\frac{\partial \alpha_1}{\partial x_1}\phi - \tilde{\vartheta}\frac{\partial \alpha_1}{\partial x_1}\phi - \frac{\partial \alpha_1}{\partial \hat{\vartheta}}\dot{\hat{\vartheta}} - \frac{\partial \alpha_1}{\partial y_r}\dot{y}_r - \ddot{y}_r\right]$$

$$= -c_1 z_1^2 + \tilde{\vartheta}\left(\phi z_1 - z_2\frac{\partial \alpha_1}{\partial x_1}\phi - \frac{1}{\gamma}\dot{\hat{\vartheta}}\right) + $$

$$z_2\left[z_1 + u - \frac{\partial \alpha_1}{\partial x_1}x_2 - \hat{\vartheta}\frac{\partial \alpha_1}{\partial x_1}\phi - \frac{\partial \alpha_1}{\partial \hat{\vartheta}}\dot{\hat{\vartheta}} - \frac{\partial \alpha_1}{\partial y_r}\dot{y}_r - \ddot{y}_r\right] \tag{2.49}$$

根据式（2.49），设计最终的控制律 u 和 $\hat{\vartheta}$ 的自适应律为

$$u = -z_1 - c_2 z_2 + \frac{\partial \alpha_1}{\partial x_1}x_2 + \hat{\vartheta}\frac{\partial \alpha_1}{\partial x_1}\phi + \frac{\partial \alpha_1}{\partial \hat{\vartheta}}\dot{\hat{\vartheta}} + \frac{\partial \alpha_1}{\partial y_r}\dot{y}_r + \ddot{y}_r \tag{2.50}$$

$$\dot{\hat{\vartheta}} = \gamma\left[\left(\phi z_1 - \frac{\partial \alpha_1}{\partial x_1}\phi z_2\right) - \sigma_s(\hat{\vartheta} - \hat{\vartheta}_0)\right] \tag{2.51}$$

式中：$c_2 > 0$ 为控制器参数；$\sigma_\vartheta > 0$；$\hat{\vartheta}_0$ 为参数 $\hat{\vartheta}$ 的初始值，需要人为设置。注意，利用上述控制律 u 能够有效补偿式（2.49）方括号中的非线性部分，产生衰减项 $-c_2 z_2^2$；自适应律式（2.51）中，$-\sigma_\vartheta(\hat{\vartheta} - \hat{\vartheta}_0)$ 为参数调节动量项，主要作用在于减少参数调节过程中的振荡、改善收敛性。将 u 和 $\dot{\hat{\vartheta}}$ 代入式（2.49），整理可得

$$V_2 = -c_1 z_1^2 - c_2 z_2^2 + \sigma_\vartheta \tilde{\vartheta}(\hat{\vartheta} - \hat{\vartheta}_0)$$

$$\leq -c_1 z_1^2 - c_2 z_2^2 - \frac{\sigma_\vartheta}{2}\tilde{\vartheta}^2 + \frac{\sigma_\vartheta}{2}(\vartheta - \hat{\vartheta}_0)^2 \tag{2.52}$$

适当选取设计参数 $a = \min\{c_1, c_2, \sigma_\vartheta/2\}$，$\sigma = (\sigma_\vartheta/2)(\vartheta - \hat\vartheta_0)^2$，则容易得到

$$\bar V_2 \leqslant -2aV_2 + \sigma \tag{2.53}$$

图 2.15 给出了自适应 Backstepping 控制方法构建的闭环控制系统结构框图。结合定理 2.2、定理 2.3 的分析（式（2.41）），可以得出结论：本节提出控制律式（2.50）、自适应律式（2.51）和系统模型式（2.42）形成的闭环控制系统稳定性满足全局一致渐近最终有界。通过适当设置参数 $\hat\vartheta_0$ 和 σ_ϑ 能够使 σ/a 足够小，因此，闭环系统输出误差 $y - y_r$ 收敛于 0 的某一邻域内，且其界足够小。

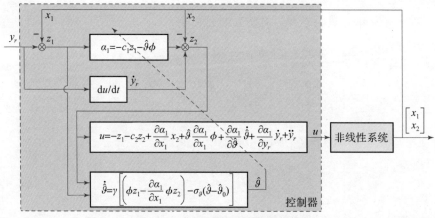

图 2.15 闭环控制系统结构框图

为了更直观地展现自适应 Backstepping 算法的有效性，下面以一个简单的数值示例进行介绍。

示例 2.3：系统数学模型如式（2.42）所示，$\vartheta = 2$，$\phi(x_1) = x_1\cos(x_1^2)$。注意，对于控制器设计而言，$\vartheta$ 为不可获得的未知参数。利用 2.3.3 节自适应 Backstepping 控制器设计方法，选取控制器参数设置为 $c_1 = 0.3$，$c_2 = 0.2$，$\gamma = 1.2$，$\sigma_\vartheta = 2$，$\hat\vartheta_0 = 0.2$。该示例为数值算例，在仿真结果（图 2.16 ~ 图 2.19）中纵坐标均无单位。控制律和自适应律可表示为

$$\begin{cases} z_1 = x_1 \\ \alpha_1 = -c_1 z_1 - \hat\vartheta x_1 \cos(x_1^2) \\ z_2 = x_2 - \alpha_1 \\ u = -z_1 - c_2 z_2 + [-c_1 - \hat\vartheta(\cos(x_1^2) - 2x_1^2\sin(x_1^2))](x_2 + \hat\vartheta x_1\cos(x_1^2)) + \\ \quad \dot{\hat\vartheta}(-x_1\cos(x_1^2)) \end{cases} \tag{2.54}$$

$$\dot{\hat{\vartheta}} = \gamma\{x_1\cos(x_1^2)z_1 - x_1\cos(x_1^2)[\,-c_1 - \vartheta(\cos(x_1^2) - 2x_1^2\sin(x_1^2))\,]z_2 - \sigma_\vartheta(\vartheta - \vartheta_0)\}$$

$$(2.55)$$

图 2.16 给出了使用 2.3.3 节自适应 Backstepping 控制算法的仿真结果，式（2.42）所示系统的状态得到了有效镇定；图 2.17 为自适应参数 $\hat{\vartheta}$ 的时间变化曲线，能够看出，自适应律式（2.55）能够有效调节 $\hat{\vartheta}$ 逼近未知参数 ϑ 的真实值。为了更清晰地将 Lyapunov 稳定性理论展现给读者，笔者给出了系统设计过程中构建的 Lyapunov 函数 V 及其导数 $\dot{V}$ 的时间变化曲线，如图 2.18 所示。从图 2.18 中可以看出，系统能量在镇定初始阶段出现小幅度震荡并不是一直衰减至 0，该现象是由系统内部存在非线性项 $\phi(x_1) = x_1\cos(x_1^2)$ 引起的。因此，对于一般非线性系统而言，控制器参数及自适应参数初值选择非常重要，选择不当会造成系统状态逃逸，即不稳定。图 2.19 给出了系统镇定状态二维收敛视图，最终收敛于平衡点 $(0,0)$ 的一个邻域 Ω_2 内。

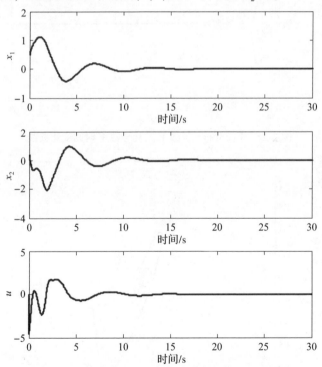

图 2.16　示例 2.3 中自适应 Backstepping 控制结果

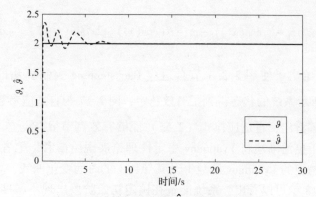

图 2.17　自适应参数 $\hat{\vartheta}$ 时间变化曲线

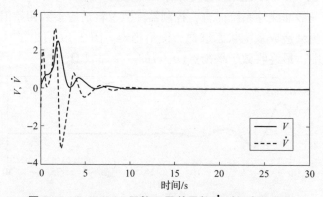

图 2.18　Lyapunov 函数 V 及其导数 $\dot{V}$ 时间变化曲线

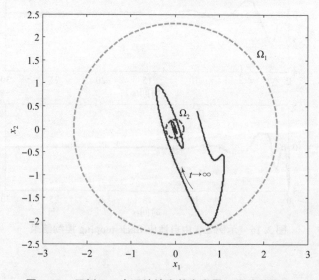

图 2.19　示例 2.3 中系统镇定状态变量二维收敛视图

关于 Backstepping 算法的鲁棒性，做以下分析：非线性自适应控制（或者说自适应 Backstepping 控制）的最终目标就是设计反馈控制律使整个闭环控制系统 Lyapunov 函数（即能量函数）满足 $\dot{V} \leq -2aV + \sigma$，$\sigma$ 为很小的正数或 $\sigma = 0$。因此，对式（2.42）所示的系统而言 $(x \in \Omega)$，必定存在 $a^* > 0$，$\sigma^* \geq 0$ 且 $|\sigma^*| \to \inf\{R_+\}$ 满足

$$\bar{V} = -2a^* V + \sigma^* \tag{2.56}$$

文献［107］利用 H_∞ 控制的混合灵敏度控制算法的结果，提出并发展了一种从工程意义上简化的 H_∞ 鲁棒控制算法，即闭环增益成型算法。该著作系统总结了闭环增益成型算法的理论基础、鲁棒性分析及其在离散系统、大惯性系统、多种船舶工程系统中的应用实例。图 2.20 给出了简捷鲁棒控制理论中典型的频域 S&T 奇异值曲线。从频域角度可知，自适应 Backstepping 算法构建系统能量函数满足的关系式正符合 1 阶闭环增益成形算法的频谱特例[108]。其闭环频谱如图 2.20 中补灵敏度函数 $T(s)$ 所示，关门斜率为 -20dB/dec，灵敏度函数 $S(s)$ 与 $T(s)$ 具有相关性 $T(s) + S(s) = I$，可以间接构造出来。控制器参数 c_1、c_2 的选择决定了系统带宽频率，适当选择能够有针对性地抑制高频干扰频谱（包括测量干扰和外界环境干扰）对闭环系统的影响。因此，自适应 Backstepping 控制本身具有鲁棒性。

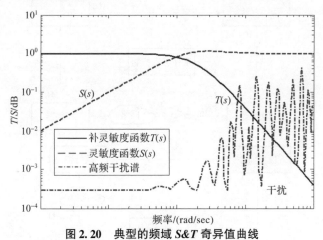

图 2.20　典型的频域 S&T 奇异值曲线

对于 Backstepping 算法，除了本身具有鲁棒性外，通常针对系统中某些非线性特性有针对性地构建鲁棒阻尼项（如非光滑非线性、非线性系统中变时滞问题、未建模动态项的处理等），以提高系统对具体问题的鲁棒性能。为了保证行文简洁及逻辑性考虑，在此不作详细论述，将在 3.1.3 节、3.2.3 节、4.1.3 节、4.2.4 节、5.1.3 节、5.2.3 节、6.1.3 节、6.2.3 节具体研究中有所体现。

2.4 事件触发控制

在控制工程领域，大多数控制器是基于周期采样实施控制的，其中重要原因在于周期采样控制已具备较为完善的理论基础，从而使得系统的设计与综合较为简单[109]。然而，随着现代控制理论发展，传统周期采样控制的劣势逐步显现。例如，在网络控制系统中，反馈控制的设计需要考虑到系统能量、计算与通信带宽等约束。当系统输出趋于稳定时，恒定的采样周期使得系统存在不必要的采样与状态信息传递，从而造成网络系统资源浪费。于是，相关学者开始着手开展基于事件采样的控制方式。

基于事件的采样控制起源于非周期采样控制，是指系统的采样是事件触发的，而不是时间触发的。因此，基于事件的采样控制被定义为事件触发控制（Event–Triggered Control，ETC）。事件触发控制中事件的定义是多种多样的，例如，测量信号的大小超过某个阈值、一个数据包占用通信网络等。图 2.21 为两种典型的事件触发控制方案。事实上，事件触发控制的思想在控制工程中已有应用，主要通过引入传感器至控制器通道、控制器至执行器通道或双通道同步触发、异步触发实现，以节省通信信道占用、执行器磨损等。

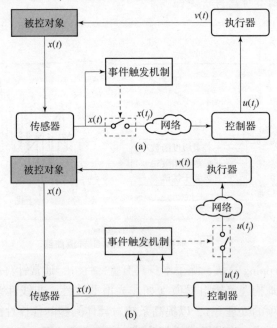

图 2.21 两种典型的事件触发控制方案

（a）传感器至控制器端事件触发控制；（b）控制器至执行器端事件触发控制。

为了进一步说明事件触发控制的基本设计思路，本节引入文献 ［110，111］ 中结果进行介绍。

定义 2.4　对于非线性系统，有

$$\dot{x}=f(x,u),x\in\mathbb{R}^{n},u\in\mathbb{R}^{m} \tag{2.57}$$

式中：x 为系统状态；u 为控制输入；$f(\cdot)$ 为分段连续函数，且关于 x 和 u 是局部 Lipschitz 连续的。

如果存在 $\mathcal{KL}$ 类函数 β 和 $\mathcal{K}$ 类函数 ζ 满足

$$\|x(t)\|\leqslant\max\{\beta(\|x(t_{0})\|,t-t_{0}),\zeta(\sup_{t_{0}\leqslant\tau\leqslant t}\|u(\tau)\|)\},\quad\forall t\geqslant t_{0}\geqslant0 \tag{2.58}$$

则式 （2.57） 所示系统是输入到状态稳定的 （Input – to – state stable, ISS）。

进一步，对式 （2.57） 所示的非线性系统设计控制律为

$$u=k(x) \tag{2.59}$$

其目的在于将系统状态 x 镇定到平衡点。

常规地，对于基于时间采样的控制方案，控制律式 （2.59） 在工程实际嵌入式系统中是基于采样时间点 $t_{0},t_{1},t_{2},t_{3},\cdots$ 的状态测量进行计算，即 $u(t_{i})=k(x(t_{i}))$，并在时间点 $t_{0}+\Delta,t_{1}+\Delta,t_{2}+\Delta,t_{3}+\Delta,\cdots$ 更新执行器输入命令，$\Delta\geqslant0$ 为用于状态测量、信息传递、控制律计算等的耗时。

基于以上考虑，对于状态测量序列 $x(t_{0}),x(t_{1}),x(t_{2}),x(t_{3}),\cdots$ 对应的执行器命令序列为 $u(t_{0}+\Delta),u(t_{1}+\Delta),u(t_{2}+\Delta),u(t_{3}+\Delta),\cdots$。对于执行器更新间隙 $t\in[t_{i}+\Delta,t_{i+1}+\Delta]$，$u(t)=u(t_{i}+\Delta)$ 为一常量。

对于事件触发控制方案，以图 2.21 （a） 中方案为例，时间序列 $t_{0},t_{1},t_{2},t_{3},\cdots$ 不再是等间隔采样时间点，而是基于某一时间触发驱动的时间点。在执行器更新间隙 $t\in[t_{i}+\Delta,t_{i+1}+\Delta]$，定义状态测量误差 $e=x(t_{i})-x(t)$，则闭环控制系统可表示为

$$\dot{x}=f(x,k(x+e)) \tag{2.60}$$

定义 2.5　对于式 （2.60） 所示的系统，若存在光滑函数 $V:\mathbb{R}^{n}\to\mathbb{R}_{0}^{+}$ 和 $\mathcal{K}_{\infty}$ 类函数 $\underline{\alpha},\bar{\alpha},\alpha$ 和 γ，使

$$\underline{\alpha}(\|x\|)\leqslant V(x)\leqslant\bar{\alpha}(\|x\|) \tag{2.61}$$

$$\frac{\partial V}{\partial x}f(x,k(x+e))\leqslant-\alpha(\|x\|)+\gamma(\|e\|) \tag{2.62}$$

成立，则定义函数 $V(\cdot)$ 为系统的 ISS 函数。

基于式 （2.62），可设计图 2.21 （a） 中事件触发机制为

$$\gamma(\|e\|)\leqslant\sigma(\|x\|) \tag{2.63}$$

式中：$0 < \sigma < 1$。如违反该条件，则事件发生，状态信号占用网络传递至控制器。若 $\Delta = 0$，$\boldsymbol{e}(t_i) = \boldsymbol{x}(t_i) - \boldsymbol{x}(t_i)$，$\gamma(\|\boldsymbol{e}\|) = 0$，则式（2.63），即为事件触发机制；若 $\Delta > 0$，则需通过参数调试保证在事件发生前触发信号传递，以补偿时延 Δ 对闭环系统响应产生的影响。进一步，式（2.62）可整理为

$$\frac{\partial V}{\partial \boldsymbol{x}} f(\boldsymbol{x}, k(\boldsymbol{x} + \boldsymbol{e})) \leqslant -(1 - \sigma)\alpha(\|\boldsymbol{x}\|) \tag{2.64}$$

即闭环控制系统中状态变量满足全局一致最终有界。

接下来，进一步分析式（2.64）设计存在最小触发时间间隔，即定理2.4，能有效避免奇诺（Zeno）现象。

定理2.4 对于被控对象式（2.57），设计控制律式（2.59）可保证闭环控制系统在存在网络传输时延 Δ 的前提下满足输入输出稳定。若满足

（1）$f: \mathbb{R}^n \times \mathbb{R}^m \to \mathbb{R}^n$ 是 Lipschitz 连续的；

（2）$k: \mathbb{R}^n \to \mathbb{R}^m$ 是 Lipschitz 连续的；

（3）如定义2.5所示的 ISS Lyapunov 函数存在，且 α^{-1}，γ 是 Lipschitz 连续的。

则对于紧集 $S \subset \mathbb{R}^n$，时延 $\Delta \in [0, \varepsilon]$，$\varepsilon > 0$ 为常数，一定存在 $\tau \in \mathbb{R}^+$ 满足 $t_{i+1} - t_i \geqslant \tau$，即存在最小触发时间间隔。

证明： 定义紧集 $E \subset \mathbb{R}^n$，对于 $e \in E$ 均满足 $\|\boldsymbol{e}\| \leqslant \gamma^{-1}(\sigma\alpha(\|\boldsymbol{x}\|))$。根据条件（3）可知，$\alpha^{-1}(\gamma(\|\boldsymbol{r}\|)/\sigma)$ 为 Lipschitz 连续的，则在紧集 E 上存在 $|\alpha^{-1}(\gamma(\|\boldsymbol{r}\|)/\sigma) - \alpha^{-1}(\gamma(\|\boldsymbol{s}\|)/\sigma)| \leqslant P\|\boldsymbol{r} - \boldsymbol{s}\|$，$P$ 为常数。令 $\boldsymbol{r} = \boldsymbol{e}$，$\boldsymbol{s} = 0$，则有 $\alpha^{-1}(\gamma(\|\boldsymbol{e}\|)/\sigma) \leqslant P\|\boldsymbol{e}\|$。值得注意的是，该事件触发机制式（2.63）可由 $P\|\boldsymbol{e}\| \leqslant \|\boldsymbol{x}\|$ 实现。

根据条件（1）和（2）可得，$f(\boldsymbol{x}, k(\boldsymbol{x} + \boldsymbol{e}))$ 是 Lipschitz 连续的，可推出

$$\|f(\boldsymbol{x}, k(\boldsymbol{x} + \boldsymbol{e}))\| \leqslant L\|(\boldsymbol{x}, \boldsymbol{e})\| \leqslant L\|\boldsymbol{x}\| + L\|\boldsymbol{e}\| \tag{2.65}$$

成立。

进而，求取 $\|\boldsymbol{e}\| / \|\boldsymbol{x}\|$ 的导数，并代入式（2.65），可推出

$$\begin{aligned}
\frac{\mathrm{d}}{\mathrm{d}t} \frac{\|\boldsymbol{e}\|}{\|\boldsymbol{x}\|} &= \frac{\mathrm{d}}{\mathrm{d}t} \frac{(\boldsymbol{e}^{\mathrm{T}}\boldsymbol{e})^{1/2}}{(\boldsymbol{x}^{\mathrm{T}}\boldsymbol{x})^{1/2}} \\
&= \frac{(\boldsymbol{e}^{\mathrm{T}}\boldsymbol{e})^{-1/2}\boldsymbol{e}^{\mathrm{T}}\dot{\boldsymbol{e}}(\boldsymbol{x}^{\mathrm{T}}\boldsymbol{x})^{1/2} - (\boldsymbol{x}^{\mathrm{T}}\boldsymbol{x})^{-1/2}\boldsymbol{x}^{\mathrm{T}}\dot{\boldsymbol{x}}(\boldsymbol{e}^{\mathrm{T}}\boldsymbol{e})^{1/2}}{\boldsymbol{x}^{\mathrm{T}}\boldsymbol{x}} \\
&= \frac{\boldsymbol{e}^{\mathrm{T}}\dot{\boldsymbol{x}}}{\|\boldsymbol{e}\| \cdot \|\boldsymbol{x}\|} - \frac{\boldsymbol{x}^{\mathrm{T}}\dot{\boldsymbol{x}}\|\boldsymbol{e}\|}{\|\boldsymbol{x}\|^3} \\
&\leqslant \frac{\|\boldsymbol{e}\| \cdot \|\dot{\boldsymbol{x}}\|}{\|\boldsymbol{e}\| \cdot \|\boldsymbol{x}\|} - \frac{\|\boldsymbol{x}\| \cdot \|\dot{\boldsymbol{x}}\| \cdot \|\boldsymbol{e}\|}{\|\boldsymbol{x}\|^3}
\end{aligned}$$

$$= \left(1 + \frac{\|e\|}{\|x\|}\right) \cdot \frac{\|\dot{x}\|}{\|x\|}$$

$$\leq \left(1 + \frac{\|e\|}{\|x\|}\right) \cdot \frac{L\|x\| + L\|e\|}{\|x\|}$$

$$= L\left(1 + \frac{\|e\|}{\|x\|}\right)^2 \tag{2.66}$$

为了便于分析，定义 $y = \|e\|/\|x\|$，则 $\dot{y} \leq L(1+y)^2$。因此，一定存在 $y \leq \phi(t,\phi_0)$，其中，$\phi(t,\phi_0)$ 为 $\dot{\phi} = L(1+\phi)^2$ 的解，$\phi(t,\phi_0) = \phi_0$。对于 $\Delta = 0$ 的情况，触发时间间隔一定以 ϕ 由 0 变化为 $1/P$ 消耗时长为下界，即 $\phi(\tau,0) = 1/P$。又由于 $\phi(\tau,0) = \tau L/(1-\tau L)$，可以得到 $\tau = 1/(L+LP)$。对于 $\Delta > 0$ 的情况，需要更加详细的分析，首先选取 σ' 满足 $\sigma < \sigma' < 1$（例如，$\sigma' = \sigma + (1-\sigma)/2$）和使 P' 针对 $\alpha^{-1}(\gamma(|e|)/\sigma')$ 满足 Lipschitz 条件，进一步使 $\varepsilon_1 \in \mathbb{R}^+$ 满足 $\phi(\varepsilon_1, 1/P) = 1/P'$。由于 ϕ 是连续的，$\dot{\phi} > 0$ 且 $1/P < 1/P'$，因此 ε_1 存在。其次，在时间 t_i 时刻执行控制任务，定义 $P|e| = |x|$，需要确保当 $t \in [t_i + t_i + \varepsilon_1]$，得到 $|e| \leq |x|/P'$ 和 $\gamma(|e|) \leq \sigma'\alpha(|x|)$。由于 $\sigma' < 1$，可以得到控制系统是渐进稳定的。因为 $\Delta + \tau$，τ 是针对 ϕ 的从 $|e(t_i+\Delta)|/x(t_i+\Delta) = |x(t_i) - x(t_i+\Delta)|/x(t_i+\Delta)$ 到 $1/P$ 的演绎时间，所以控制系统的内部执行时间是有界的。因为 $\dot{\phi} > 0$，需要选取一个小量 Δ 满足 $|e(t_i+\Delta)|/x(t_i+\Delta) < 1/P$，因此，$|x(t_i) - x(t_i+\Delta)|/x(t_i+\Delta)$ 针对 Δ 存在 $\varepsilon_2 > 0$ 满足 $0 \leq \Delta \leq \varepsilon_2$，进一步得到 $|x(t_i) - x(t_i+\Delta)|/x(t_i+\Delta) < 1/P$。由于 $\varepsilon = \min\{\varepsilon_1, \varepsilon_2\}$ 总是存在，所以最小触发时间间隔存在。

证明完成。

为了更加直观地展示事件触发技术在非线性系统中的应用，本示例介绍一种控制器到执行器的事件触发方法。

考虑一类二阶非线性系统，即

$$\begin{cases} \dot{x}_1 = x_2 \\ \dot{x}_2 = bu + f(x) + \Delta(t) \\ y = x_1 \end{cases} \tag{2.67}$$

式中：x_1，$x_2 \in \mathbb{R}$ 和 u 分别为系统的状态变量和输入变量，$f(x)$ 为系统的非线性项；$\Delta(t)$ 为系统的外部时变干扰。

基于输入端事件触发控制设计的目的在于能够降低控制器到执行器之间的控制命令传输负载，同时降低执行器的操纵频率，减少由磨损带来的执行器故障。下面给出针对非线性系统式（2.67）的基于输入端事件触发控制器设计方法的主要步骤：

步骤1：定义 $z_1 = x_1 - y_r$，$z_2 = x_2 - \alpha_1$，x_2 作为 $\dot{z}_1$ 子系统的虚拟控制量。因此，可以构建步骤1的虚拟控制律 α_1，可表示为

$$\alpha_1 = -c_1 z_1 + \dot{y}_r \tag{2.68}$$

式中：c_1 为设计参数。选取 Lyapunv 函数 $V_1(z_1)$ 为

$$V_1(z_1) = \frac{1}{2} z_1^2 \tag{2.69}$$

对式（2.69）求导，可得到

$$\dot{V}_1(z_1) = -c_1 z_1^2 + z_1 z_2 \tag{2.70}$$

步骤2：为了镇定 z_2，构建 Lyapunov 函数 $V_2(z_1, z_2)$ 为

$$V_2(z_1, z_2) = V_1(z_1) + \frac{1}{2} z_2^2 \tag{2.71}$$

对式（2.71）求导，可得

$$\dot{V}_2(z_1, z_2) = -c_1 z_1^2 + z_1 z_2 + z_2(bu + f(x) + \Delta(t) - \dot{\alpha}_1) \tag{2.72}$$

本示例仅用于展示事件触发技术的应用过程，因此对系统中存在的非线性项以及外部干扰暂不做处理。传统 Backstepping 的设计中，对式（2.72）中的 u 进行设计，由于引入事件触发技术，将其修改为

$$u(t) = \omega(t_k), \quad \forall t \in [t_k, t_{k+1}) \tag{2.73}$$

式中：$\omega(t_k)$ 为控制输入的触发值，t_k 为触发时刻，t_{k+1} 为下一个触发时刻。可以设计触发规则为

$$t_{k+1} = \inf\{t > t_k \mid |e_u(t)| \geqslant b_u u(t) + d_u\} \tag{2.74}$$

式中：$e_u(t) = \omega(t_k) - u(t)$；$b_u$ 和 d_u 为阈值参数，满足 $0 < b_u < 1$，$d_u > 0$。也就是说，在触发间隔 $t \in [t_k, t_{k+1})$ 内时，控制输入 $u(t)$ 将保持在 $\omega(t_k)$ 值。在触发域内总是满足 $|e_u(t)| \geqslant b_u u(t) + d_u$，因此将分两种情况进行讨论：

情况1：如果 $u(t) \geqslant 0$，则 $-b_u u(t) - d_u \leqslant \omega(t_k) - u(t) \leqslant b_u u(t) + d_u$，可以得到

$$\omega(t_k) - u(t) = \lambda_u(b_u u(t) + d_u), \lambda_u \in [-1, 1] \tag{2.75}$$

情况2：如果 $u(t) < 0$，则 $b_u u(t) - d_u \leqslant \omega(t_k) - u(t) \leqslant -b_u u(t) + d_u$，可以得到

$$\omega(t_k) - u(t) = \lambda_u(b_u u(t) - d_u), \lambda_u \in [-1, 1] \tag{2.76}$$

综合情况1与情况2，得到

$$\omega(t_k) - u(t) = \lambda_{u1} b_u u(t) + \lambda_{u2} d_u \tag{2.77}$$

$$\lambda_{u1} = \operatorname{sgn}(u(t))\lambda_{u2} = \lambda_u \tag{2.78}$$

综上，式（2.77）可以写为

$$u(t) = \frac{\omega(t_k)}{1 + \lambda_{u1} b_u} - \frac{\lambda_{u2} d_u}{1 + \lambda_{u1} b_u} \tag{2.79}$$

将式 (2.79) 代入式 (2.72)，得到

$$\dot{V}_2(z_1, z_2) = -c_1 z_1^2 + z_1 z_2 + z_2 \left(\frac{b\omega(t_k)}{1 + \lambda_{u1} b_u} - \frac{b\lambda_{u2} d_u}{1 + \lambda_{u1} b_u} + f(x) + \Delta(t) - \dot{\alpha}_1 \right) \tag{2.80}$$

设计事件触发控制律 $\omega(t_k)$ 为

$$\omega(t_k) = -b^{-1}(1 + \lambda_{u1} b_u)(c_2 z_2 + f(x) + \Delta(t) - \dot{\alpha}_1 - z_1) \tag{2.81}$$

式中：c_2 为正的设计参数。式 (2.80) 可以进一步推导为

$$\dot{V}_2(z_1, z_2) \leqslant -c_1 z_1^2 - \left(c_2 - \frac{1}{2} \right) z_2^2 + \left(\frac{b\lambda_{u2} d_u}{1 + \lambda_{u1} b_u} \right)^2 \leqslant -2\kappa V_2 + \varrho \tag{2.82}$$

式中：$\kappa = \min\{c_1, c_2 - 1/2\}$，$\varrho = (b\lambda_{u2} d_u / (1 + \lambda_{u1} b_u))^2$。由稳定性定理可知，设计的事件触发控制律满足全局一致渐近最终有界。

示例 2.4：系统数学模型如式 (2.67) 所示，$y_r = \frac{\pi}{3} \sin(0.5t) \cdot (1 - e^{-0.1 * t^3})$，$f(x) = 0.1x_1 + 0.2x_1 x_2$，$\Delta(t) = 0.01\sin(0.2t) + 0.02\cos(0.3t)$。控制器设计参数为 $c_1 = 20$，$c_2 = 30$，$x_1(t_0) = 0.1$。该示例为数值算例，在仿真结果（图 2.16 ~ 图 2.19）中纵坐标无单位。

图 2.22 ~ 图 2.24 给出了针对非线性二阶系统的事件触发控制设计方法的仿真结果。图 2.22 为控制效果曲线，可以看出，式 (2.67) 所示系统的输出状态能够快速追踪到期望目标；图 2.23 为实现控制目标的控制输入变化曲线，可以看出，事件触发控制输入呈阶跃状态，能够减少控制命令到执行器的传输频率，从而减少执行器的磨损。事件触发间隔如图 2.24 所示，最大触发间隔达到 0.44s，最小触发间隔 0.02s，大于采样时间 0.01s，因此事件触发控制算法不具有 Zeno 现象。

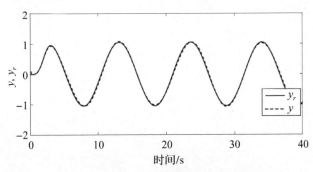

图 2.22　示例 2.2 中事件触发控制结果

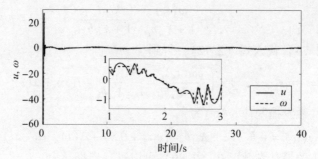

图 2.23　事件触发控制输入结果

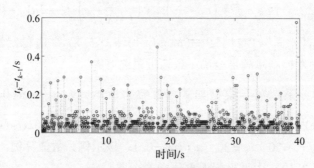

图 2.24　事件触发时间间隔

第 3 章　基于 DSC 技术的帆船鲁棒自适应控制

帆船由于具有节能、经济的优势已经成为热点研究问题之一，相比于传统的欠驱动船舶，帆船能够执行长航程、长时域值守任务，在海洋资源探索和环境监测方面具有重要应用价值。帆船在航行过程中由于受到参考路径和不定常风的影响，会出现单一制导结构无法提供迎风、顺风、横风航行参考信号，并且造成速度调节困难和控制信号频繁抖振现象。

本章主要从制导和控制两方面对无人帆船路径跟踪任务展开研究，在制导方面，分别针对迎风、顺风和横风三种航行局面设计制导律，在控制方面，解决了无人帆船在航行过程中速度调节困难、控制输入频繁抖振的问题，对加快无人帆船工程应用具有重要意义。通过 Lyapunov 稳定性判据证明控制系统具有半全局一致最终有界稳定，在模拟海况下进行仿真试验，验证控制算法的有效性和鲁棒性。

3.1　基于换舷策略的帆船鲁棒自适应控制

无人帆船依靠风能作为航行动力，具有节能环保的特点，可以承担远程、长期的海洋监测任务。在航行中，无人帆船需要同时操舵和调节帆来获得转船力矩和前向推力，因此，多变的海洋环境或者复杂的航行路径可能会导致闭环系统不稳定或失效。无人帆船在航路点路径上航行时，由于路径的转折会造成无人帆船相对风向及风速的变化，进而导致推进力减少或损失。无人帆船的迎风和顺风航行制导一直是制约无人帆船发展的一个重要因素。ILOS 制导、DVS 制导、蚁群算法等制导算法在欠驱动船舶控制领域应用广泛，但这些算法不能为无人帆船的所有航行局面提供制导参考信号，特别是在迎风或顺风时。文献 [62] 中，已经关注到顺风阶段和逆风阶段对无人帆船影响巨大，并且针对上述两个航行段讨论了帆船的动力学特征，包括空气动力和流体动力，该文献中提出的控制算法可以保持较高的速度以及较快的跟踪参考路径。此外，现有的积分 LOS 制导算法不适用于航海实际中无人帆船基于换舷策略的航路点路径跟踪任务。

根据上述分析，本节针对顺风、横风和逆风航行场景，设计了一种基于安全带宽约束和自主换舷技术的积分 LOS 制导策略。此外，针对无人帆船换舷时易造成船舶产生横摇运动，设计了一种以帆角和舵角作为控制输入的无人帆船鲁棒自适应控制算法，闭环控制系统内仅通过设计一个与增益相关的自适应参数，解决了无人帆船执行器增益不确定问题。

3.1.1　问题描述

为了便于开展本节无人帆船鲁棒自适应控制器的设计，在式（2.8）和式（2.9）所示的帆式船舶平面运动非线性动力学方程的基础上，进一步简化得到本章进行控制器演绎的设计模型，即

$$
\begin{cases}
\dot{x} = u\cos\psi - v\cos\phi\sin\psi \\
\dot{y} = u\sin\psi + v\cos\phi\cos\psi \\
\dot{\phi} = p \\
\dot{\psi} = r\cos\phi
\end{cases}
\tag{3.1}
$$

$$
\begin{cases}
\dot{u} = \dfrac{1}{m_u}(S_u + R_u + K_u + m_v v_r - D_u) + d_{wu} \\[2mm]
\dot{v} = \dfrac{1}{m_v}(S_v + R_v + K_v + m_u u_r - D_v) + d_{wv} \\[2mm]
\dot{p} = \dfrac{1}{m_p}(S_p + R_p + K_p - g(\varphi) - D_p) + d_{wp} \\[2mm]
\dot{r} = (S_r + R_r + K_r - (X_{\dot{u}} - Y_{\dot{v}})uv - D_r) + d_{wr}
\end{cases}
\tag{3.2}
$$

式中：$m_u = m - X_{\dot{u}}$；$m_v = m - Y_{\dot{v}}$；$m_p = I_x - K_{\dot{p}}$；$m_r = I_z - N_{\dot{r}}$；m 为无人帆船的总质量；$\boldsymbol{\eta} = [x, y, \phi, \psi]$ 为惯性坐标系中的位置、横摇角和舷向角（图3.1）；$\boldsymbol{\nu} = [u, v, p, r]$ 为附体坐标系中的前进速度、横漂速度、横摇和舷摇角速度；$d_{wi}, i = u, v, p, r$ 为外部海洋环境作用于帆船上的扰动力或力矩；$[S_i, R_i, K_i, D_i]$，$i = u, v, p, r$ 为帆、舵、龙骨和船体在附体坐标系中沿 x 轴、y 轴或 z 轴产生的力或力矩。

RBF – NNs 和模糊逻辑系统（Fuzzy Logic System，FLS）由于良好的非线性逼近能力，在工程领域具有广泛的应用。为了处理帆式船舶中存在的模型参数/结构非线性问题，引入以下引理。

引理 3.1[33]　对于给定的任意非线性连续函数 $f(\boldsymbol{x})(f(\boldsymbol{0}) = 0)$，$\boldsymbol{x}$ 为紧集 $\Omega_x \in R^n$ 上的向量，而且具有误差上界 $\bar{\varepsilon}_x$，可以以任意精度逼近，即

$$
f(\boldsymbol{x}) = \boldsymbol{W}^{\mathrm{T}}\boldsymbol{S}(\boldsymbol{x}) + \varepsilon_x
\tag{3.3}
$$

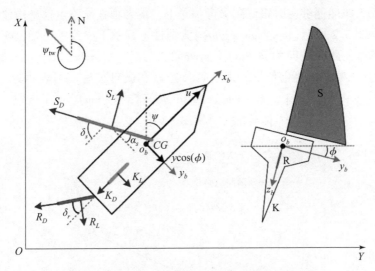

图 3.1 惯性坐标系和附体坐标系中帆船变量说明

式中：$\boldsymbol{W} = [w_1, w_2 \cdots w_l]^{\mathrm{T}}$ 为权重矩阵；$\boldsymbol{S}(\boldsymbol{x}) = [s_1(\boldsymbol{x}), s_2(\boldsymbol{x}), \cdots s_l(\boldsymbol{x})]^{\mathrm{T}}$ 为 RBF 函数基函数向量；$s_1(\boldsymbol{x})$ 为高斯函数；ε_x 为任意逼近误差。$s_1(\boldsymbol{x})$ 为

$$s_i(\boldsymbol{x}) = \frac{1}{\sqrt{2\pi}\boldsymbol{\xi}_i} \exp\left(-\frac{(\boldsymbol{x} - \boldsymbol{\mu}_i)^{\mathrm{T}}(\boldsymbol{x} - \boldsymbol{\mu}_i)}{2\,\boldsymbol{\xi}_i^2}\right) \tag{3.4}$$

式中：$i = 1, 2, \cdots l$；$\boldsymbol{\mu}_i$ 和 $\boldsymbol{\xi}_i$ 分别为高斯函数的中心值和标准差。

引理 3.2[91] 对于给定的任意非线性连续函数 $f(\boldsymbol{x})$（$f(\boldsymbol{0}) = 0$），$\boldsymbol{x}$ 为紧集 $\Omega_x \in R^n$ 上的向量，而且具有误差上界 $\bar{\varepsilon}_x$。根据引理 2.3 和连续函数分离技术，非线性函数 $f(\boldsymbol{x})$ 可在线逼近，即

$$f(\boldsymbol{x}) = \boldsymbol{S}(\boldsymbol{x})\boldsymbol{A}\boldsymbol{x} + \varepsilon_x \tag{3.5}$$

式中：$\boldsymbol{S}(\boldsymbol{x})$ 为基函数向量，与引理 2.3 中的定义一致。权重矩阵 $\boldsymbol{A}$ 可表示为

$$\boldsymbol{A} = \begin{bmatrix} w_{11} & w_{12} & \cdots & w_{1n} \\ w_{21} & w_{22} & \cdots & w_{2n} \\ \vdots & \vdots & \ddots & \vdots \\ w_{l1} & w_{l2} & \cdots & w_{ln} \end{bmatrix} \in \mathbb{R}^{l \times n} \tag{3.6}$$

3.1.2 基于帆角换舷策略的 ILOS 制导

航海实践中，通常基于航路点规划航线，因此，本节提出了一种针对无人帆船换舷策略的 ILOS 制导方法，该制导方法分为两种模式，即路径跟踪制导

模式（可航模式）以及复杂的操纵制导模式（包含顺风模式和迎风模式）。为了保证无人帆船能够实时跟踪到参考信号上，编者根据航路点信息构建参数化路径，如图 3.2 所示。$(x_r(\omega), y_r(\omega))$ 为惯性坐标系下的参考位置，ω 为路径变量，参数化路径航向为 $\psi_r(\omega) = \arctan2(y_r', x_r')$，$x_r' = \partial x_r / \partial \omega$，$y_r' = \partial y_r / \partial \omega$。$(x, y)$ 为无人帆船的当前位置，则垂向误差 x_e 和横向误差 y_e 可表示为

$$\begin{bmatrix} x_e \\ y_e \end{bmatrix} = \begin{bmatrix} \cos(\psi_r) & \sin(\psi_r) \\ -\sin(\psi_r) & \cos(\psi_r) \end{bmatrix} \begin{bmatrix} x - x_r(\omega) \\ y - y_r(\omega) \end{bmatrix} \tag{3.7}$$

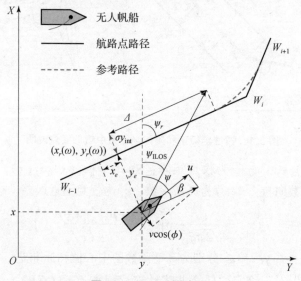

图 3.2 ILOS 制导框架

对式（3.7）求导，可以得到

$$\begin{cases} \dot{x}_e = (\dot{x} - \dot{x}_r)\cos(\psi_r) + (\dot{y} - \dot{y}_r)\sin(\psi_r) + \dot{\psi}_r y_e \\ \dot{y}_e = -(\dot{x} - \dot{x}_r)\sin(\psi_r) + (\dot{y} - \dot{y}_r)\cos(\psi_r) + \dot{\psi}_r x_e \end{cases} \tag{3.8}$$

将式（3.1）代入式（3.8），可以得到

$$\begin{cases} \dot{x}_e = u\cos(\psi - \psi_r) - v\sin(\psi - \psi_r) + \dot{\psi}_r y_e - u_d \\ \dot{y}_e = U\sin(\psi - \psi_r + \beta) - \dot{\psi}_r x_e \end{cases} \tag{3.9}$$

式中：$U = \sqrt{u^2 + (v\cos(\phi))^2}$；$\beta = \arctan2(v\cos(\phi), u)$ 为漂角。虚拟参考速度 u_p 为

$$u_p = \dot{\omega}\sqrt{x_r'^2 + y_r'^2} \tag{3.10}$$

因此，ILOS 制导律可推导为

$$\psi_{\text{ILOS}} = \psi_r - \arctan\left(\frac{y_e + \sigma y_{\text{int}}}{\Delta}\right) - \beta \tag{3.11}$$

且有

$$\dot{y}_{\text{int}} = \frac{\Delta y_e}{(y_e + y_{\text{int}})^2} + \Delta^2 \tag{3.12}$$

式中：Δ 和 σ 为前视距离和积分增益，并且都是大于零的设计参数。

1. 可航模式

与螺旋桨驱动的传统欠驱动船舶不同，无人帆船仅仅依靠帆产生推进力，航行模式受到天气的影响。航海实践中，无人帆船并非在所有航段都是可航行的（图3.3），可航行区域是图3.3（b）区域，在此模式下，无人帆船沿着参考路径航行。其中，期望航向角可表示为

$$\psi_d = \psi_{\text{ILOS}} \tag{3.13}$$

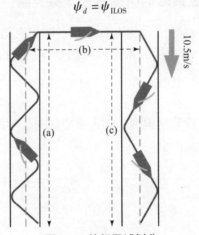

图 3.3　航行区域划分

2. 迎风模式

当航向角和风向满足 $|\psi_{\text{tw}} - \pi\,\text{sgn}(\psi_{\text{tw}}) - \psi_{\text{ILOS}}| < \theta_{\max}$ 时，将其定义为迎风航行区域，$\theta_{\max}$ 为迎风区域界限，sgn 为符号函数。在迎风模式下，无人帆船将会沿着 Z 型路径航行，并且能够在偏航带宽约束界限处自动转向，如图 3.3（a）所示。为执行迎风换舷操纵，定义一个符号选择函数 $\zeta(t)$，即

$$\zeta(t) = \text{sgn}(y_e(t) + d_{c1}\,\text{sgn}(\zeta(t-1))) \tag{3.14}$$

式中：d_{c1} 为迎风航行的偏航带宽距离。可以看出，当 $|y_e| \geq d_{c1}$ 时，$\zeta(t)$ 将会自动改变符号。因此，迎风模式下无人帆船参考信号可表示为

$$\psi_d = \psi_{\text{tw}} - \pi\,\text{sgn}(\psi_{\text{tw}}) - \zeta(t)\theta_{\max} - \beta \tag{3.15}$$

3. 顺风模式

与迎风模式的定义相似，当航向角和风向满足 $|\psi_{tw} - \psi_{ILOS}| < \theta_{max}$ 时，将其定义为顺风航行区域。在顺风模式下，无人帆船也将会沿着 Z 型路径航行，并且能够在偏航带宽处自动转向，如图 3.3（c）所示。为执行顺风换舷操作，符号选择函数 $\zeta(t)$ 可表示为

$$\zeta(t) = \text{sgn}(y_e(t) + d_{c2}\text{sgn}(\zeta(t-1))) \tag{3.16}$$

式中：d_{c2} 为顺风航行的偏航带宽距离。当 $|y_e| \geq d_{c2}$ 时，$\zeta(t)$ 将会自动改变符号。因此，顺风模式下无人帆船参考信号可表示为

$$\psi_d = \psi_{tw} - \zeta(t)\vartheta_{max} - \beta \tag{3.17}$$

式中：ϑ_{max} 为顺风区域界限。

3.1.3 基于帆角换舷策略的帆船路径跟踪控制

为实现无人帆船对制导信号的有效镇定，即无人船艏向 ψ 稳定到期望航向 ψ_d。本节设计了基于帆角换舷策略的帆船鲁棒自适应控制算法，分为控制器设计和稳定性分析两部分。

1. 控制器设计

结合帆式船舶非线性数学模型，无人帆船艏向数学模型可表达为

$$\begin{cases} \dot{\psi} = r\cos(\phi) \\ \dot{r} = \dfrac{m_u - m_v}{m_r}uv - \dfrac{f_r(\cdot)}{m_r} + \dfrac{g_r(\cdot)}{m_r}u_\delta(\cdot) + d_{wr} \end{cases} \tag{3.18}$$

且有

$$g_r(\cdot) = -\frac{1}{2}\rho_w A_r U_{ar}^2 |x_r|$$
$$u_\delta(\cdot) = C_{RL}(\alpha_R) \tag{3.19}$$

式中：$C_{RL}(\alpha_R)$ 的具体函数形式是不易获得的，因此根据文献［60］中的结果，引入一个具有正弦函数特性的变量 $u_\delta(\cdot)$（式（3.19）），通过查表方法代替 $C_{RL}(\alpha_R)$ 的精确值。此外，流速和流的方位角对舵效应影响较小，将帆船的相对流速简化为实际速度，且攻角满足 $\alpha_R = -\delta_r$ 则 $u_\delta(\cdot)$ 可表达为

$$u_\delta(\cdot) = a_1\sin(-a_2\delta_r) \tag{3.20}$$

式中：a_1、a_2 为正的设计参数。

对于帆船来说，控制输入为帆角和舵角，其前进推力主要由帆提供，转船力矩主要由舵叶提供，帆、舵、龙骨和船体产生的其他力和力矩可以看作是模型的不确定性部分，即 $f_r(\cdot)$。因此，基于无人帆船艏向模型进行控制器设计

是合理的。

接下来，将从运动学方程和动力学方程两个步骤进行算法设计。

步骤 1：航向误差及其导数可定义为

$$\psi_e = \psi - \psi_d \tag{3.21}$$

$$\dot{\psi}_e = r\cos(\phi) - \dot{\psi}_d \tag{3.22}$$

为了镇定航向误差，选择 α_r 作为虚拟控制器，可表示为

$$\alpha_r = \frac{1}{\cos(\phi)}(-k_\psi \psi_e + \dot{\psi}_d) \tag{3.23}$$

式中：k_ψ 为正的设计参数。

为了避免在下一步中虚拟控制器求导引起控制器维度爆炸，引入动态面技术解决这一问题，即让 α_r 通过时间常数为 τ_r 的一阶滤波器 β_r，可表示为

$$\tau_r \dot{\beta}_r + \beta_r = \alpha_r, \beta_r(0) = \alpha_r(0), y_r = \beta_r - \alpha_r \tag{3.24}$$

式中：y_r 为动态面误差，并且

$$q_r = \dot{\beta}_r - \dot{\alpha}_r = -\frac{y_u}{\tau_u} + B_r(\phi, \psi_e, \dot{\phi}, \dot{\psi}_e, \dot{\psi}_d, \ddot{\psi}_d) \tag{3.25}$$

式中：$B_r(\cdot)$ 为未知有界连续函数，并且存在正的常量 $M_u(\cdot)$ 和 $M_r(\cdot)$ 满足 $|B_r(\cdot)| \leq M_r$。

步骤 2：误差变量 r_e 及其导数定义为

$$r_e = \alpha_r - r$$

$$\dot{r}_e = \frac{1}{m_r}[m_r \dot{\beta}_r - (m_u - m_v)uv + f_r(\cdot) - g_r(\cdot)u_\delta(\cdot) - m_r d_{wr}] \tag{3.26}$$

式中：$f_r(\cdot)$ 为描述系统模型不确定项的未知非线性函数向量，仅用于控制器设计分析，根据引理 3.2，可得

$$\begin{aligned} f_r(r) &= S(r)Ar + \varepsilon(r) \\ &= S(r)A\beta_r - S(r)Ar_e + \varepsilon(r) \\ &= S(r)A\beta_r - b_r S(r)w_r + \varepsilon(r) \end{aligned} \tag{3.27}$$

式中：$\varepsilon(r)$ 为近似误差项。为了后续控制器设计，定义 $b_r = \|A\|_F, A_r^m = A_r / \|A\|_F$，则有 $w_r = A_r^m r_e, b_r w_r = A_r r_e$。利用鲁棒神经阻尼技术，可以推出

$$v_r \leq \theta_r \phi_r \tag{3.28}$$

式中：$\theta_r = \max\{\|A\|_F, d_r, \bar{\varepsilon} + m_r \bar{d}_{wr}\}$ 是未知的有界参数，d_r 是大于零的未知常数；$\phi_r = 1 + \xi_r(r) + \|S(r)\|\|\beta_r\|$ 为鲁棒阻尼项，$\xi_r(r)$ 满足 $\xi_r = u^2/4 + v$。

基于上述分析，为了方便进一步设计控制器，误差动态系统方程式（3.26）可以重述为

$$\dot{r}_e = \frac{1}{m_r}\left[m_r \dot{\beta}_r + v_r - b_r S(r) w_r - g_r(\,\cdot\,)u_\delta(\,\cdot\,)\right] \tag{3.29}$$

在自适应控制器设计中，$\hat{\lambda}_{g_r}$ 为 $\lambda_{g_r} = 1/g_r(\,\cdot\,)$ 的估计值，并且满足 $\tilde{\lambda}_{g_r} = \lambda_{g_r} - \hat{\lambda}_{g_r}$。$u_\delta$ 可表示为

$$u_\delta = \hat{\lambda}_{g_r} \alpha_u \tag{3.30}$$

α_u 是对 $g_r(\,\cdot\,)u_\delta$ 设计的中间控制器，可表示为

$$\alpha_u = k_{re} r_e + \dot{\beta}_r + k_{rn}\Psi_r(\,\cdot\,)r_e - \psi_e \cos(\phi) \tag{3.31}$$

结合式（3.30）和式（3.31），舵角 δ_r 可以重新表述为

$$\delta_r = -\frac{1}{a_2}\arcsin\left(\frac{1}{a_1}u_\delta\right) \tag{3.32}$$

在线更新的增益自适应律可表示为

$$\dot{\hat{\lambda}}_{g_r} = \sigma_{g_r}\left[\alpha_u r_e - \sigma_r(\hat{\lambda}_{g_r} - \hat{\lambda}_{g_r}(0))\right] \tag{3.33}$$

式中：$\Psi_r(\,\cdot\,) = (\phi_r^2 + S(r)^{\mathrm{T}} S(r))/4$，$k_{re}$、$k_{rn}$、$\sigma_{g_r}$、$\sigma_r$、$a_1$、$a_2$ 为正的设计参数。

所提控制算法式(3.30)~式(3.33)具有形式简洁，易于工程实现的优点，主要特点包括：①利用 RBF – NNs 解决了无人帆船的模型不确定项，但由于鲁棒神经阻尼技术的引入避免了在线更新 NNs 权重；②通过在线调节和补偿增益自适应参数，解决了无人帆船舵机伺服系统增益不确定问题，提高了本节设计控制算法在航海实际中的可应用性。

所设计控制器及其增益自适应律的稳定性将在接下来给出证明过程。

2. 稳定性分析

本部分给出了所设计控制算法的稳定性分析，主要结果总结如下。

定理 3.1 针对无人帆船系统式（3.1）、式（3.2）以及参考路径式（3.7），在假设 2.1~2.3 的条件下，利用误差变量方程式（3.29）、所设计的控制律式（3.31）和增益自适应律式（3.32），对于无人帆船初始状态满足 $\Omega = \{(x_e, y_e, \psi_e, y_r, \tilde{\lambda}_{g_r}) \mid x_e^2 + y_e^2 + \psi_r^2 + y_r^2 + r_e^2 + \tilde{\lambda}_{g_r}^2 \leqslant 2\ell\}$，并且任意 $\ell > 0$ 时，存在合适的控制参数 k_x、τ_r、k_ψ、k_{re}、k_{rn}、σ_{g_r}、σ_r，使得闭环控制系统中所有变量满足半全局一致最终有界稳定性质。此外，输出误差 $\psi_e = \psi - \psi_d$ 满足 $\lim_{t\to\infty}|\psi_e(t)| = \varepsilon$，通过调节设计参数可以使得任意 ε 足够小。

证明： 根据无人帆船的运动学和动力学特性，定义 Lyapunov 候选函数可表示为

$$V = \frac{1}{2}x_e^2 + \frac{1}{2}y_e^2 + \frac{1}{2}\psi_e^2 + \frac{1}{2}y_r^2 + \frac{1}{2}m_r r_e^2 + \frac{1}{2}\frac{g_r(\,\cdot\,)}{\sigma_{g_r}}\tilde{\lambda}_{g_r}^2 \tag{3.34}$$

利用式（3.22）、式（3.25）、式（3.32）可计算 V 的导数为

$$\dot{V} \leq -k_x x_e^2 + \frac{U\Delta y_e}{\sqrt{(y_e + \sigma y_{\text{int}})^2 + \Delta^2}}\sin(\psi_e) -$$

$$\frac{U_{y_e}}{\sqrt{(y_e + \sigma y_{\text{int}})^2 + \Delta^2}}\cos(\psi_e) -$$

$$r_e\psi_e\cos(\phi) - k_\psi\psi_e^2 + y_r\dot{y}_r +$$

$$r_e\left(m_r\dot{\beta}_r + k_{rn}\Psi(\,\cdot\,)r_e^2 + \frac{\theta_r^2}{k_{rn}} + \frac{b_r^2 r_e^2}{k_{rn}}\right) -$$

$$g_r(\,\cdot\,)\lambda_{g_r}\alpha_u - g_r(\,\cdot\,)\tilde{\lambda}_{g_r}\alpha_u +$$

$$g_r(\,\cdot\,)\tilde{\lambda}_{g_r}(\alpha_u r_e - \sigma_r(\hat{\lambda}_{g_r} - \hat{\lambda}_{g_r}(0)))\qquad(3.35)$$

引入杨氏不等式，即

$$v_r r_e - b_r S(r)w_r r_e \leq \frac{\dfrac{k_{rn}}{4}}{\varphi_r^2 r_e^2} + \frac{\theta_r^2}{k_{rn}} + \frac{k_{rn}}{4}S(r)^{\text{T}}S(r)r_e^2 + \frac{b_r^2 w_r^{\text{T}} w_r}{k_{rn}}$$

$$= k_{rn}\Psi_r(\,\cdot\,)r_e^2 + \frac{\theta_r^2}{k_{rn}} + \frac{b_r^2 w_r^{\text{T}} w_r}{k_{rn}}\qquad(3.36)$$

$$w_r^{\text{T}} w_r = \parallel A_r^m r_e \parallel^2 = \frac{w_{r,1}^{\text{T}} w_{r,1} + w_{r,2}^{\text{T}} w_{r,2} + \cdots + w_{r,n}^{\text{T}} w_{r,n}}{\parallel A_r \parallel_{\text{F}}^2}r_e^{\text{T}} r_e = r_e^2\qquad(3.37)$$

$$m_r\dot{\beta}_r r_e - \dot{\beta}_r r_e \leq (m_r + 1)\left|\frac{y_r}{\tau_r}r_e\right| \leq \frac{m_r + 1}{\tau_r}r_e^2 + \frac{(m_r + 1)}{4}y_r^2\qquad(3.38)$$

$$y_r\dot{y}_r = -\frac{y_r^2}{\tau_r} - y_r\dot{\alpha}_r$$

$$= -\frac{y_r^2}{\tau_r} + y_r B_r(\phi, \psi_e, \dot{\phi}, \dot{\psi}_e, \dot{\psi}_d, \ddot{\psi}_d)$$

$$\leq -\frac{y_r^2}{\tau_r} + \frac{y_r^2 B_r^2 M_r^2}{4aM_r^2} + a$$

$$\leq -\left(\frac{1}{\tau_r} - \frac{M_r^2}{4a}\right)y_r^2 + a\qquad(3.39)$$

将杨氏不等式（3.36）~式（3.39）代入式（3.35），V 的导数可以进一步整理为

$$\dot{V} \leq -k_x x_e^2 - \frac{U_{\max}}{\Delta}y_e^2 - k_\psi\psi_e^2 - \left(k_{re} - \frac{m_r + 1}{\tau_r} - \frac{b_r}{k_{rn}}\right)r_e^2 -$$

$$\left(-\frac{m_r + 1}{4} + \frac{1}{\tau_r} - \frac{M_r^2}{4a}\right)y_r^2 - \sigma_r\sigma_{g_r}\frac{g_r(\,\cdot\,)}{\sigma_{g_r}}\tilde{\lambda}_g^2 +$$

$$\theta_r^2 k_{rn} - \sigma_r g_r(\ \cdot\ )\tilde{\lambda}_{g_r}(\lambda_{g_r} - \hat{\lambda}_{g_r}(0)) + a + U_{\max} y_e \qquad (3.40)$$

式中：$U_{\max} = \{\min U\Delta/\sqrt{(y_e + \sigma y_{\mathrm{int}})^2 + \Delta^2}\}$。式（3.40）可以重新表述为

$$\dot{V} \leqslant -2\kappa V + \wp \qquad (3.41)$$

式中：

$$\kappa = \min\left\{k_x, \frac{U_{\max}}{\Delta}, k_\psi, \left(k_{re} - \frac{m_r + 1}{\tau_r} - \frac{b_r}{k_{rn}}\right), \left(-\frac{m_r + 1}{4} + \frac{1}{\tau_r} - \frac{M_r^2}{4a}\right), \sigma_r g_r(\ \cdot\ )\right\}$$

$$\wp = \frac{\theta_r^2}{k_{rn}} - \sigma_r g_r(\ \cdot\ )\tilde{\lambda}_{g_r}\lambda_{g_r} - \hat{\lambda}_{g_r}(0) + a - U_{\max} y_e \qquad (3.42)$$

对式（3.41）两边同时积分可以得到 $V(t) \leqslant \wp/2\kappa + (V(0) - \wp/2\kappa)\exp$（$-2\kappa t$）。根据 Lyapunov 稳定性理论可知，函数 $V(t)$ 是有界的，满足 $\lim_{t\to\infty} V(t) = \wp/2\kappa$。进而易知，所提控制算法能够确保闭环控制系统内所有状态误差变量均满足半全局一致最终有界稳定。

证明完成。

3.1.4 仿真研究

为验证所提控制算法的有效性，本节给出两个仿真实例，即所提算法与文献［60］中算法的对比实验和海洋环境干扰下的无人帆船路径跟踪控制实验。被控对象引自文献［60］中的一艘 12m 长的无人帆船，其配备一张主帆、一套舵设备和一块龙骨板。

仿真研究中考虑了外界环境干扰，包括海风和风生浪，在本节仿真中采用基于机理的环境干扰模型，即利用 NORSOK 风谱和 JONSWAP 波浪谱构建风干扰和浪干扰，具体过程在 2.2 节已经给出详细介绍。在 5 级海况（图 3.4）进行数值仿真实验，即主风速 $U_{\mathrm{wind}} = 10.5\mathrm{m/s}$，平均风向 $\psi_{\mathrm{tw}} = 0°$。

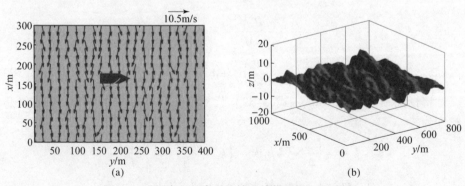

图 3.4　5 级海况下海洋环境干扰模拟图（见彩图）

(a) 2D 风场图；(b) 3D 风生浪图。

1. 对比实验

该实例中，无人帆船的期望航向角为 $\psi_d = 60°$，初始船舶状态为 $[x(0),$ $y(0),\phi(0),\psi(0),u(0),v(0),p(0),r(0),\delta_s(0),\delta(0)] = [-20\mathrm{m},0\mathrm{m},0°,0°,$ $1\mathrm{m/s},0\mathrm{m/s},0(°)/\mathrm{s},0(°)/\mathrm{s},0°,0°]$。此外，控制算法中的神经网络用于逼近结构不确定项。它包含 25 个节点，即 $l = 25$，中心距宽度 $\mu_i = 3(i = 1,2,\cdots,$ $l)$，对于非线性项 $f_r(\cdot)$，中心值向量均匀分布于区间 $[-2.5\mathrm{m/s},2.5\mathrm{m/s}] \times$ $[-2.5\mathrm{m/s},2.5\mathrm{m/s}] \times [-0.6\mathrm{rad/s},0.6\mathrm{rad/s}]$。对于本节提出的鲁棒自适应控制算法，参数设置为

$$\begin{aligned}
&\theta_{\max} = \pi/4, \vartheta_{\max} = \pi/6, d_{c1} = 40\mathrm{m},\\
&d_{c2} = 25\mathrm{m}, k_x = 0.5, k_\psi = 0.1,\\
&k_{re} = 0.5, \sigma_{g_r} = 0.02, \sigma_r = 0.5,\\
&k_{rn} = 0.3, a_1 = 1.2, a_2 = 2.0
\end{aligned} \tag{3.43}$$

闭环系统在两种控制算法下的响应曲线如图 3.5 所示，其中，图 3.5（a）描述了无人帆船的艏向保持效果，图 3.5（b）描述了无人帆船的控制命令演化过程。需要注意的是，两种控制算法在稳态性能上相似，但所提控制算法下的无人帆船具有更快的响应速度和更加平滑的控制输入效果。为了进一步定量分析，这里引入性能测量指标：绝对平均误差（Mean Absolute Error，MAE）、绝对平均输入（Mean Absolute Control Input，MAI）和绝对平均变差（Mean Total Variation，MTV）。MAE 用来测量系统响应性能，MAI 和 MTV 能够有效反映控制命令的能量输入和光滑程度。MAE，MAI 和 MTV 可表示为

$$\mathrm{MAE} = \frac{1}{t_{\mathrm{end}} - 0} \int_0^{t_{\mathrm{end}}} |e(t)| \, \mathrm{d}t$$

$$\mathrm{MAI} = \frac{1}{t_{\mathrm{end}} - 0} \int_0^{t_{\mathrm{end}}} |u(t)| \, \mathrm{d}t$$

$$\mathrm{MTV} = \frac{1}{t_{\mathrm{end}} - 0} \int_0^{t_{\mathrm{end}}} |u(t+1) - u(t)| \, \mathrm{d}t \tag{3.44}$$

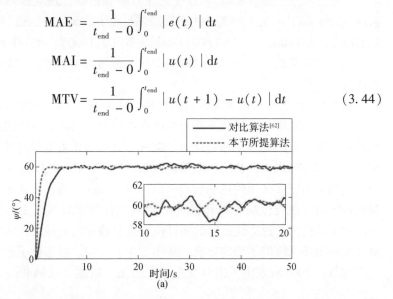

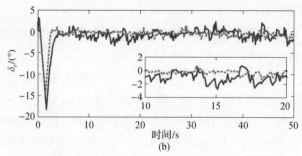

图 3.5　控制结果比较：所提控制策略（绿线）、对比算法（红线）（见彩图）

(a) 艏向对比；(b) 舵角命令。

表 3.1 给出了定量性能对比结果，进一步说明了所提控制算法在提升闭环系统性能和节能方面的优势。

表 3.1　所提算法和文献 [60] 的主要量化对比结果

指标	对象/(°)	本节算法	文献 [60] 算法
MAE	ψ_e	1.3935	2.7864
MAI	δ	1.0648	1.7675
MTV	δ	0.0868	0.1364

2. 模拟海洋环境下路径跟踪数值仿真

利用提出基于换舷策略的 ILOS 制导方法和鲁棒自适应控制算法开展模拟海洋环境干扰下的无人帆船路径跟踪实验。为完成实验，设计航路点如下：$W_1(0,0)$，$W_2(600,0)$，$W_3(600,1800)$，$W_4(0,1800)$，$W_5(0,500)$，坐标单位为 m。在本实验中，无人帆船的初始状态与对比实验中相同，在此不再赘述。

图 3.6～图 3.9 给出了无人帆船鲁棒自适应控制算法下的路径跟踪实验结果。图 3.6 为海洋环境扰动下基于航路点信息的无人帆船路径跟踪轨迹图，可以发现，所提算法具有良好的性能，能够有效控制无人帆船沿航路点航行。特别是在顺风和迎风段，基于换舷策略的 ILOS 制导算法可以保证无人帆船在安全带宽约束下完成 Z 形轨迹和自动转向操纵。图 3.7 给出了无人帆船的舵角和帆角控制命令曲线，舵角 δ_r 和帆角 δ_s 均在执行器伺服系统实际物理约束界限内。图 3.8 给出了自适应参数的估计值，该参数通过在线更新实时补偿增益不确定项对闭环系统的不稳定影响。从图 3.8 中可知，帆船处于迎风模式时，自适应参数在 200s 时发生了剧烈变化，说明无人帆船在顺风和迎风阶段可能会

增加无人帆船控制的复杂性和难度。图 3.9 给出了所提控制方案下无人帆船的姿态变量 u、v、ψ、ϕ 变化过程，可以观察到，无人帆船的姿态变量都是一致最终有界的。从上述实验结果可知，本节提出的控制在海洋工程实际中具有良好的控制性能，并且具有计算负载小、自适应能力强、易于实现工程化应用的特点。

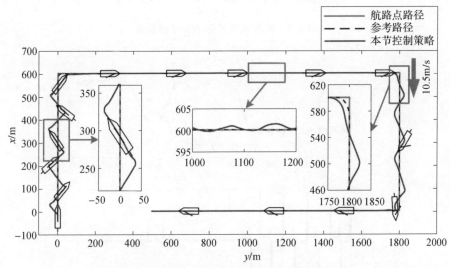

图 3.6　本节控制策略下无人帆船路径跟踪轨迹（线型区分）（见彩图）

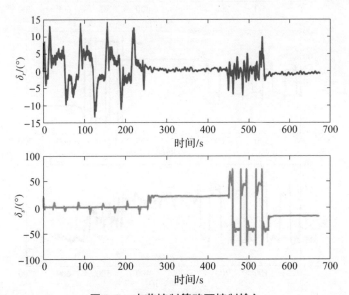

图 3.7　本节控制策略下控制输入

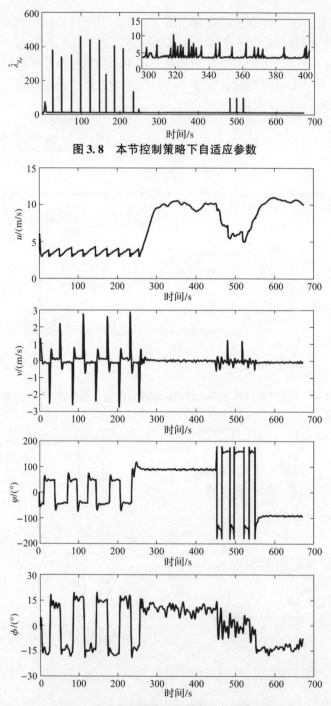

图 3.8　本节控制策略下自适应参数

图 3.9　本节控制策略下无人帆船的姿态变量

3.2　基于帆角调节的帆船鲁棒自适应控制

尽管在 3.1 节中通过帆角调节设计了一种适用于无人帆船的速度调节器，但是在实际航行中无人帆船需要考虑横风下船舶的路径规划需求。因此，结合航海工程对无人帆船在迎风、顺风以及横风局面下设计 Z 型路径制导具有现实工程意义。此外，无人帆船运动控制领域，针对航行速度的研究一直是研究人员主要关注的问题之一。实际上，一些研究者致力于通过优化帆角获得最大的航行速度。在文献［78］中，利用极值搜索法开发了一种在线速度优化算法。此外，提出了一种改进的速度优化算法来消除文献［85］中的速度抖振现象。尽管最大航速在某些方面（低风力航行、体育竞赛等）有利于无人帆船航行，但是过大的航速会导致闭环控制系统失稳或失效，甚至导致帆船倾覆。因此，合适的航行速度对无人帆船执行路径跟踪任务具有重要意义。

基于以上分析，为执行基于实际航路点的路径跟踪任务，针对无人帆船的迎风、顺风和横风三种航行局面分别进行制导研究，设计了一种复合 ALOS 制导算法。该制导算法对提高无人帆船的自主性具有重要意义，特别是对于迎风和顺风条件下的自动导航能力以及横风条件下的风致偏移补偿能力。在控制层面，利用动态面控制技术和鲁棒神经阻尼技术，设计了无人帆船速度调节器和艏向控制器。速度调节器能够通过帆角的控制获得最优的航行速度；艏向控制器能够实时跟踪复合 ALOS 制导算法产生的参考信号。

3.2.1　问题描述

根据第 2 章描述的无人帆船运动学模型式（2.8）和动力学模型式（2.9），进一步归纳得到本节的研究对象，可表示为

$$
\begin{cases}
\dot{x} = u\cos(\psi) - v\cos(\phi)\sin(\psi) \\
\dot{y} = u\sin(\psi) + v\cos(\phi)\cos(\psi) \\
\dot{\phi} = p \\
\dot{\psi} = r\cos(\phi)
\end{cases}
\tag{3.45}
$$

$$\begin{cases} \dot{u} = \dfrac{m_v}{m_u}vr - \dfrac{f_u(\,\cdot\,)}{m_u} + \dfrac{g_u(\,\cdot\,)}{m_u}C_L(\alpha_S) + d_{wu} \\[3mm] \dot{v} = \dfrac{m_u}{m_v}vr - \dfrac{f_v(\,\cdot\,)}{m_v} + d_{wv} \\[3mm] \dot{p} = \dfrac{g(\phi)}{m_p} - \dfrac{f_p(\,\cdot\,)}{m_p} + d_{wp} \\[3mm] \dot{r} = \dfrac{(m_u - m_v)}{m_r}uv - \dfrac{f_r(\,\cdot\,)}{m_r} + \dfrac{g_r(\,\cdot\,)}{m_r}C_L(\alpha_R) + d_{wr} \end{cases} \qquad (3.46)$$

式中：$C_L(\alpha_R)$ 和 $C_L(\alpha_S)$ 为舵和帆升力系数，$C_L(\alpha_R)$ 和 $C_L(\alpha_S)$ 与帆船尺寸、船型以及舵/帆结构的平滑性相关。对于无人帆船来说，$C_L(\alpha_R)$ 和 $C_L(\alpha_S)$ 的数值是可以通过海试测量得到，但是其数值具有离散化的特点。为了便于控制器设计，对 $C_L(\alpha_R)$ 和 $C_L(\alpha_S)$ 的离散数值点进行线性拟合，即

$$C_L(\alpha_R) = \epsilon_1 \sin(\epsilon_2 \delta_R)$$

$$C_L(\alpha_S) = \begin{cases} a_1\alpha_S + b_1, & -90° \leqslant \alpha_S < \chi_{\min} \\ a_2\alpha_S + b_2, & \chi_{\min} \leqslant \alpha_S < \chi_{\max} \\ a_3\alpha_S + b_3, & \chi_{\max} \leqslant \alpha_S < 90° \end{cases} \qquad (3.47)$$

式中：ϵ_1、ϵ_2、a_1、a_2、a_3、b_1、b_2 和 b_3 为拟合参数；$\chi_{\min}$ 和 $\chi_{\max}$ 为极值点处的横坐标值。得到拟合效果如图 3.10 所示。

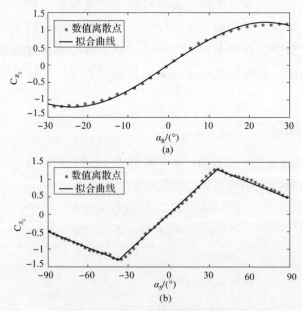

图 3.10　舵和帆升力曲线拟合效果图

3.2.2　考虑航行区域划分的帆船复合 ALOS 制导设计

在航海工程中，经常通过设置航路点来生成计划航线，并且利用 ALOS 制导技术产生实时参考信号。但是对于无人帆船来说，单独的 ALOS 制导无法提供迎风、顺风航行参考信号。为了便于制导算法设计，根据无人帆船的航向和风向的相对关系可以将航行区域分为 3 部分，即迎风航行区、横风航行区和顺风航行区。图 3.11 为无人帆船航行区域划分及制导路径示意图。从图 3.11 中可以看出，当处于迎风或顺风区域时，无人帆船应当按照 Z 型路径航行；当处于横风区域时，无人帆船可以正常跟踪到期望轨迹上。

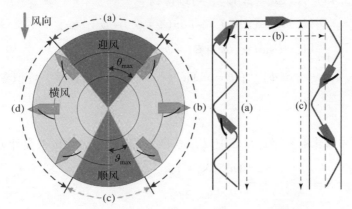

图 3.11　无人帆船航行区域划分及制导路径

1. 横风航行制导

为了保证无人帆船能够实时跟踪到参考信号上，根据航路点路径构建参数化路径，如图 3.12 所示。

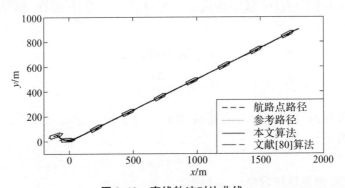

图 3.12　直线轨迹对比曲线

$(x_r(\omega),y_r(\omega))$ 为惯性坐标系下的参考位置；ω 为路径变量；参数化路径航向为 $\psi_r(\omega)=\arctan2(y_r',x_r')$；$x_r'=\partial x_r/\partial\omega$，$y_r'=\partial y_r/\partial\omega$。$(x,y)$ 为无人帆船的当前位置，则纵向误差 x_e 和横向误差 y_e 可表述为

$$\begin{bmatrix} x_e \\ y_e \end{bmatrix}=\begin{bmatrix} \cos(\psi_r) & \sin(\psi_r) \\ -\sin(\psi_r) & \cos(\psi_r) \end{bmatrix}\begin{bmatrix} x-x_r(\omega) \\ y-y_r(\omega) \end{bmatrix} \tag{3.48}$$

对式（3.48）求导，可以得到

$$\begin{cases} \dot{x}_e=(\dot{x}-\dot{x}_r)\cos(\psi_r)+(\dot{y}-\dot{y}_r)\sin(\psi_r)+\dot{\psi}_r y_e \\ \dot{y}_e=-(\dot{x}-\dot{x}_r)\sin(\psi_r)+(\dot{y}-\dot{y}_r)\cos(\psi_r)+\dot{\psi}_r x_e \end{cases} \tag{3.49}$$

将式（3.45）代入式（3.49），可以得到

$$\begin{cases} \dot{x}_e=u\cos(\psi-\psi_r)-v\sin(\psi-\psi_r)+\dot{\psi}_r y_e-u_d \\ \dot{y}_e=U\sin(\psi-\psi_r+\beta)-\dot{\psi}_r x_e \end{cases} \tag{3.50}$$

式中：$U=\sqrt{u^2+(v\cos(\phi))^2}$；$\beta=\arctan2(v\cos(\phi),u)$ 为漂角。虚拟参考速度 u_d 为

$$u_d=\dot{\omega}\sqrt{x_r'^2+y_r'^2} \tag{3.51}$$

为保证无人帆船在路径跟踪中以合适的速度航行，u_d 可以被设计为

$$u_d=\begin{cases} u_{d0},u_{d0}\leqslant u_d^* \\ u_d^*,u_{d0}>u_d^* \end{cases} \tag{3.52}$$

$$u_{d0}=U\cos(\psi-\psi_r+\beta)+k_x x_e$$

式中：k_x 为正的设计参数；u_d^* 为期望速度。

结合式（3.51）和式（3.52），可以得到

$$\dot{\omega}=u_d/\sqrt{x_r'^2+y_r'^2} \tag{3.53}$$

根据3.1节中ILOS制导结构图，可以进一步设计ALOS制导律，可表示为

$$\psi_{\mathrm{ALOS}}=\psi_r-\arctan(y_e/\Delta)-\hat{\beta} \tag{3.54}$$

$$\dot{\hat{\beta}}=b_1\frac{\Delta y_e}{\sqrt{y_e^2+\Delta^2}} \tag{3.55}$$

式中：Δ 为前向视距；b_1 为自适应增益。为了便于控制器设计，进一步将 ψ_{ALOS} 描述为

$$\psi_d=\psi_{\mathrm{ALOS}} \tag{3.56}$$

2. 迎风/顺风航行制导

当航向角和风向满足 $|\psi_{\mathrm{tw}}-\pi\mathrm{sgn}(\psi_{\mathrm{tw}})-\psi_{\mathrm{ALOS}}|<\theta_{\max}$ 时，定义为迎风航行

区域，θ_{max} 为迎风区域界限，$\text{sgn}(\cdot)$ 为符号函数。在迎风模式下，无人帆船会沿着 Z 型路径航行，并且能够在偏航带宽处自动转向，为执行迎风换舷操作，定义一个符号选择函数 $\zeta(t)$ 为

$$\zeta(t) = \text{sgn}(y_e(t) + d_{c1}\text{sgn}(\zeta(t-1))) \tag{3.57}$$

式中：d_{c1} 为迎风航行的偏航带宽距离。式（3.57）可以看出，当 $|y_e| \geqslant d_{c1}$ 时，$\zeta(t)$ 会自动改变符号。因此，迎风模式下无人帆船参考信号可以表示为

$$\psi_d = \psi_{tw} - \pi\text{sgn}(\psi_{tw}) - \zeta(t)\theta_{max} - \beta \tag{3.58}$$

与迎风模式的定义相似，当航向角和风向满足 $|\psi_{tw} - \psi_{ALOS}| < \vartheta_{max}$ 时，定义为顺风航行区域，ϑ_{max} 为顺风区域界限。定义符号选择函数 $\zeta(t)$ 为

$$\zeta(t) = \text{sgn}(y_e(t) + d_{c2}\text{sgn}(\zeta(t-1))) \tag{3.59}$$

式中：d_{c2} 为顺风航行的偏航带宽距离。当 $|y_e| \geqslant d_{c2}$ 时，$\zeta(t)$ 会自动改变符号。因此，迎风模式下无人帆船参考信号可表示为

$$\psi_d = \psi_{tw} - \zeta(t)\vartheta_{max} - \beta \tag{3.60}$$

3.2.3　基于帆角调节的帆船路径跟踪控制

对于无人帆船来说，风力是唯一驱动力，在风力资源不足情况下，可以利用风帆产生最大推力，实现低速航速，但是在风力资源充足情况下，风帆产生的最大推力可能导致帆船超速，甚至造成失速不稳定现象。因此，本节着重设计了基于帆角最优调节的帆船路径跟踪控制算法，分为控制器设计和稳定性分析两部分。

1. 控制器设计

步骤 1：为了镇定垂向误差 x_e 和航向误差 $\psi_e = \psi - \psi_d$，定义误差变量 $u_e = \alpha_u - u$ 和 $r_e = \alpha_r - r$。值得注意的是，ψ_d 为无人帆船期望的航向角，而不是虚拟参考点的航向角。虚拟控制律 α_u 和 α_r 可以被设计为

$$\alpha_u = \frac{1}{\cos(\psi_{rsat})}(-k_x x_e + u_d)$$

$$\alpha_r = \frac{1}{\cos(\phi)}(-k_r\psi_e + \dot{\psi}_d) \tag{3.61}$$

式中：k_x 和 k_r 是正的设计参数。

考虑到在下一步设计中，对 α_u 和 α_r 的求导会引起"计算爆炸"问题，笔者引入动态面控制（Dynamic Surface Control，DSC）技术。让 α_u 和 α_r 通过时间常数为 l_u 和 l_r 的一阶滤波器 β_u 和 β_r，可表示为

$$l_u\dot{\beta}_u + \beta_u = \alpha_u, \beta_u(0) = \alpha_u(0), q_u = \beta_u - \alpha_u$$

$$l_r\dot{\beta}_r + \beta_r = \alpha_r, \beta_r(0) = \alpha_r(0), q_r = \beta_r - \alpha_r \tag{3.62}$$

式中：q_u 和 q_r 为动态面误差，并且

$$\dot{q}_u = \dot{\beta}_u - \dot{\alpha}_u$$

$$= -\frac{q_u}{l_u} + \frac{\partial \alpha_u}{\partial x}\dot{x} + \frac{\partial \alpha_u}{\partial y}\dot{y} + \frac{\partial \alpha_u}{\partial x_r}\dot{x}_r +$$

$$\frac{\partial \alpha_u}{\partial y_r}\dot{y}_r + \frac{\partial \alpha_u}{\partial \psi}\dot{\psi} + \frac{\partial \alpha_u}{\partial \psi_{rsat}}\dot{\psi}_{rsat} + \frac{\partial \alpha_u}{\partial u_d}\dot{u}_d$$

$$= -\frac{q_u}{l_u} + B_u(\,\cdot\,)$$

$$\dot{q}_r = -\frac{q_r}{l_r} + B_r(\,\cdot\,) \tag{3.63}$$

式中：$B_u(\,\cdot\,)$ 和 $B_r(\,\cdot\,)$ 为有界连续函数，并且存在正的常量 $M_u(\,\cdot\,)$ 和 $M_r(\,\cdot\,)$ 满足 $|B_u(\,\cdot\,)| \leqslant M_u$ 和 $|B_r(\,\cdot\,)| \leqslant M_r$。值得一提的是，为了防止式 (3.61) 中 α_u 引起的奇异性问题，即避免 $\psi - \psi_r = 0.5\pi$ 的情况，定义变量 ψ_{rsat} 满足

$$\psi_{rsat} = \begin{cases} 0.5\pi - \ell, & \psi - \psi_r \geqslant 0.5\pi \\ \psi - \psi_r, & -0.5\pi < \psi - \psi_r < 0.5\pi \\ -0.5\pi + \ell, & \psi - \psi_r \leqslant -0.5\pi \end{cases} \tag{3.64}$$

式中：ℓ 为正的小值。

步骤 2：根据式 (3.62) 和式 (3.63)，对 u_e 和 r_e 求导，得到

$$\dot{u}_e = \frac{1}{m_u}[m_u\dot{\beta}_u - m_v vr + f_u(\,\cdot\,) - g_u(\,\cdot\,)C_L(\alpha_S) - m_u d_{wu}]$$

$$\dot{r}_e = \frac{1}{m_r}[m_r\dot{\beta}_r - (m_u - m_v)uv + f_r(\,\cdot\,) - g_r(\,\cdot\,)C_L(\alpha_R) - m_r d_{wr}] \tag{3.65}$$

式中：$f_i(\,\cdot\,), i = u、r$ 为非线性不确定项。为此，根据引理 3.2，引入 RBF – NN 对其进行在线逼近，即

$$f_i(\,\cdot\,) = \boldsymbol{W}S(\boldsymbol{\nu}) + \varepsilon_i \tag{3.66}$$

进一步可以得到

$$\dot{u}_e = \frac{1}{m_u}[m_u\dot{\beta}_u + \upsilon_u - g_u(\,\cdot\,)C_L(\alpha_S)]$$

$$\dot{r}_e = \frac{1}{m_r}[m_r\dot{\beta}_r + \upsilon_r - g_r(\,\cdot\,)C_L(\alpha_R)] \tag{3.67}$$

且有

$$\|\upsilon_u\| = \|\boldsymbol{W}S(\boldsymbol{\nu}) - m_v vr + \varepsilon_u + m_u d_{wu}\|$$

$$\leqslant \|\boldsymbol{W}S(\boldsymbol{\nu}) + d_u \mathcal{T}_u(\boldsymbol{\nu}) + \bar{\varepsilon}_u + m_u \bar{d}_{wu}\| \leqslant \vartheta_u \varphi_u \|\upsilon_r\| \leqslant \vartheta_r \varphi_r \tag{3.68}$$

式中：$\vartheta_i, i = u、r$ 和 $\varphi_i, i = u、r$ 为未知上界参数和阻尼项，且 $\vartheta_i = \max\{\parallel W \parallel,$

$d_i, \bar{\varepsilon}_i + m_i \bar{d}_{wi}\}$，$\varphi_i = 1 + \parallel \mathcal{T}_i(\boldsymbol{\nu}) \parallel + \parallel S(\boldsymbol{\nu}) \parallel, \mathcal{T}_u(\boldsymbol{\nu}) = v^2/4 + r^2, \mathcal{T}_r(\boldsymbol{\nu}) = u^2/$

$4 + v^2$。

无人帆船系统中存在执行器增益不确定问题，可以引入两个变量 $\hat{\lambda}_{g_u}$、$\hat{\lambda}_{g_r}$ 作为 $\lambda_{g_u} = 1/g_u(\cdot)$、$\lambda_{g_r} = 1/g_r(\cdot)$ 的估计值。通过以上演绎，可以得到鲁棒自适应控制器和增益相关自适应律，可表示为

$$\delta_S = \beta_{ws} - \frac{1}{a_j}(C_L(\alpha_S) - b_j), \delta_R = \frac{1}{\epsilon_2}\arcsin\left(\frac{1}{\epsilon_1}C_L(\alpha_R)\right)$$

$$C_L(\alpha_S) = \hat{\lambda}_{g_u}\alpha_N, C_L(\alpha_R) = \hat{\lambda}_{g_r}\alpha_M$$

$$\alpha_N = k_2 u_e + \dot{\beta}_u + \frac{1}{4}k_{un}\varphi_u^2 u_e - x_e\cos(\psi_{rsat})$$

$$\alpha_M = k_3 r_e + \dot{\beta}_r + \frac{1}{4}k_{rn}\varphi_r^2 r_e - \psi_e\cos(\phi)$$

(3.69)

$$\dot{\hat{\lambda}}_{g_u} = \Gamma_{g_u}[\alpha_N u_e - \sigma_{g_u}(\hat{\lambda}_{g_u} - \hat{\lambda}_{g_u}(0))]$$

$$\dot{\hat{\lambda}}_{g_r} = \Gamma_{g_r}[\alpha_M r_e - \sigma_{g_r}(\hat{\lambda}_{g_r} - \hat{\lambda}_{g_r}(0))]$$

(3.70)

式中：k_2、k_3、k_{un}、k_{rn} 为正的控制器设计参数；Γ_{g_u}、Γ_{g_r}、σ_{g_u}、σ_{g_r} 为正的自适应设计参数。

2. 稳定性分析

根据控制器设计，在本部分进行稳定性分析，主要结果总结如下。

定理 3.2　在假设 2.1～2.3 的条件下，利用所设计的控制律式（3.61）、式（3.69）和自适应律式（3.70）对无人帆船系统式（3.45）和式（3.46）进行控制，在初始条件 $x_e^2(0) + y_e^2(0) + \psi_e^2(0) + u_e^2(0) + r_e^2(0) + q_u^2(0) + q_r^2(0) +$ $\tilde{\lambda}_{g_u}^T(0)\Gamma_{g_u}^{-1}\tilde{\lambda}_{g_u}(0) + \tilde{\lambda}_{g_r}^T(0)\Gamma_{g_r}^{-1}\tilde{\lambda}_{g_r}(0) < 2C_0$（$C_0$ 为正的常量）时，通过调整参数 k_x、k_r、k_2、k_3、k_{un}、k_{rn}、Γ_{g_u}、Γ_{g_r}、σ_{g_u}、σ_{g_r}，可以保证闭环控制系统满足半全局一致最终有界（Semiglobal Uniform Ultimate Boundedness，SGUUB），并且 $\lim\limits_{t\to\infty}C_0 \to \mathcal{N}$。

证明：选取 Lyapunov 候选函数为

$$V = \frac{1}{2}x_e^2 + \frac{1}{2}y_e^2 + \frac{1}{2}\psi_e^2 + \frac{1}{2}m_u u_e^2 + \frac{1}{2}m_r r_e^2 +$$

$$\frac{1}{2}q_u^2 + \frac{1}{2}q_r^2 + \frac{1}{2}\frac{g_u(\cdot)}{\Gamma_{g_u}}\tilde{\lambda}_{g_u}^2 + \frac{1}{2}\frac{g_r(\cdot)}{\Gamma_{g_r}}\tilde{\lambda}_{g_r}^2$$

(3.71)

根据式（3.50）和式（3.67），$\dot{V}$ 可以被表示为

$$\dot{V} = x_e(-k_x x_e + \dot{\psi}_r y_e) + y_e(U\sin(\psi - \psi_r + \beta) - \dot{\psi}_r x_e) +$$
$$\psi_e(-k_r \psi_e - r_e \cos(\phi)) + q_u \dot{q}_u + q_r \dot{q}_r +$$
$$r_e(m_r \dot{\beta}_r - v_r - g_r(\cdot)C_L(\alpha_R)) - \frac{g_u(\cdot)}{\Gamma_{g_u}}\tilde{\lambda}_{g_u}\dot{\hat{\lambda}}_{g_u} +$$
$$u_e(m_u \dot{\beta}_u - v_u - g_u(\cdot)C_L(\alpha_S)) - \frac{g_r(\cdot)}{\Gamma_{g_r}}\tilde{\lambda}_{g_r}\dot{\hat{\lambda}}_{g_r} \tag{3.72}$$

三角变换公式和 Young's 不等式能够进一步便于稳定性分析，即

$$\sin(\psi - \psi_{\text{ILOS}} - \arctan((y_e + \sigma y_{\text{int}})/\Delta)) =$$
$$\Delta/\sqrt{(y_e + \sigma y_{\text{int}})^2 + \Delta^2}\sin\psi_e - \Delta/\sqrt{(y_e + \sigma y_{\text{int}})^2 + \Delta^2}\cos\psi_e \tag{3.73}$$

$$v_i i_e = \vartheta_i \varphi_i \le \frac{k_{in}}{4}\varphi_i^2 i_e^2 + \frac{\vartheta_i^2}{k_{in}} \tag{3.74}$$

$$m_i \dot{\beta}_i i_e - \dot{\beta}_i i_e \le \frac{m_i + 1}{4}q_i^2 + \frac{m_i + 1}{4}\dot{i}_e^2 \tag{3.75}$$

$$q_i \dot{q}_i \le -\left(\frac{1}{l_i} - \frac{M_i^2}{2a}\right)q_i^2 - \left(1 - \frac{B_i^2}{M_i^2}\right)\frac{q_i^2 M_i^2}{2a} + \frac{a}{2} \le -\left(\frac{1}{l_i} - \frac{M_i^2}{2a}\right)q_i^2 + \frac{a}{2} \tag{3.76}$$

将控制律式（3.69）、自适应律式（3.70）和式（3.73）~式（3.76）代入式（3.72），可以得到

$$\dot{V} \le -k_x x_e^2 - \frac{U_{\max}}{\Delta}y_e^2 - k_r \psi_e^2 - \left(k_2 - \frac{m_u + 1}{l_u}\right)u_e^2 - \left(k_3 - \frac{m_r + 1}{l_r}\right)r_e^2 -$$
$$\left(\frac{1}{l_u} - \frac{M_u^2}{2a} - \frac{m_u + 1}{4}\right)q_u^2 - \left(\frac{1}{l_r} - \frac{M_r^2}{2a} - \frac{m_r + 1}{4}\right)q_r^2 -$$
$$\sigma_{g_u}\Gamma_{g_u}\frac{g_u(\cdot)}{\Gamma_{g_u}}\tilde{\lambda}_{g_u}^2 - \sigma_{g_r}\Gamma_{g_r}\frac{g_r(\cdot)}{\Gamma_{g_r}}\tilde{\lambda}_{g_r}^2 + \frac{\vartheta_u^2}{k_{un}} + \frac{\vartheta_r^2}{k_{rn}} -$$
$$\sigma_{g_u}g_u(\cdot)\tilde{\lambda}_{g_u}(\lambda_{g_u} - \hat{\lambda}_{g_u}(0)) + U_{\max}y_e + a -$$
$$\sigma_{g_r}g_r(\cdot)\tilde{\lambda}_{g_r}(\lambda_{g_r} - \hat{\lambda}_{g_r}(0)) - vx_e\sin(\psi_{\text{rsat}}) \tag{3.77}$$

式中：$U_{\max} = \min\{U\Delta/\sqrt{(y_e + \sigma y_{\text{int}})^2 + \Delta^2}\}$。

式（3.77）可以进一步写为

$$\dot{V} \le -2\kappa V + \varrho \tag{3.78}$$

式中：

$$\kappa = \min\left\{k_x, \frac{U_{\max}}{\Delta}, k_r, \left(k_2 - \frac{m_u + 1}{l_u}\right), \left(k_3 - \frac{m_r + 1}{l_r}\right), \sigma_{g_u}g_u(\cdot),\right.$$
$$\left.\left(\frac{1}{l_u} - \frac{M_u^2}{2a} - \frac{m_u + 1}{4}\right), \left(\frac{1}{l_r} - \frac{M_r^2}{2a} - \frac{m_r + 1}{4}\right), \sigma_{g_r}g_r(\cdot)\right\} \tag{3.79}$$

$$\varrho = \frac{\vartheta_u^2}{k_{un}} + \frac{\vartheta_r^2}{k_{rn}} - \sigma_{g_u} g_u(\ \cdot\ )\tilde{\lambda}_{g_u}(\lambda_{g_u} - \hat{\lambda}_{g_u}(0)) + U_{max} y_e -$$

$$\sigma_{g_r} g_r(\ \cdot\ )\tilde{\lambda}_{g_r}(\lambda_{g_r} - \hat{\lambda}_{g_r}(0)) - vx_e \sin(\psi_{rsat}) + a \qquad (3.80)$$

对式 (3.78) 进行积分，可以得到 $V(t) \leqslant \varrho/2\kappa + (V(0) - \varrho/2\kappa)\exp$
$(-2\kappa t)$。根据闭环增益成形算法，有 $\lim\limits_{t\to\infty} V(t)\to\varrho/2\kappa$，通过调节设计参数可以保证跟踪误差足够小。因此，闭环控制系统内所有状态变量满足 SGUUB。

证明完成。

航海实际中，存在海风、风浪等非零扰动，且无人帆船的运动变量是有界的，因此，"半全局"稳定性是合理且可接受的。此外，参数选取和优化是一项复杂的任务，当前主要方法是根据仿真试凑法。例如，根据经验，对控制器设计参数 k_x、k_r、k_2、k_3 等先选取小值，逐渐增大，直到路径跟踪性能达到期望目标。

3.2.4　仿真研究

为验证所提控制算法的有效性，本部分给出了两个 MATLAB 仿真试验。试验 1 为对比试验，与文献 [78] 中算法进行对比；试验 2 为模拟海洋环境下的路径跟踪试验。被控对象为一艘长为 12m、宽 3.21m、主帆面积 170m^2、舵面积 1.17 m^2 的帆船，详细的帆船参数可查阅文献 [60]。

1. 对比实验

为了验证所设计鲁棒速度调节器和艏向控制器的有效性，将所提算法与文献 [78] 中的算法在横风局面下进行直线路径跟踪对比试验。参考路径由航路点 W_1 (0m,0m) 和 W_2 (1800m,900m) 组成。控制系统的初始变量状态为 $[x(0),y(0),\phi(0),\psi(0),u(0),v(0),p(0),r(0),\delta_S(0),\delta_R(0)] = [-100\text{m},50\text{m},0°,$ $0°,1\text{m/s},0\text{m/s},0(°)/s,0(°)/s,0°,0°]$。此外，RBF-NNs 具有 25 个节点，标准差 $\xi_i = 3$，中心值 μ_i 分布在 $[-5\text{m/s}\times15\text{m/s}]\times[-2.5\text{m/s}\times2.5\text{m/s}]\times$ $[-1.5\text{m/s}\times1.5\text{m/s}]\times[-0.8\text{rad/s}\times0.8\text{rad/s}]$ 上。控制参数设置为

$$\begin{aligned}
&\Delta = 15\text{m}, \sigma = 0.02, \theta_{max} = \pi/4, \vartheta_{max} = \pi/6,\\
&d_{c1} = 40\text{m}, d_{c2} = 25\text{m}, k_x = 0.5, k_r = 0.1,\\
&k_2 = 0.5, k_3 = 0.1, \Gamma_{g_u} = 0.02, \Gamma_{g_r} = 0.02,\\
&\sigma_{g_u} = 0.35, \sigma_{g_r} = 0.5, l_u = 0.05, l_r = 0.05,\\
&k_{un} = 0.2, k_{rn} = 0.3, \epsilon_1 = 1.191, \epsilon_2 = 3.678,\\
&a_1 = 2.097, b_1 = 0.116, a_2 = -0.746, u_d^* = 7,\\
&b_2 = -1.759, a_3 = -1.744, b_3 = 1.752
\end{aligned} \qquad (3.81)$$

　　图 3.13~3.16 给出了所提控制算法与文献［78］中算法的主要对比结果。图 3.13 为两种控制算法下的直线轨迹对比，可以看出，这两种算法具有相近的跟踪性能。从图 3.14 表示控制系统的控制输入，相比于现有算法，所提控制算法具有舵角收敛速度快、能耗低等优点。此外，帆的能耗与帆角和相对风向有关，因此，虽然所提控制算法中的帆角比现有算法中的结果数值大，但所提算法的能量消耗较小。图 3.15 表示控制输出的变化曲线，在鲁棒神经速度调节器的作用下，无人帆船可以通过改变帆角将速度收敛到预期目标，并且降低了控制系统的横倾。图 3.16 表示帆、舵的自适应参数变化曲线。

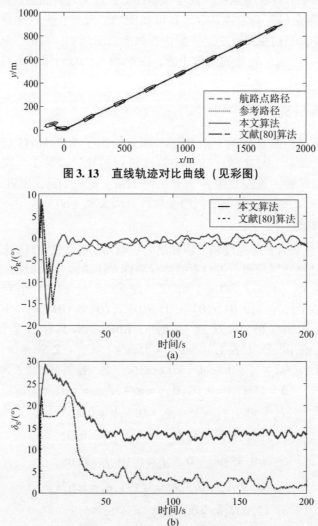

图 3.13　直线轨迹对比曲线（见彩图）

图 3.14　控制输入对比曲线

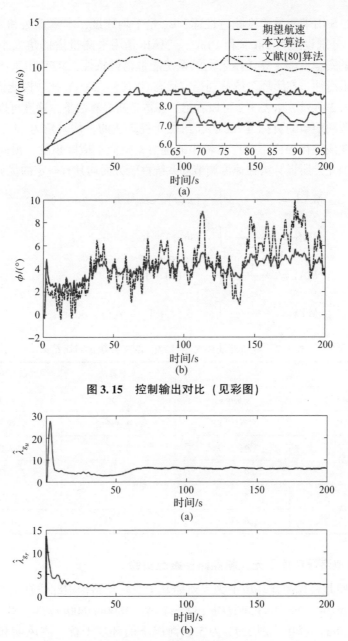

图 3.15　控制输出对比（见彩图）

图 3.16　自适应参数

　　为了进一步定量比较，引入了衡量指标性能函数，包括平均绝对速度（Mean Absolute Speed，MAS）、平均绝对横倾（Mean Absolute Roll，MAR）、平均绝对输入（Mean Absolute Input，MAI）和平均总变差（Mean Total Variation，

MTV)。MAS 用来衡量速度响应性能，u_m 是平均速度，本章算法和文献［78］算法中 u_m 分别设置为 7m/s 和 10m/s。MAR 是用来测量横摇角大小，它可以描述系统的安全性能。MAI 用来衡量系统能量消耗特性，MTV 用来测量输入信号曲线的平滑性。在闭环系统达到稳定状态时（65~200s）比较性能指标，相关结果如表 3.2 所列。从表 3.2 可以看出，在本节所提算法下，速度可以在较小的偏差内收敛到期望的目标（7m/s），虽然所提算法的平均帆角为 14.362°，但较大的帆角在该航行局面下会产生较小的推力，降低了横倾角度，提高了航行的安全性。因此，所提算法在速度调节和系统性能方面均具有一定的优势。

$$\text{MAS} = \frac{1}{t_{end} - 65} \int_{65}^{t_{end}} |u(t) - u_m| \, dt$$

$$\text{MAR} = \frac{1}{t_{end} - 65} \int_{65}^{t_{end}} |\phi(t)| \, dt$$

$$\text{MAI} = \frac{1}{t_{end} - 65} \int_{65}^{t_{end}} |\delta_i(t)| \, dt$$

$$\text{MTV} = \frac{1}{t_{end} - 65} \int_{65}^{t_{end}} |\delta_i(t+1) - \delta_i(t)| \, dt \quad (3.82)$$

表 3.2　本节算法和文献［78］的主要量化对比结果

指标	对象	本节算法	文献［78］算法
MAS	$u/(\text{m/s})$	0.236	0.873
MAR	$\phi/(°)$	4.384	5.893
MAI	$\delta_R/(°)$	0.216	2.013
	$\delta_S/(°)$	14.362	3.743
MTV	$\delta_R/(°)$	0.3021	0.3587
	$\delta_S/(°)$	1.3751	0.9694

2. 模拟海洋环境下无人帆船路径跟踪实验

本试验是模拟海洋环境下无人帆船基于航路点路径跟踪仿真试验，计划航线由航路点（$W_1(0\text{m},0\text{m})$，$W_2(0\text{m},600\text{m})$，$W_3(1800\text{m},600\text{m})$，$W_4(1800\text{m},0\text{m})$，$W_5(500\text{m},0\text{m})$）提供。图 3.17 为 5 级海况下的环境干扰，主风向和平均风速为 $\psi_{tw} = 0°$，$U_{tw} = 8.5\text{m/s}$。

图 3.18~图 3.21 为模拟海洋环境下路径跟踪仿真试验的主要结果。图 3.18 为无人帆船的路径跟踪曲线，其中，绿色实线为基于航路点的路径，蓝色虚线为参数化参考路径，红色实线为无人帆船的实际轨迹。从图 3.18 中可以看出，

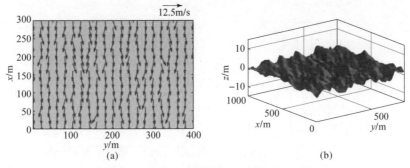

图 3.17　5 级海况下模拟海洋环境（见彩图）

通过复合 ILOS 制导律和鲁棒自适应控制算法，无人帆船能够有效地跟踪基于航路点的参考路径，其中，无人帆船在迎风/顺风局面下航行时，能够实现 Z 型轨迹并在安全带宽边界执行自动转向。图 3.19 为模拟海洋环境下无人帆船的控制输入（帆角 δ_S，舵角 δ_R）和实际输入（帆角 δ_{Sa}，舵角 δ_{Ra}）的变化曲线，δ_{Sa} 和 δ_{Ra} 为无人帆船考虑执行器伺服机构特性后的实际输入信号。从图 3.19 中可以看出，在所提控制算法的控制下，无人帆船控制输入信号始终处于合理的物理范围内。图 3.20 表示无人帆船的控制输出变量响应曲线，从中可以发现，速度 u 具有良好的性能。在迎风和顺风条件航行时，无人帆船通过转动帆产生最大速度，而在横风条件下航行时，通过鲁棒自适应速度调节器无人帆船可以成功地收敛到期望速度。逆风和下风场景可以增强系统的复杂性和难度，从图 3.21 的 50～180s 可以看出这一点。通过以上分析，所提出的复合 ILOS 律、鲁棒自适应速度调节器和舵向控制器在路径跟踪和速度调节方面具有良好的性能。

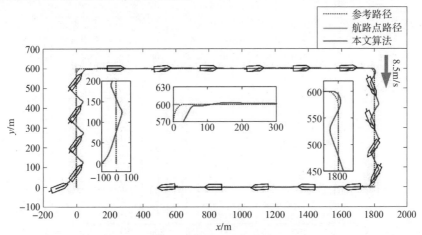

图 3.18　本节算法下路径跟踪轨迹（线型区分）

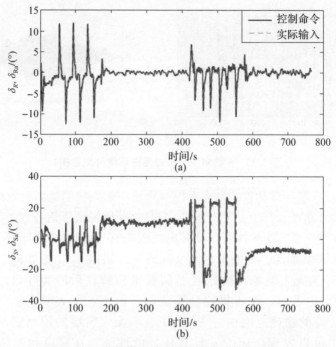

图 3.19　本节算法下控制输入曲线（见彩图）

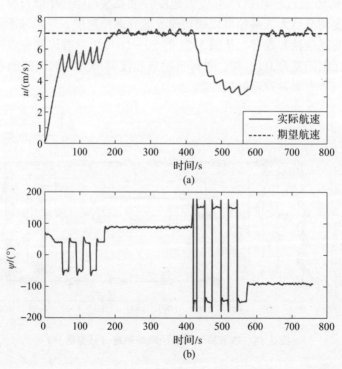

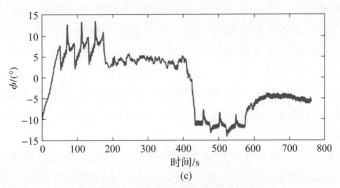

图 3.20　本节算法下控制输出曲线

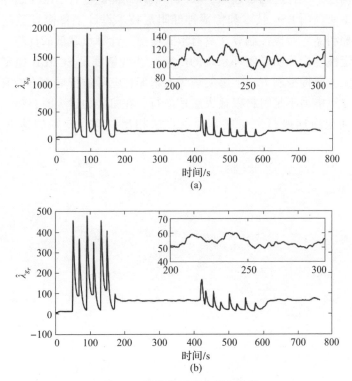

图 3.21　本节算法下自适应参数

3.3　本章小结

3.1 节考虑了在实际海洋环境下现有 LOS 制导无法满足无人帆船多场景下的航行需求，提出了一种改进的 ILOS 制导策略，该策略包含可航行模式、迎风模式及顺风模式，为无人帆船在实际海况中实现自动导航提供了可靠的依据，保证了无人帆船在非可航行段时的平滑切换。此外，设计了一种自适应神经网络控制器来控制无人帆船航向 ψ 可以快速收敛到目标航向 ψ_d，并且可以保证无人帆船在参考路径的安全约束带宽内航行。通过 Lyapunov 理论证明了所提控制方案的稳定性，与现有结果相比，该控制方案具有形式简捷、鲁棒性强、计算量小的特点，更符合海洋工程的实际需要。最后，通过两个仿真实例证明了所提算法的有效性。

3.2 节提出了一种基于帆角调节的鲁棒自适应控制算法，来解决无人帆船基于航路点的路径跟踪问题，主要工作包括制导和控制两部分。在制导设计中，主要构建了一种适用于迎风、顺风和横风局面的复合 ALOS 制导律。在控制部分，主要利用 DSC 技术和鲁棒神经阻尼技术设计了鲁棒自适应速度调节器和艏向控制器，所提控制算法具有形式简捷、计算负载低的优势。通过李雅普诺夫稳定性理论证明了闭环系统的所有状态变量满足 SGUUB 稳定。仿真试验结果表明，所提控制方案能够实现无人帆船在三种航行局面下的有效路径跟踪，并且在帆推力不足时将以最大航速航行，在帆推力过大时，将以通过调节帆角实现期望航速航行。与现有理论算法相比，具有良好的速度性能和鲁棒性。

第 4 章　基于 LVS 制导策略的帆船事件触发控制

基于航路点的船舶路径跟踪是智慧航海中应用最广泛的一种控制任务。传统的 LOS 制导算法及其改进技术在执行航路点路径跟踪任务时不可避免地会出现路径超调现象。文献［28，112］中提出了一种基于动态虚拟小船的制导策略，通过动态实时规划参考路径，而且根据船舶操纵特性选取提前转向点，实施圆弧路径转向策略，该方法能够有效解决 LOS 算法存在的视距超调问题。帆船作为一类特殊的船舶，在借鉴该制导方法时需要考虑时变风场及航行模式耦合效应，高精度的帆船制导算法是保障路径跟踪性能的前提。此外，第 3 章中帆船路径跟踪控制算法设计中主要考虑了系统中存在的模型不确定、帆致横倾以及航行速度优化问题。但是，帆船系统中控制命令是实时更新的，这会占用大量的通信及传输负载，甚至会因执行器频繁操纵而引起执行器故障问题。

本章针对四自由度无人帆船路径跟踪任务，设计了考虑航海实际需求的虚拟制导策略，能够在顺风、横风、迎风场景下为帆船提供实时艏向参考信号，同时避免了转向点附近的超调问题，提升了帆船制导策略的精确性。针对控制系统，设计了考虑执行器饱和约束和通信/传输带宽有限情况下的帆船事件触发控制算法，能够有效降低控制命令传输负载，减少执行器操纵频率。通过数值仿真实验，验证了本章所提控制方案的优势性和有效性。

4.1　双层虚拟制导下的帆船事件触发控制

帆船由于能量自给在执行长航时、远距离的海上任务方面具有很大优势。然而，时变风场以及外界海洋环境会影响帆船控制系统的稳定性。实际上，帆船运动控制的主要挑战包括两方面：①变风向或变路径下的制导问题；②模型不确定性、增益不确定性、外部干扰、通信带宽有限和输入饱和等工程实际约束下的自动控制问题。文献［74］针对无人帆船路径跟踪控制任务，讨论了 ILOS 制导策略在帆船自主航行中的可应用性，并且基于最小学习参数法

（Minimal Learning Parameter，MLP）技术解决了模型非线性和增益不确定问题。众所周知，相比于传统欠驱动船舶，帆船更易受到海洋环境扰动的影响，控制命令存在频繁抖振现象。文献［113］针对欠驱动船舶提出了一种比例积分滑模控制算法，实现了海洋扰动环境下曲线路径跟踪任务，该算法中，通过构造比例积分滑模面来减小海洋环境引起的控制输入抖振问题。为了进一步解决环境干扰和系统不确定性引起的控制输入频繁抖振问题，相关学者将事件触发技术引入欠驱动水面船舶运动控制中，并获得大量有益结果[34,83,91]。此外，由于实际机械物理系统存在执行器伺服系统饱和约束，控制命令无法完全作用于闭环控制系统，解决此问题的主流方法主要有通过物理约束实现控制命令幅值约束或在算法设计层面引入辅助饱和变量。

基于上述分析，本节针对无人帆船路径跟踪问题，构建了一种新型双层虚拟制导策略，在此基础上，利用比例积分滑模技术设计了一种帆船事件触发控制算法，主要工作包含以下两点：

（1）针对无人帆船全场景航行局面，建立了双层虚拟制导算法，即，第一层虚拟制导（First Layer Virtual Guidance，FLVG）可以提供参数化的参考路径，第二层虚拟制导（Second Layer Virtual Guidance，SLVG）可以在 FLVG 的基础上，根据实际航行局面为无人帆船动态规划参考艏向角。

（2）为确保无人帆船能够有效跟踪到参考路径，提出了一种基于比例积分滑模技术的帆船鲁棒事件触发控制算法，通过构建饱和辅助变量解决了闭环控制系统中的饱和约束问题。此外，基于输入端的事件触发控制降低了控制器–执行器信道的命令通信/传输负载。所设计控制器具有形式简洁、鲁棒性强的优势，对加快理论算法工程应用具有潜在意义。

4.1.1 问题描述

采用式（2.8）、式（2.9）的帆式船舶平面运动非线性数学模型，对其中由风帆产生的推力和力矩展开描述，可表示为

$$\tau_r = -\rho_w A_R V_{aw}^2 \mid x_R \mid C_L(\alpha_R)$$

$$\tau_u = \frac{1}{2}\rho_a A_S U_{aw}^2 (C_L(\alpha_S)\sin(\beta_{ws}) - C_D(\alpha_S)\cos(\beta_{ws})) \tag{4.1}$$

式中：ρ_a、ρ_w 为空气密度和水密度；A_R、A_S 为舵面积和帆面积；x_R 为船舶重心；$C_L(\alpha_R)$ 为舵的升力系数；V_{aw} 为舵的视速度；U_{aw} 为帆的相对速度；$C_L(\alpha_S)$、$C_D(\alpha_S)$ 为帆的升力和阻力系数；α_S 为帆的攻角；β_{ws} 为帆的相对风向角。攻角 α_R 和 α_S 的关系可表示为

$$\alpha_R = \beta_{wr} - \delta_r$$

$$\alpha_S = \beta_{ws} - \delta_s \tag{4.2}$$

式中：β_{wr} 为舵的相对流向角。风帆的升力系数和阻力系数一般通过查表法获得，对查表曲线进行拟合，有

$$C_L(\alpha_R) = \mu_1 \sin(\mu_2 \delta_r) \tag{4.3}$$

对于帆式船舶来说，执行器输入饱和是不可避免的一个工程约束问题，传统方法中，输入饱和问题一般引入符号函数进行幅值约束，即

$$\mathrm{sat}(\delta_r) = \begin{cases} \mathrm{sgn}(\delta_r)\delta_{rM}, & |\delta_r| \geq \delta_{rM} \\ \delta_r, & |\delta_r| \leq \delta_{rM} \end{cases} \tag{4.4}$$

式中：δ_{rM} 为执行器输入的饱和值。然而，当 $|\delta_r| \geq \delta_{rM}$ 时，阶跃的控制信号不能在反步法中进行直接设计。此处引入双曲正切函数来实现信号的平滑变化，即

$$h(\delta_r) = \delta_{rM}\tanh\left(\frac{\delta_r}{\delta_{rM}}\right) \tag{4.5}$$

为了避免 $\mathrm{sat}(\delta_r)$ 和 δ_r 之间的误差，饱和函数式（4.4）可以进一步推导为

$$\mathrm{sat}(\delta_r) = h(\delta_r) + \rho(\delta_r) = \delta_{rM}\tanh\left(\frac{\delta_r}{\delta_{rM}}\right) + \rho(\delta_r) \tag{4.6}$$

式中：$\rho(\delta_r) = \mathrm{sat}(\delta_r) - \delta_{rM}\tanh(\delta_r/\delta_{rM})$ 且有界，边界值可以表达为

$$|\rho(\delta_r)| = \left| \mathrm{sat}(\delta_r) - \delta_{rM}\tanh\left(\frac{\delta_r}{\delta_{rM}}\right) \right| \leq \delta_{rM}(1 - \tanh(1)) = Q \tag{4.7}$$

式中：Q 为有界正常数。

4.1.2　考虑时变风场的双层虚拟制导

本节设计了一种适用于时变风场的双层虚拟制律，包括两层，即 FLVG 和 SLVG。双层虚拟制导原理图如图 4.1 所示，其中，FLVG 产生的参数化路径可以用带有路径变量 ϖ 的 $(x_f(\varpi), y_f(\varpi))$ 来描述，路径切向角可以通过 $\psi_f(\varpi) = \arctan(y_f(\varpi)', x_f(\varpi)')$ 计算。SLVG 可以为无人帆船提供参考信号 ψ_s，特别是对于逆风和顺风航行场景，也就是说，ψ_s 包含 3 种情况，可以表示为

$$\psi_s = \begin{cases} \psi_{\mathrm{ILOS}}, & \chi_{\max} \leq |\psi_{\mathrm{tw}} - \psi_{\mathrm{ILOS}}| \leq \pi - \chi_{\max} \\ \psi_{\mathrm{tw}} - \zeta(t)\chi_{\max} - \beta, & |\psi_{\mathrm{tw}} - \psi_{\mathrm{ILOS}}| < \chi_{\max} \\ \zeta_\psi - \zeta(t)\chi_{\max} - \beta, & |\zeta_\psi - \psi_{\mathrm{ILOS}}| < \chi_{\max} \end{cases} \tag{4.8}$$

且有

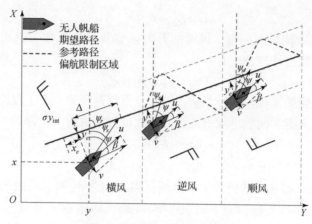

图 4.1　双层虚拟制导原理图

$$\begin{cases} \psi_{ILOS} = \psi_r - \arctan\left(\left(y_e + \sigma y_{int}\right)/\Delta\right) \\ \dot{y}_{int} = \Delta y_e \big/ \sqrt{\left(y_e + \sigma y_{int}\right)^2 + \Delta^2} \\ \zeta_{\psi}(t) = \mathrm{sgn}\left(y_e(t) + d_c \mathrm{sgn}\left(\zeta(t-1)\right)\right) \end{cases} \quad (4.9)$$

式中：$\zeta_{\psi} = \psi_{tw} - \pi \mathrm{sgn}(\psi_{tw})$；$y_e = \left(y - y_f(\varpi)\right)\cos(\psi_f) - \left(x - x_f(\varpi)\right)\sin(\psi_f)$；$\chi_{max}$ 为顺风区和逆风区的界限角。

4.1.3　双层虚拟制导下的帆船事件触发鲁棒控制器设计

对于帆船自动化来说，时变风场下和通信带宽约束下的高性能路径跟踪控制算法对提升帆船自主航行能力至关重要。因此，本节基于双层虚拟制导策略设计了帆船事件触发鲁棒控制算法，分为控制器设计和稳定性分析两部分。

1. 控制器设计

为了便于本节控制器设计，简化帆式船舶运动数学模型，得到

$$\begin{cases} \dot{\psi} = r \\ \dot{r} = b\delta_r - f_r(\,\cdot\,) + d_{wr} \end{cases} \quad (4.10)$$

式中：b 为执行器的增益；$f_r(\,\cdot\,)$ 为航向和艏摇子系统中的非线性函数。此外，式（4.10）通过结合输入饱和度可以重写为

$$\begin{cases} \dot{\psi} = r \\ \dot{r} = bh(\delta_r) + b\rho(\delta_r) - f_r(\,\cdot\,) + d_{wr} \\ \dot{\delta}_r = -c\delta_r + \varpi \end{cases} \quad (4.11)$$

步骤 1：根据无人帆船艏向系统式（4.11）和制导律式（4.9），状态误差可表示为

$$\psi_e = \psi_s - \psi \tag{4.12}$$

对式 (4.12) 求导可得

$$\dot{\psi}_e = \dot{\psi}_s - r \tag{4.13}$$

为了镇定无人帆船的艏向误差，可以将虚拟控制律设计为

$$\alpha_1 = k_1 \psi_e + \dot{\psi}_s \tag{4.14}$$

式中：k_1 为正的设计参数。

为了在接下来设计中解决虚拟控制律进行再微分导致"复杂度爆炸"问题，编者利用 DSC 控制引入时间常数为 ϵ_1 的 1 阶滤波器，对虚拟控制律进行滤波。注意，常数 ϵ_1 的选取是基于经验的，通常在 0.01 ~ 0.1 范围，选取不当会严重影响闭环系统性能。可以将 1 阶滤波器构造为

$$\alpha_{1f} = \frac{\alpha_1}{1 + \epsilon_1 s}, \alpha_{1f}(0) = \alpha_1(0) \tag{4.15}$$

式中：α_{1f} 为动态面期望值；s 为拉普拉斯（Lapalace）算子。进一步定义动态面误差 $q_1 = \alpha_{1f} - \alpha_1$，且有 $\dot{\alpha}_{1f} = q_1/\epsilon_1$。

步骤 2：定义误差 $r_e = \alpha_1 - r$，r_e 的导数可以表达为

$$\begin{aligned}\dot{r}_e &= \dot{\alpha}_{1f} - \dot{r} - \dot{q}_1 \\ &= \dot{\alpha}_{1f} - bh(\delta_r) - b\rho(\delta_r) + f_r(\cdot) - d_{wr} - \dot{q}_1\end{aligned} \tag{4.16}$$

为了镇定误差 r_e，引入比例积分滑模控制技术，滑模面可以设计为

$$L_1 = r_e + k_2 \int_0^t r_e \mathrm{d}t + \int_0^t \psi_e \mathrm{d}t \tag{4.17}$$

对 L_1 求导，可得

$$\begin{aligned}\dot{L}_1 &= \dot{r}_e + k_2 r_e + \psi_e \\ &= \dot{\alpha}_{1f} - bh(\delta_r) - b\rho(\delta_r) + f_r(\cdot) - d_{wr} - \dot{q}_1 + k_2 r_e + \psi_e\end{aligned} \tag{4.18}$$

进一步，可以得到

$$\dot{r}_e = \dot{L}_1 - k_2 r_e - \psi_e \tag{4.19}$$

由于 $f_r(\cdot)$ 为未知光滑非线性函数，因此，根据引理3.2，可引入 RBF 神经网络对其进行逼近，有

$$\begin{aligned}f_r(\cdot) &= \boldsymbol{S}(\nu)Ar + \varepsilon_r \\ &= \boldsymbol{S}(\nu)A\alpha_{1f} - \boldsymbol{S}(\nu)Ar_e + \varepsilon_r \\ &= \boldsymbol{S}(\nu)A\alpha_{1f} - p_r\boldsymbol{S}(\nu)\omega_r + \varepsilon_r\end{aligned} \tag{4.20}$$

因此，定义变量 Π 为

$$\begin{aligned}\Pi &= \boldsymbol{S}(\nu)A\alpha_{1f} - d_\delta + \varepsilon_r \\ &\leqslant \boldsymbol{S}(\nu)A\alpha_{1f} + d_{\delta M} + \varepsilon_{rM} \\ &\leqslant \theta_r \varphi_r\end{aligned} \tag{4.21}$$

式中：$\theta_r = \max\{\parallel A \parallel, d_{\delta M}\}$；$\varphi_r = 1 + \parallel S(\nu) \parallel \parallel \alpha_{1f} \parallel$。

对于无人帆船，控制信号是实时计算和传输的，会增加控制器－执行器信道信号传输负载。接下来将讨论解决这个问题的可行性方法：事件触发机制。触发控制输入可以描述为

$$h_T(\delta_r)(t_k) = h(\delta_r), \quad \forall t \in [t_k, t_{k+1}] \tag{4.22}$$

事件触发规则设置为

$$t_{k+1} = \inf\{t > t_{k+1} \mid \mid e_\delta \mid > a_1 \mid h(\delta_r) \mid\} \tag{4.23}$$

式中：$0 < a_1 < 1$ 是触发约束参数；$e_\delta = h_T(\delta_r) - h(\delta_r)$。同时，可以得到

$$h_T(\delta_r) - h(\delta_r) \leqslant \lambda a_1 h(\delta_r), \lambda \in [-1, 1] \tag{4.24}$$

因此

$$h(\delta_r) = \frac{1}{(1 + \lambda a_1)} h_T(\delta_r) \tag{4.25}$$

考虑到鲁棒神经阻尼技术和事件触发机制，$\dot{L}_1$ 可以被设计为

$$\dot{\alpha}_{1f} - \frac{1}{(1 + \lambda a_1)} h_T(\delta_r) + \Pi - p_r S(\nu) \omega_r - \dot{q}_1 + k_2 r_e + \psi_e \tag{4.26}$$

针对 $h_T(\delta_r)$ 设计虚拟事件触发控制律，即

$$\begin{cases} \alpha_2 = \hat{\rho}_l \bar{\alpha}_2 = (\rho_l - \tilde{\rho}_l) \tilde{\alpha}_2 \\ \bar{\alpha}_2 = \dot{\alpha}_{1f} + k_2 r_e + \psi_e - r_e + L_1 + k_m \Xi (r_e + L_1) \\ \dot{\hat{\varrho}}_l = \gamma_1 \left[\text{sgn}\left(\frac{b}{1 + a_1 \lambda}\right) \bar{\alpha}_2 (r_e + L_1) - \sigma_1 (\hat{\varrho} - \varrho(0)) \right] \end{cases} \tag{4.27}$$

式中：k_2、k_m、γ_1、σ_1 为正设计参数；$\varrho = (1 + a_1 \lambda)/b$，$\Xi = 1/4 (\varphi_r^2 + S(\nu)^T S(\nu))$。

步骤 3：定义误差 $\ell_e = \alpha_2 - h_T(\delta_r)$，其导数可以表达为

$$\begin{aligned} \dot{\ell}_e &= \dot{\alpha}_2 - \dot{h}_T(\delta_r) \\ &= \dot{\alpha}_{2f} - \xi(-c\delta_r + \varpi) \end{aligned} \tag{4.28}$$

式中：α_{2f} 为 α_2 的动态面期望值。定义动态面误差 $q_2 = \alpha_{2f} - \alpha_2$，且 $\dot{\alpha}_{2f} = q_2/\epsilon_2$，$\epsilon_2$ 为时间常数。$\xi = \partial h_T(\delta_r)/\partial \delta_r$，它的定义域是紧集 $(0, 1)$。因此，辅助变量 ϖ 可以设计为

$$\varpi = \frac{1}{\xi} \left[k_3 \ell_e + \xi c \delta_r + \dot{\alpha}_{2f} + (r_e + L_1) \dot{\hat{\varrho}}^{-1} \right] \tag{4.29}$$

式中：k_3 为正控制参数。

所提控制算法的优势主要有：①引入 RBF－NN 来处理非线性函数，但由鲁棒神经阻尼技术的优点，避免了神经网络权重在线更新；②提出了基于输入

端的事件触发机制，降低了通信传输负载，减少了舵机操纵频率；③设计了饱和辅助变量，解决了控制输入饱和问题，更加符合工程实际。

2. 稳定性分析

本节证明了无人帆船的路径跟踪控制系统中的所有误差变量均满足半全局一致最终有界稳定，主要结果可以总结如下。

定理 4.1　在假设 2.1 ~ 2.3 的前提下考虑无人帆船非线性系统式（4.10），虚拟控制率 α_1，α_2，自适应率 $\hat{\varrho}$，辅助变量 ϖ，闭环控制系统内的所有误差初始值状态满足 $\psi_e(0) + r_e(0) + L_1(0) + q_1(0) + q_2(0) + \tilde{\varrho}(0) + \ell_e(0) \leqslant 2\zeta$，且 $\zeta \in \mathbb{R}$ 为正的有界常数，通过适当调整设计参数，可以保证所有信号满足半全局一致最终有界稳定。

证明. 选取李雅普诺夫函数

$$V = \frac{1}{2}\psi_e^2 + \frac{1}{2}r_e^2 + \frac{1}{2}L_1^2 + \frac{1}{2}q_1^2 + \frac{1}{2}q_2^2 + \frac{1}{2}\frac{1}{\gamma_1}\left|\frac{b}{1+a_1\lambda}\right|\dot{\varrho}^2 + \frac{1}{2}\ell_e^2 \quad (4.30)$$

对式（4.30）求导，可以得到

$$\dot{V} = \psi_e\dot{\psi}_e + r_e\dot{r}_e + L_1\dot{L}_1 + q_1\dot{q}_1 - \frac{1}{\gamma_1}\left|\frac{1}{1+a_1\lambda}\right|\tilde{\varrho}\dot{\hat{\varrho}} + \ell_e\dot{\ell}_e + q_2\dot{q}_2$$

$$= -k_1\psi_e^2 - k_2r_e^2 + (r_e+L_1)\left[\dot{\alpha}_{1f} - bh(\delta_r) + f_r(\cdot) - d_\delta 0 - \right.$$

$$\left. \dot{q}_1 + k_2r_e + \psi_e\right] + q_1\dot{q}_1 - \frac{1}{\gamma_1}\left|\frac{b}{1+a_1\lambda}\right|\tilde{\varrho}\dot{\hat{\varrho}} + \ell_e\dot{\ell}_e + q_2\dot{q}_2 \quad (4.31)$$

将式（4.26）带入式（4.31），可得

$$\dot{V} = -k_1\psi_e^2 - k_2r_e^2 + (r_e+L_1)\left[\dot{\alpha}_{1f} - p_rS(\nu)\omega_r - \frac{b}{1+a_1\lambda}h_T(\delta_r) + \right.$$

$$\left. \Pi - \dot{q}_1 + k_2r_e + \psi_e\right] + q_1\dot{q}_1 - \frac{1}{\gamma_1}\left|\frac{b}{1+a_1\lambda}\right|\tilde{\varrho}\dot{\hat{\varrho}} + \ell_e\dot{\ell}_e + q_2\dot{q}_2 \quad (4.32)$$

为了简化稳定性分析的过程，对式（4.32）中的部分子项进行放缩处理，总结为

$$q_1\dot{q}_1 + (r_e+L_1)\dot{q}_1 = -\frac{q_1^2}{\epsilon_1} + \frac{q_1}{\epsilon_1}r_e + \frac{q_1}{\epsilon_1}L_1 + (-q_1+r_e+L_1)B_1$$

$$\leqslant -\frac{1}{2}q_1^2 + \left(\frac{1}{2}+\frac{1}{2\epsilon_1}\right)r_e^2 + \left(\frac{1}{2\epsilon_1}\right)L_1^2 + \frac{1}{2}M_1^2 \quad (4.33)$$

$$\Pi(r_e+L_1) - b_rS(\nu)\omega_r(r_e+L_1) \leqslant \Pi(r_e+L_1) + b_rS(\nu)\omega_r(r_e+L_1)$$

$$= \frac{1}{4}k_{rn}(\varphi_r^2 + S(\nu)^{\mathrm{T}}S(\nu))(r_e+L_1)^2 + \frac{\theta_r^2}{k_{rn}} + \frac{b_r}{k_{rn}}r_e^2 \quad (4.34)$$

$$q_2\dot{q}_2 \leqslant -\frac{q_2^2}{\epsilon_2} + \frac{1}{2}q_2^2 + \frac{1}{2}B_2^2$$

$$\leqslant -\left(\frac{1}{\epsilon_2}-\frac{1}{2}\right)q_2^2 + \frac{1}{2}M_2^2 \qquad (4.35)$$

将自适应律式（4.27）、控制律式（4.29）和式（4.33）~式（4.35）代入式（4.32），可以得到

$$
\begin{aligned}
\dot{V} \leqslant &-k_1\psi_e^2 - \left(k_2 - \frac{3}{2} - \frac{1}{2\epsilon_1} - \frac{b_r}{k_{rn}}\right)r_e^2 - \left(\frac{1}{2} - \frac{1}{2\epsilon_1}\right)L_1^2 - \\
&\frac{1}{2}q_1^2 + \frac{\theta_r^2}{k_{rn}} + \frac{1}{2}M_1^2 + (r_e + L_1)\frac{b}{1+a_1\lambda}\tilde{\varrho}^2\bar{\alpha}_2 + q_2\dot{q}_2 + \\
&(r_e + L_1)\frac{b}{1+a_1\lambda}\ell_e - \frac{1}{\gamma_1}\left|\frac{b}{1+a_1\lambda}\right|\tilde{\varrho}\dot{\hat{\varrho}} + \ell_e\dot{\ell}_e \qquad (4.36)
\end{aligned}
$$

进一步可得

$$
\begin{aligned}
\dot{V} \leqslant &-k_1\psi_e^2 - \left(k_2 - \frac{3}{2} - \frac{1}{2\epsilon_1} - \frac{b_r}{k_{rn}}\right)r_e^2 - \left(\frac{1}{2} - \frac{1}{2\epsilon_1}\right)L_1^2 - \frac{1}{2}q_1^2 - \\
&k_3\ell_e^2 - \frac{1}{2}\frac{1}{\gamma_1}\gamma_1\sigma_1\left|\frac{b}{1+a_1\lambda}\right|\tilde{\varrho}^2 + \frac{1}{2}\left|\frac{b}{1+a_1\lambda}\right|\sigma_1(\varrho - \varrho(0)) - \\
&\left(\epsilon_2 - \frac{1}{2}\right)q_2^2 + \frac{\theta_r^2}{k_{rn}} + \frac{1}{2}M_1^2 + \frac{1}{2}M_2^2 + (r_e + L_1)\ell_e\left(\frac{1}{\varrho} - \frac{1}{\hat{\varrho}}\right) \\
\leqslant &-2\kappa V + \Im \qquad (4.37)
\end{aligned}
$$

式中：$\kappa = \min\left\{k_1\cdot k_2 - \frac{3}{2} - \frac{1}{2\epsilon_1} - \frac{b_r}{k_{rn}}, \frac{1}{2}, \frac{1}{\epsilon_2} - \frac{1}{2}, \frac{1}{2} - \frac{1}{2\epsilon_1}, k_3, \gamma_1\sigma_1\right\}$；$\Im = \frac{1}{2}\left|\frac{b}{1+a_1\lambda}\right|\sigma_1(\varrho - \varrho(0)) + \frac{\theta_r^2}{k_{rn}} + \frac{1}{2}M_1^2 + \frac{1}{2}M_2^2 + (r_e + L_1)\ell_e\left(\frac{1}{\varrho} - \frac{1}{\hat{\varrho}}\right) \leqslant H$，$H$ 为正有界常量。

对式（4.37）积分可以得到

$$V(t) \leqslant H/2\kappa + (V(0) - H/2\kappa)\exp(-2\kappa t) \qquad (4.38)$$

根据 Lyapunov 稳定性理论可知，函数 $V(t)$ 是有界的，满足当 $t \to \infty$ 时，$V(t)$ 趋于 $H/(2\kappa)$。结合假设 3.1 ~ 3.3 可以得出结论：闭环控制系统中所有误差信号均满足半全局一致最终有界。由于相关变量之间的关联性，进而易知控制律、自适应律以及船舶所有状态变量均是半全局一致最终有界的。

对于事件触发控制，由于触发阈值趋于 0，触发次数可能趋于无限多，这种现象称为奇诺现象。引入以下方法来证明在所提算法能够避免奇诺现象。假设存在 $\Delta t = t_{k+1} - t_k$，满足 $\Delta t > 0$。从式（4.21）可以得到

$$\frac{\mathrm{d}}{\mathrm{d}t}|e_\delta| = \mathrm{sign}(e_\delta)\dot{e}_\delta \leqslant |\dot{h}_T(\delta_r(t))| \qquad (4.39)$$

考虑式（4.39），$|\dot{h}_T(\delta_r(t))|$ 是可微的，且存在常数 ζ 满足 $|\dot{h}_T(\delta_r(t))| <$

ζ，由于 $e_\delta(t_k)=0$，且 $\lim_{t \to t_{k+1}} e_\delta(t_k) > 0$。因此，假设"$\Delta t = t_{k+1} - t_k > 0$"是合理的，且奇诺现象不存在。

证明完成。

为了提高控制精度和性能，在参数调节过程中，一般选择较小的 σ_1、k_{rn} 和较大的 k_1、k_2、k_3、γ_1。此外，事件触发的阈值参数会影响控制输入的传输频率和系统输出性能。较大的 a_1 会有效地延长中间触发间隔，降低控制精度，而较小的 a_1 会增加通信负担，提高控制效果。因此，在调节过程中应该在控制精度和传输负载之间折中选择。

4.1.4　仿真研究

1. 航向保持对比试验

为了证明所提算法的优势性，本节通过数值仿真实验将所提的算法与对比算法 A（连续时间形式的本节算法）和对比算法 B（文献［113］提出的算法）进行对比分析。初始状态为 $[\psi(0),\phi(0),u(0),v(0),r(0),\delta_r(0),\delta_s(0)] = [90°,0°,1\mathrm{m/s},0\mathrm{m/s},0\mathrm{rad/s},0°,0°]$。期望航向角为 $20°$，平均风向和风速分别为 $-30°$ 和 $10\mathrm{m/s}$。详细设计参数可选择为：$k_1 = 1.5, k_2 = 10, k_3 = 1.0, \epsilon_1 = \epsilon_2 = 0.1, \gamma_1 = 0.05, \sigma_1 = 100, a_1 = 0.4$。

图 4.2～图 4.4 展示了 5 级海况下无人帆船在所提控制算法、对比算法 A 和对比算法 B 的控制下的航向保持结果。图 4.2（a）为三种算法下的控制输入曲线，图 4.2（b）为其在 0～10s 的局部放大图，结果表明，本节所提控制算法的阶跃式控制命令能够降低信号传输频率。与算法 B 的对比，表明所设计的辅助补偿系统可以有效地解决执行器饱和约束问题。图 4.3 和图 4.4 为闭环控制系统的输出性能：输出航向角、艏摇角速度、横漂速度以及横摇角，可以发现，闭环控制系统中的状态变量均能够稳定在有界集内。

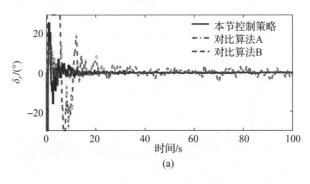

(a)

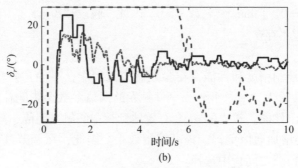

(b)

图 4.2　无人帆船的控制输入（见彩图）

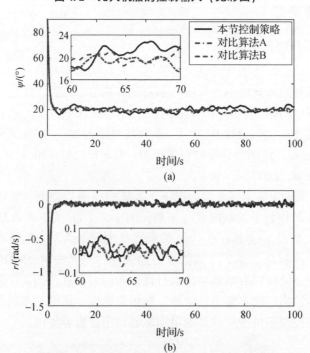

(a)

(b)

图 4.3　航向角和艏摇角速度曲线（见彩图）

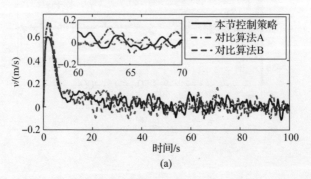

(a)

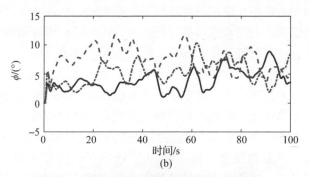

图 4.4　横漂速度和横摇角的曲线（见彩图）

为了更直观地显示控制对比效果，引入了三个评价指标对三种算法进行定性对比：控制输入性能（Performance of Control Input，PCI）描述控制输入的抖振频率，控制目标性能（Performance of Control Objective，PCO）衡量对期望航向的跟踪精度，控制系统安全性（Security of the Control System，SCS）描述由横摇引起的安全舒适度。对比结果如表 4.1 所列，可以看出，所提控制算法在 PCI 和 SCS 方面具有明显的优势。虽然所提控制算法在 PCO 方面表现一般，但可通过调整事件触发阈值参数提高控制目标性能。

表 4.1　三种算法对比结果

指标	事件触发机制	输入饱和	PCI	PCO	SCS
本节控制策略	有	双曲正弦函数	非常好	一般	非常好
对比算法 A	无	双曲正弦函数	好	非常好	好
对比算法 B	无	符号函数	一般	好	一般

2. 时变风向下无人帆船直线路径跟踪实验

为进一步说明所提控制算法的有效性和鲁棒性，本节进行了时变风向下无人帆船直线路径跟踪实验，其中，在直线路径的不同航段风向具有时变性，平均风向的变化过程可表示为

$$\psi_{tw} = \begin{cases} 180°, 0s \leqslant t \leqslant 50s \\ 63°, 50s < t < 150s \\ 180°, 150s \leqslant t \leqslant 200s \\ 243°, 200s < t < 300s \\ 180°, 300s \leqslant t \leqslant 386s \end{cases} \qquad (4.40)$$

时变风向下无人帆船直线路径跟踪任务的主要结果如图 4.5 ~ 图 4.10 所

示。图 4.5 为无人帆船在模拟海洋环境下的路径跟踪轨迹曲线，可以看出，当无人帆船遇到横风、迎风和顺风航行场景时，仍然可以沿着期望路径航行。特别是对于顺风、迎风航行场景，采用双层虚拟导引实现了自动 Z 型路径切换。图 4.6 给出了无人帆船的控制命令（帆角和舵角）变化过程，图 4.6（a）中蓝色实线表示舵角控制命令，红色虚线表示舵角命令经过舵机伺服系统后的实际输入。此外，当满足事件触发规则时，舵角命令将保持不变，能够极大的降低通信负担，避免因外部扰动引起的系统抖振，同时减少了执行器的操纵频率，具有节能、低磨损优势。图 4.6（b）给出了帆角变化曲线，可以发现，在横风航行场景下，帆角的变化趋势较平缓，在顺风和迎风场景下，需要频繁大角度操纵帆角以实现换舷策略。图 4.7 给出了无人帆船的控制输出响应过程：在艏向角和横摇角曲线中，横倾角始终在合理的范围内，确保了闭环控制系统的安全性和稳定性。漂角和滑模面函数的变化过程如图 4.8 所示。图 4.9 给出了增益自适应参数的在线学习情况。图 4.10 给出了所提控制算法的控制命令更新间隔，最小触发间隔为 0.03s，明显大于连续采样时间间隔 0.01s，说明了所提事件触发鲁棒控制算法不存在奇诺现象。

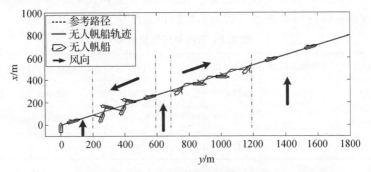

图 4.5　模拟海洋环境下无人帆船的路径跟踪轨迹（见彩图）

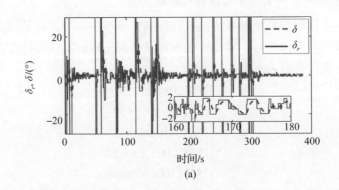

(a)

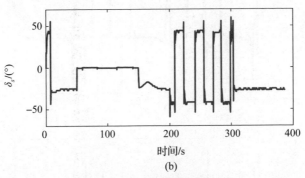

(b)

图 4.6　无人帆船控制输入

（a）舵角；（b）帆角。

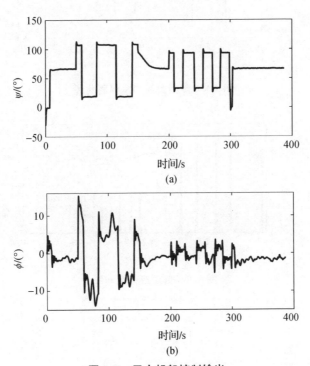

图 4.7　无人帆船控制输出

（a）艏向角；（b）横摇角。

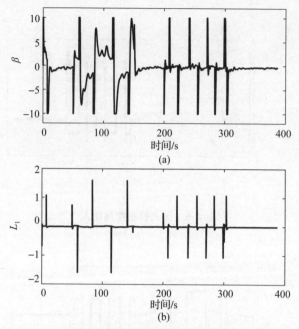

图4.8 漂角曲线和滑模面曲线

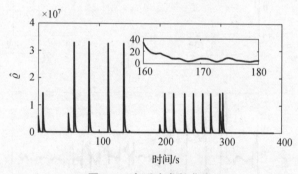

图4.9 自适应参数曲线

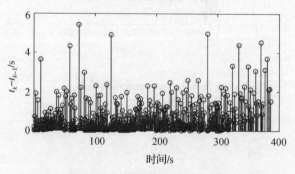

图4.10 触发时间和触发间隔

4.2　LVS 制导下的帆船动态事件触发控制

基于 ILOS、ALOS 以及双层虚拟船型的制导算法在帆船运动控制中已经取得了大量理论成果[74,85]，但是在路径转向点或换舷转向点附近帆船仍然存在航行超调问题，造成不必要的航程浪费。尽管现有船舶路径跟踪控制中已有针对航路点路径超调问题的解决策略，即动态虚拟船型制导或逻辑虚拟船型制导方法，但是现有方法并不完全适用帆船路径跟踪制导问题，特别是顺风或迎风航行换舷阶段，涉及帆角、舵角等执行装备频繁大幅度操纵，不仅存在超调问题，也增加船舶不稳定概率。因此，帆船路径跟踪全局制导问题仍需进一步关注。

船舶运动控制经典阶段和现代设计阶段中，通常将基于时间更新的控制命令传输到伺服系统，驱动系统响应。对于自动控制系统，连续执行控制命令会造成执行器过度磨损，不符合航海实践需求。事件触发技术是一种用来避免传统周期采样方法带来的控制命令连续计算、传输问题的有效方法，主要分为静态事件触发和动态事件触发两种，4.1 节中讨论了静态事件触发技术在帆船路径跟踪控制中的应用。静态事件触发阈值参数人为设定，取值简捷。动态事件触发阈值参数依据闭环系统响应阶段的性能需求自适应调整，但往往需要引入新的阈值自适应参数，导致闭环控制系统内设计参数增加，参数之间相互耦合影响会增加调参难度。因此，建立一种基于闭环系统控制输出的动态事件触发阈值更新规则对解决控制精度和信道传输负载平衡问题具有实际意义。

在 4.1 节的基础上，本节继续关注帆船路径跟踪任务中存在制导和事件触发控制问题，主要工作总结为以下两点：

（1）在时变的海洋环境下提出了一种改进的逻辑虚拟船（Logic Virtual Ship，LVS）制导原理，通过引入逻辑虚拟船实时演绎参考路径，在路径转向点和换舷转向点附近根据帆船操纵特性自主实施圆弧路径，避免了在不同情况下需要大转弯时，由航向突变而导致的不稳定现象。

（2）在静态事件触发的基础上，针对帆船路径跟踪任务设计了一种动态事件触发控制算法，该算法中，事件触发阈值参数可以根据输出信息动态更新，减少了不必要的传输负载和能量损耗。而且，针对舵角和帆角控制命令设置异步触发机制，降低了舵机和帆机的操纵频率。

4.2.1　问题描述

本节采用的无人帆船模型与 4.1 节相同，不再赘述。为了便于无人帆船航

向控制器设计，将模型式（2.8）、式（2.9）变换为

$$
\begin{cases}
\dot{\psi} = r\cos(\phi) \\
\dot{r} = \dfrac{m_u - m_v}{m_r}uv - \dfrac{f_r(\cdot)}{m_r} + \dfrac{F_r(\cdot)}{m_r}\delta_r + d_{wr}
\end{cases}
\tag{4.41}
$$

式中相关变量含义同 4.1 节。

4.2.2　考虑大转向执行器受限的改进 LVS 制导策略

根据帆船航向与风向的相对关系，帆船的航行区域可分为横风区（图 4.11（c））和非横风区（图 4.11（a，b））两个区域。当帆船在非横风区航行时，前向控制力可能与期望值不一致。根据实际经验以及理论分析，文献［52，60，61，66］提出了基于换舷策略的无人帆船自主航行方案。但是在无人帆船按照 Z 型路径航行时需要频繁大幅度转向操纵，不利于控制器的稳定和执行器的高效运行。为解决这一问题，本节提出了一种考虑转向执行器受限的改进 LVS 制导算法，实现了无人帆船在全路径上连续平滑参考信号的实时演绎，分为横风区制导和非横风区制导两种情况。

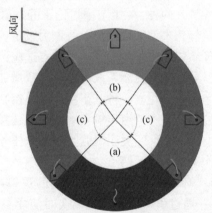

图 4.11　航行区域划分

（a），（b）非横风区；（c）横风区。

1. 横风区制导

LVS 可以在横风区提供帆船艏向参考信号，参考路线基于航路点信息实时演绎，LVS 的数学表达形式为

$$
\begin{cases}
\dot{x}_d = u_d\cos(\psi_d) - v_d\sin(\psi_d) \\
\dot{y}_d = u_d\sin(\psi_d) + v_d\cos(\psi_d) \\
\dot{\psi}_d = r_d
\end{cases}
\tag{4.42}
$$

式中：x_d、y_d、ψ_d 分别为 LVS 的位置坐标和艏向角；u_d、v_d、r_d 为 LVS 的前进速度、横漂速度和艏摇角速度。

图 4.12 给出了改进 LVS 制导原理图，根据帆船与 LVS 之间的相对位置关系，可以构建帆船的艏向参考信号 ψ_v，可表示为

$$\psi_v = \frac{1}{2}\left[1 - \mathrm{sgn}(x_e)\right] \cdot \mathrm{sgn}(y_e) \cdot \pi + \arctan(y_e/x_e) \tag{4.43}$$

式中：

$$\begin{cases} x_e = x_d - x \\ y_e = y_d - y \end{cases} \tag{4.44}$$

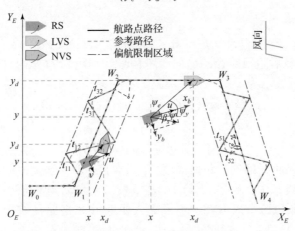

图 4.12　改进 LVS 制导的框架

考虑帆船与 LVS 的直线距离误差与艏向误差，可表示为

$$\begin{cases} z_e = \sqrt{x_e^2 + y_e^2} \\ \psi_e = \psi_v - \psi \end{cases} \tag{4.45}$$

2. 非横风区制导

为实现非横风区的连续光滑参考路径，引入了非横风虚拟船（Non - cross - wind Virtual Ship，NVS），对 NVS 采用符号自选择算法，引导 NVS 以 Z 型路径实时规划参考信息，并且在转向处实施圆弧策略。

以迎风航行为例，当满足关系 $\left|\psi_{\mathrm{tw}} - \pi\mathrm{sgn}(\psi_{\mathrm{tw}}) - \psi_r\right| < \chi_1$，且 ψ_r 为 NVS 的期望角，ψ_{tw} 为真风向，χ_1 为迎风区的边界角。特别是帆船沿 Z 型路径航行时，帆船在每个转弯处都沿着规划圆弧线行驶。以图 4.12 中三次迎风航行换舷转向为例，t_{11}、t_{21}、t_{31} 分别为三次转向操纵的开始时间，且帆船在 t_{12}、t_{22}、t_{32} 完成转向操纵，三个转角分别为 θ_1、θ_2、θ_3。因此，迎风区帆船自主航行的

艏向参考信号 ψ_v 可表示为

$$\psi_v = \begin{cases} \psi_n \\ \psi_n - \dfrac{\pi - \theta_1}{t_{12} - t_{11}}t \\ \psi_n - (\pi - \theta_1) \\ \psi_n - (\pi - \theta_1) + \dfrac{\pi - \theta_2}{t_{22} - t_{21}}t \\ \psi_n + (\theta_1 - \theta_2) \\ \psi_n + (\theta_1 - \theta_2) - \dfrac{\pi - \theta_3}{t_{32} - t_{31}}t \end{cases} \tag{4.46}$$

且有

$$\psi_n(t) = \psi_{tw} - \pi \cdot \text{sgn}(\psi_{tw}) - c(t) \cdot \chi_1 \tag{4.47}$$

式中：ψ_n 为换舷后直线路径的艏向参考信号。利用 $c(t)$ 作为符号函数实现转弯操纵，$c(t)$ 可表示为

$$c(t) = \text{sgn}(l(t) + d_{c1} \cdot \text{sgn}(c(t-1))) \tag{4.48}$$

且有

$$l(t) = \sqrt{x_e^2 + y_e^2}\sin(\psi_r - \psi_v) \tag{4.49}$$

式中：d_{c1} 为迎风路径的确定距离阈值；t、$t-1$ 分别为当前时间点和最后时间点。在式（4.46）中，如果 $|l(t)| \geq d_{c1}$，$c(t)$ 会自动调整符号。

同理，在顺风区引入 NVS，引导无人帆船沿 Z 型路径航行，顺风角与真风向 ψ_{tw} 有关，且满足 $|\psi_{tw} - \psi_r| < \chi_2$，$\chi_2$ 为顺风区边界角。此外，符号函数 $c(t)$ 进一步推导为

$$c(t) = \text{sgn}(l(t) + d_{c2} \cdot \text{sgn}(c(t-1))) \tag{4.50}$$

式中：d_{c2} 为顺风路径的安全距离阈值。定义 t_{41}、t_{51}、t_{61} 分别为顺风区三次换舷转向的开始时间，t_{42}、t_{52}、t_{62} 为换舷转向结束时间，三个转角分别为 θ_4、θ_5、θ_6。因此，顺风区帆船的艏向参考信号 ψ_v 可表示为

$$\psi_v = \begin{cases} \psi_n \\ \psi_n - \dfrac{\pi - \theta_4}{t_{42} - t_{41}}t \\ \psi_n - (\pi - \theta_4) \\ \psi_n - (\pi - \theta_4) + \dfrac{\pi - \theta_5}{t_{52} - t_{51}}t \\ \psi_n + (\theta_4 - \theta_5) \\ \psi_n + (\theta_4 - \theta_5) - \dfrac{\pi - \theta_6}{t_{62} - t_{61}}t \end{cases} \tag{4.51}$$

式中：

$$\psi_n(t) = \psi_{tw} - c(t) \cdot \chi_2 \tag{4.52}$$

基于上述分析，所提制导策略能够实现航路点附近转向和 Z 型路径上换舷转向原理相同，但是设计目的不同。由于在航路点和换舷点引入虚拟船型制导技术，避免了转向处的路径超调现象，同时提升了帆船的航行安全性。

4.2.3　LVS 制导下的帆船动态事件触发控制

本节针对帆船提出了一种基于阀值参数动态更新的事件触发控制算法，事件触发技术异步应用于艏摇自由度和前进自由度，即分别针对舵角命令和帆角命令设置事件触发机制，具体分为控制器设计和稳定性分析。

1. 控制器设计

步骤 1：针对帆船艏向误差 ψ_e，并且设计虚拟控制律 α_r，可表示为

$$\alpha_r = \frac{1}{\cos(\phi)}(-k_r\psi_e + \dot{\psi}_d) \tag{4.53}$$

式中：k_r 为正的设计参数。在设计虚拟控制器 α_r 的推导过程中，可能会在下一步的控制设计中引起"复杂度爆炸"的现象。为了解决这一问题，继续引入 DSC 技术，让虚拟控制律以时间常数 τ_r 通过一阶滤波器 β_r，即

$$\tau_r\dot{\beta}_r + \beta_r = \alpha_r, \beta_r(0) = \alpha_r(0) \tag{4.54}$$

式中：$y_r = \beta_r - \alpha_r$ 为动态面误差，其时间导数 y_r 可表示为

$$
\begin{aligned}
\dot{y}_r &= \dot{\beta}_r - \dot{\alpha}_r \\
&= -\frac{y_r}{\tau_r} + \frac{\partial\alpha_r}{\partial\psi_e}\dot{\psi}_e + \frac{\partial\alpha_r}{\partial\dot{\psi}_d}\ddot{\psi}_d + \frac{\partial\alpha_r}{\partial\varphi}\dot{\varphi} \\
&= -\frac{y_r}{\tau_r} + \beta_r(\psi_e, \dot{\psi}_e, \dot{\psi}_d, \ddot{\psi}_d, \varphi, \dot{\varphi})
\end{aligned}
\tag{4.55}
$$

式中：$B_r(\cdot)$ 为连续有界函数，且该函数存在正的常数 M_r 满足 $|B_r(\cdot)| \leqslant M_r$。

步骤 2：定义动力学误差 $r_e = \alpha_r - r$，对其求导可得

$$\dot{r}_e = \frac{1}{m_r}[m_r\dot{B}_r - (m_u - m_v)uv + f_r(\cdot) - F_r(\cdot)\delta_r - m_r d_{wr}] \tag{4.56}$$

接下来介绍一种新型动态事件触发机制，能够动态调整事件触发阈值参数更新规则。事件触发输入可表示为

$$\delta_r(t) = \delta_k(t_k), \forall t \in [t_k, t_{k+1}) \tag{4.57}$$

在间隔 $t \in [t_k, t_{k+1})$ 内，舵角的控制命令信号保持在 $\delta_k(t_k)$，直到满足下一时刻的触发规则，触发规则为

$$t_{k+1} = \inf\{t > t_k \mid | e_{\delta_r}(t) | \geqslant h_{\delta_r} | \delta_r | + \Delta_{\delta_r}\} \tag{4.58}$$

式中

$$\begin{cases} e_{\delta_r}(t) = \delta_k(t_k) - \delta_r(t) \\ h_{\delta_r} = \max\{h_1, h_2\}, \dot{h}_1 = -h_1^2 \end{cases} \tag{4.59}$$

式中：t_k 为控制命令的触发时间；Δ_{δ_r} 为一个正的小量；$\delta_k(t_k)$ 为事件触发控制器；h_2 为基于时间采样的采样间隔。

结合上述动态事件触发规则，可以得到

$$\delta_r(t) = \frac{\delta_k(t_k)}{1 + \lambda_1^{\delta_r}(t) h_{\delta_r}} - \frac{\lambda_2^{\delta_r}(t) \Delta_{\delta_r}}{1 + \lambda_1^{\delta_r}(t) h_{\delta_r}} \tag{4.60}$$

需要说明，本节所提事件触发策略中，阈值参数 h_1 可以通过式（4.59）动态更新，以满足帆船控制系统在不同响应阶段下的数据传输需求；h_2 为一个确保最小触发间隔的静态阈值参数。

模型结构/参数不确定等非线性项和时变外部扰动会影响闭环控制系统的鲁棒性，因此，根据引理 3.2，引入 RBF 神经网络对其进行逼近，可表示为

$$\begin{aligned} f_r(v) &= S(v)A_r v + \varepsilon(v) \\ &= S(v)A_r \beta_v - S(v)A_r v_e + \varepsilon(v) \\ &= S(v)A_r \beta_v - b_r S(v)A_r \varpi_r + \varepsilon(v) \end{aligned} \tag{4.61}$$

式中：$\varepsilon(v)$ 为神经网络逼近误差，定义常数 $b_r = \| A_r \|_F$，非线性项 $A_r^m = A_r / \| A_r \|_F$，进一步变换可得 $\varpi_r = A_r^m v_e, b_r \varpi_r = A_r v_e$。进一步，鲁棒神经阻尼项 $\| \xi_r \|$ 可构造为

$$\begin{aligned} \| \xi_r \| &= \| S(v)A_r\beta_v - m_v vr + \varepsilon_r - m_r d_{wr} \|_2 \\ &\leqslant \left\| S(v)A_r\beta_v + d_r\left(\frac{1}{4}v^2 + r^2\right) + \overline{\varepsilon}_r - m_r \overline{d}_{wr} \right\|_2 \\ &\leqslant \vartheta_r \varphi_r \end{aligned} \tag{4.62}$$

式中：鲁棒项 ϑ_r 和阻尼项 φ_r 被描述为

$$\begin{cases} \vartheta_r = \max\{ \| A_r \|_F, d_r, \overline{\varepsilon}_r + m_r \overline{d}_{wr} \} \\ \varphi_r = 1 + \dfrac{1}{4}v^2 + r^2 + \| S(v) \| \| \beta_v \| \end{cases} \tag{4.63}$$

结合对事件触发机制和 RBF – NNs 神经网络，根据式（4.60）和式（4.62），误差动态方程式（4.56）可以重写为

$$\begin{aligned} \dot{r}_e = \frac{1}{m_r}\Big[& m_r \dot{\beta}_r + \xi_r - S(r)h_r \varpi_r - \frac{F_r(\cdot)\delta_k(t_k^{\delta_r})}{1 + \lambda_1^{\delta_r}(t)h_{\delta_r}} + \\ & \frac{F_r(\cdot)\lambda_2^{\delta_i}(t)\Delta_{\delta_i}}{1 + \lambda_1^{\delta_r}(t)h_{\delta_r}} - F_r(\cdot)\overline{\delta}_r \Big] \end{aligned} \tag{4.64}$$

为便于控制设计，结合式（4.60）设计了控制律和相应的自适应律，α_N 为中间控制律，可表示为

$$\begin{cases} \dot{\delta}_r = \dot{\delta}_{ra}, \omega_{\delta_r} = \hat{\lambda}_{F_r}\alpha_N \\ \alpha_N = k_N r_e + \dot{\beta}_r + \dfrac{1}{4}k_{rn}(\varphi_r^2 + \boldsymbol{S}(r)^{\mathrm{T}}\boldsymbol{S}(r))r_e \\ \dot{\hat{\lambda}}_{F_r} = \Gamma_{F_r}[\alpha_N r_e - \sigma_N(\hat{\lambda}_{F_r} - \hat{\lambda}_{F_r}(0))] \end{cases} \tag{4.65}$$

式中：$\hat{\lambda}_{F_r}$ 为 $\lambda_{F_r} = \dfrac{1}{F_r^*(\cdot)}$ 的估计值，并且 $F_r^*(\cdot) = \dfrac{F_r(\cdot)}{1 + \lambda_1^{\delta_r}h_{\delta_r}}$；$k_N$ 为正的控制参数；k_{rn} 为鲁棒神经阻尼参数；Γ_{F_r} 和 σ_N 为正的自适应参数。

对于帆船，推进力主要由帆提供，现有方法中，帆角命令通过查表法或拟合法实时获得，本节路径跟踪是在风力不足场景下开展研究，即满足帆角提供最大推力条件。接下来给出帆角事件触发控制过程。

帆角作为控制输入，前进自由度的帆船非线性数学模型可表示为

$$\dot{u} = \frac{m_v}{m_u}vr - f_u(\cdot) + \frac{1}{m_u}T_u(\cdot)C_{\mathrm{LS}}(\alpha_s) + d_{wu} \tag{4.66}$$

式中：C_{LS} 为风帆升力系数，与帆攻角 α_s 有关。通过查表可以得到 C_{LS} 的具体实时数值。α_s、δ_s 和 β_{ws} 的关系为

$$\delta_s = \beta_{\mathrm{ws}} - \alpha_s \tag{4.67}$$

式中：α_s 为帆攻角，可通过查找极坐标图得到；β_{ws} 为视风角，可通过风传感器测量。进一步可以计算出帆角 δ_s，作为帆机的控制输入。

通过式（4.67），可以发现帆角是实时更新的，会造成帆机的频繁操纵与磨损，产生不必要的资源浪费。为此，对帆角 δ_s 引入事件触发机制，即

$$\delta_s(t) = \delta_{sk}(t_k), \forall t \in [t_k, t_{k+1}) \tag{4.68}$$

事件触发规则设计为

$$t_{k+1} = \inf\{t > t_k \| \delta_k(t) - \delta_s(t) \mid \geqslant h_{\delta_s}\mid \delta_s \mid + \Delta_{\delta_s}\} \tag{4.69}$$

式中：

$$h_{\delta_s} = \max\{l_1, l_2\}, \dot{l}_1 = -l_1^2 \tag{4.70}$$

式中：l_1、l_2 分别为动态触发阈值参数和静态触发阈值参数；t_k 为风帆角的输入更新时间。当 $t \in [t_k, t_{k+1})$ 时，风帆角的输入信号 $\delta_{sk}(t_k)$ 保持不变。

在工程实践中，不能直接获得风帆的攻角 α_s，需要通过调整帆角 δ_s 来改变 α_s 的值。需要注意的是，用于计算帆攻角 α_s 的视风角 β_{ws} 是由风传感器测量的。由于风向和风速的变化是实时的，传感器传输风向信息越及时，α_s 的计算越准确。因此，高精度传感器也是制约帆船推力性能的主要因素。

2. 稳定性分析

通过李雅普诺夫分析对闭环系统进行稳定性分析。主要结果在定理 4.2 中总结。

定理 4.2 考虑式（4.41）的无人帆船非线性数学模型，满足假设 2.1 ~ 2.3、虚拟控制律式（4.53）、动态事件触发控制律式（4.65），对闭环控制系统中的所有状态变量初始条件满足 $\psi_e^2(0)+y_r^2(0)+r_e^2(0)+\tilde{\lambda}_{F_r}^2(0)\leqslant 2Y$，通过调节设计参数 k_1、k_N、k_{rn}、σ_N、Γ_{F_r}，可以得到帆船系统具有半全局一致最终有界稳定特性。

证明： 选取 Lyapunov 函数为

$$V=\frac{1}{2}\psi_e^2+\frac{1}{2}m_r r_e^2+\frac{1}{2}y_r^2+\frac{1}{2}\frac{F_r^*(\cdot)}{\Gamma_{F_r}}\tilde{\lambda}_{F_r}^2 \tag{4.71}$$

结合式（4.53）和式（4.56），可得

$$\dot{V}=\psi_e\dot{\psi}_e+m_r r_e\dot{r}_e+y_r\dot{y}_r+\frac{F_r^*(\cdot)}{\Gamma_{F_r}}\tilde{\lambda}_{F_r}\dot{\tilde{\lambda}}_{F_r}$$

$$=-k_r\psi_e^2-r_e\psi_e\cos(\varphi)+r_e\Big[m_r\dot{\beta}_r+\xi_r-F_r(\cdot)\bar{\delta}-$$

$$S(r)b_r\varpi_r-\frac{F_r(\cdot)\omega_{\delta_r}(t)}{1+\lambda_1^{\delta_r}(t)h_{\delta_r}}+\frac{F_r(\cdot)\lambda_2^{\delta_r}(t)\Delta_{\delta_r}}{1+\lambda_1^{\delta_r}(t)h_{\delta_r}}\Big]+$$

$$\frac{F_r(\cdot)}{\Gamma_{F_r}(1+\lambda_1^{\delta_r})}\tilde{\lambda}_{F_r}\dot{\tilde{\lambda}}_{F_r}+y_r\dot{y}_r \tag{4.72}$$

为了便于稳定性分析，利用杨氏不等式式（4.73）~式（4.75）对式（4.72）中部分子项进行放缩处理，有

$$\xi_r r_e-b_r S(r)\varpi_r r_e\leqslant\frac{1}{4}k_{rn}(\varphi_r^2+S(r)^{\mathrm{T}}S(r))r_e^2+\frac{1}{k_{rn}}\vartheta_r^2+\frac{1}{k_{rn}}b_i^2\varpi_r^{\mathrm{T}}\varpi_r \tag{4.73}$$

$$m_r\dot{\beta}_r r_e-\dot{\beta}_r r_e\leqslant\frac{m_r+1}{4}y_r^2+\frac{m_r+1}{\tau_r}r_e^2 \tag{4.74}$$

$$y_r\dot{y}_r=-\frac{y_r^2}{\tau_r}-y_r\dot{\alpha}_r\leqslant-\Big(\frac{1}{\tau_r}-\frac{M_r^2}{2a}\Big)y_r^2+\frac{a}{2} \tag{4.75}$$

将控制律式（4.65）和式（4.73）~式（4.75）代入式（4.72），可得

$$\dot{V}\leqslant-k_r\psi_e^2-\Big(k_N-\frac{m_r+1}{\tau_r}-\frac{b_r}{k_{rn}}\Big)r_e^2-\Big(\frac{1}{\tau_r}-\frac{M_r^2}{4a}+\frac{m_r+1}{4}\Big)y_r^2-$$

$$\sigma_N\Gamma_{F_r}\frac{F_r^*(\cdot)}{\Gamma_{F_r}}\tilde{\lambda}_{F_r}^2+\frac{\vartheta_r}{k_{rn}}+2a-\sigma_N F_r^*(\cdot)\tilde{\lambda}_{F_r}(\lambda_{F_r}-\hat{\lambda}_{F_r}(0)) \tag{4.76}$$

选取参数 $k_N=b_1+\frac{r+1}{\tau_r}+\frac{b_r}{k_{rn}}$，$\tau_r=b_2+\frac{4a}{M_r^2-a(m_r+1)}$，$b_1$，$b_2$ 为正的小

量。式（4.76）可进一步改写为

$$\dot{V} \leqslant -2\kappa V + \varrho \tag{4.77}$$

式中：$\kappa = \min\{k_r, b_1, b_2, \sigma_N \Gamma_{F_r}\}$；$\varrho = \dfrac{\vartheta_r}{k_{rn}} + 2a - \sigma_N F_r^*(\,\cdot\,)\tilde{\lambda}_{F_r}(\lambda_{F_r} - \hat{\lambda}_{F_r}(0))$，

对式（4.77）积分可得

$$V(t) \leqslant \varrho/2\kappa + (V(0) - \varrho/2\kappa)\exp(-2\kappa t) \tag{4.78}$$

很明显，$\lim_{t\to\infty} V(t) = \varrho/2\kappa$，而且通过调节设计参数可以使跟踪误差接近于零。

接下来，在以上分析的基础上进一步讨论帆船横荡运动 v 的耗散有界性。在数学模型式（4.41）中，非线性项 $f_v(\,\cdot\,) = c_{v1}r + d_{v1}v + d_{v2}r - g_v$，其中 c_{v1}、d_{v1} 和 d_{v2} 为向心系数和水动力阻尼系数，g_v 为与船帆有关的非模型动力参数，对 v 求导可得

$$\dot{v} = \frac{m_u}{m_v}ur - \frac{1}{m_v}(c_{v1}r + d_{v1}v + d_{v2}r - g_v) + d_{wv} \tag{4.79}$$

选取 Lyapunov 候选函数

$$V_v = \frac{1}{2}v^2 \tag{4.80}$$

则 $\dot{V}_v$ 可以表示为

$$
\begin{aligned}
\dot{V}_v &= -\frac{d_{v1}}{m_v}v^2 + \frac{v}{m_v}(m_v d_{wv} - c_{v1}r - d_{v2}r + g_v) \\
&\leqslant -\frac{d_{v1}}{m_v}v^2 + \frac{1}{m_v}v^2 + \frac{1}{4m_v}(m_v d_{wv} - c_{v1}r - d_{v2}r + g_v)^2 \\
&\leqslant -2\xi_v V_v + \frac{1}{m_v}\rho_v^2
\end{aligned}
\tag{4.81}
$$

一般情况下，对常规船舶直接假定其横漂运动的稳定性。然而，与常规动力船舶不同，无人帆船考虑了风帆因素。因此，应该证明其横漂运动的耗散有界性，由式（4.79）~ 式（4.81）证明了横漂速度同样满足半全局一致最终有界稳定。

基于上述分析和讨论，本章提出控制策略构建的闭环控制系统所有状态信号满足半全局一致最终有界，通过适当调整设计参数能够使帆船有效跟踪虚拟小船。

证明完成。

4.2.4　仿真研究

为了证明所提算法的有效性和鲁棒性，本节将所提算法与文献［75］中控制算法（简称"对比算法 A"）在相同路径跟踪任务下进行对比。为完成对

比实验，采用文献［60］中无人帆（船长 12m），并配备了一个主帆、一块龙骨板和一个舵叶，在 5 级海况下进行数值仿真实验，时变风场中主风向变化为

$$\psi_{tw} = \begin{cases} 180°, 0\mathrm{s} \leqslant t < 40\mathrm{s} \\ 53°, 40\mathrm{s} \leqslant t < 100\mathrm{s} \\ 180°, 100\mathrm{s} \leqslant t < 150\mathrm{s} \\ 302°, 150\mathrm{s} \leqslant t < 200\mathrm{s} \\ 180°, 200\mathrm{s} \leqslant t \leqslant 330\mathrm{s} \end{cases} \quad (4.82)$$

参考路径由航路点 $W_1(0\mathrm{m}, 0\mathrm{m})$、$W_2(400\mathrm{m}, 600\mathrm{m})$、$W_3(0\mathrm{m}, 1200\mathrm{m})$ 和 $W_4(0\mathrm{m}, 200\mathrm{m})$ 生成，无人帆船的初始状态设置为 $[\phi(0), \psi(0), u(0), v(0), r(0), \delta_s(0), \delta_r(0)] = [0°, 0°, 1\mathrm{m/s}, 0\mathrm{m/s}, 0\mathrm{rad/s}, 0°, 0°]$，仿真实验中主要控制参数设置为

$$\begin{cases} \sigma = 0.01 \\ d_{c1} = 40\mathrm{m} \\ d_{c2} = 25\mathrm{m} \\ \chi_1 = \pi/4 \\ \chi_2 = \pi/6 \\ \sigma_r = 0.5 \\ k_\psi = 0.1 \\ k_{re} = 0.5 \\ k_{rn} = 0.3 \end{cases} \quad (4.83)$$

在整个航线上设置时变风向，将帆船划分为顺风区、迎风区和横风区三个航行区域，图 4.13 给出了所提算法与对比算法的路径跟踪轨迹对比结果，说明所提控制算法可以实现不同航段的平滑切换，而且在路径跟踪任务中，能够有效控制帆船沿参考路径航行。帆船在迎风区和顺风区航行时，所提改进 LVS 制导算法可以实现更合理的 Z 型路径换舷转向，换舷点转向时执行器操纵幅度小，航路点附近能够获得更加平滑的轨迹。图 4.14 给出了帆船控制输入 δ_r、δ_s 的变化曲线，控制输入和经过伺服系统的实际输入均处于合理的执行器物理约束范围。其中，绿色点虚线表示本节算法中的控制命令曲线，红色虚线表示经过执行器伺服系统之后的控制系统实际输入，蓝色实线表示对比算法中的控制命令。从对比结果可以发现，所提动态事件触发控制算法可以避免不必要的信道占用和通信负载。所提控制算法和对比算法的控制命令更新间隔如图 4.15 和图 4.16 所示。图 4.17 给出了两种控制算法下帆船航向角、横摇角和艏摇角速度的对比效果，与对比算法相比，所提控制算法的横摇角变化幅度

更小，更加安全。图 4.18 给出了帆船在风及风浪干扰下的漂角曲线，可以发现，在帆船换舷操纵时，漂角变化较大。此外，由于所提动态事件触发机制下帆船横摇角等输出变量抖振更小以及触发次数更少，所以所提算法比对比算法完成任务的时间更短，效率更高。

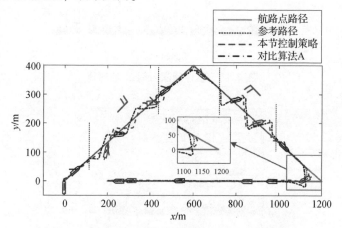

图 4.13　不同算法下的路径跟踪轨迹对比（见彩图）

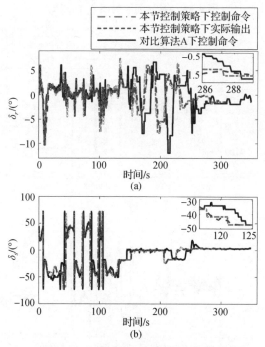

图 4.14　控制输入比较（见彩图）

（a）舵角；（b）帆角。

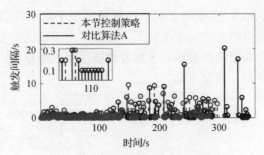

图 4.15 事件间隔时间 δ_r 的对比

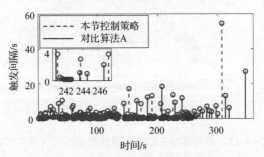

图 4.16 事件间隔时间 δ_s 的对比

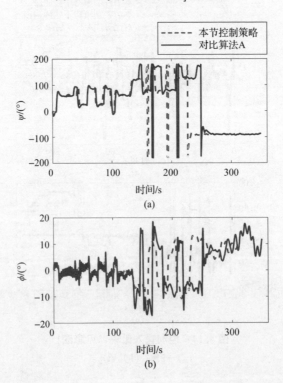

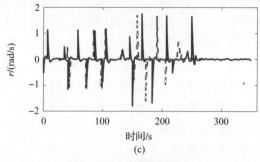

图 4.17　控制输出对比

（a）航向角；（b）横摇角；（c）艏摇角速度

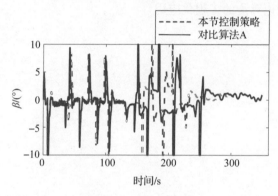

图 4.18　漂角对比结果

4.3　本章小结

4.1 节讨论了存在外部扰动情况下帆船路径跟踪控制问题。首先提出了一种双层虚拟制导策略，为无人帆船在三种航行局面下提供艏向参考信号。在控制部分，结合比例积分滑模技术和事件触发机制，设计了一种基于双曲正切函数的帆船路径跟踪饱和控制算法，该算法具有形式简洁、通信负载低、系统稳定性好的优势。利用 Lyapunov 定理给出了闭环控制系统的稳定性证明。通过数值仿真可以看出：①由于双曲正切函数的优势，控制输入曲线更加平滑，且能够在控制层面对输入饱和进行补偿；②该算法在 PCI 和 SCS 方面具有明显的优势；③虽然该算法的 PCO 为"一般"，但可以通过调整事件触发阈值参数将其提高到"非常好"等级。在直线路径跟踪任务中，帆船可以实现在顺风、迎风和横风场景下的自主航行。此外，当满足事件触发规则时，控制顺序将被更新。这样可以减少通信负担，避免低频外部扰动引起的系统抖振。

在4.1节的基础上，4.2节构建了一种考虑换舷大转向操纵限制的 LVS 制导算法，实现在换舷转向点和航路点转向点附近的圆弧路径转向，避免了超调现象。在控制层面，进一步提出了一种动态事件触发算法，提出了一种动态事件触发机制，通过设置阀值参数动态调节规则，有效减少了信号通信负载及舵机、帆机执行频率，降低了设备磨损概率。与现有静态阀值参数的事件触发控制相比，该算法在数据传输方面具有更优的控制性能。通过数值仿真，验证了所提控制算法的鲁棒性和优势性。

虽然本章取得了一些有意义的结果，但以下问题还有待进一步研究：在控制设计中，需要研究帆、舵的耦合作用下的速度控制。此外，还应进行实际海上试验以加快理论算法的工程化应用。

第5章 基于改进 LVS 制导策略的翼型风帆助航船事件触发控制

海洋风能作为一种取之不尽、用之不尽的清洁能源，在全球绝大多数海域都有重要的利用价值和客观的开发前景。其中风帆作为风能最直接的利用形式，被作为代替和辅助传统船舶内燃机推进装置的重要备选方案。尽管各国学者对帆式船舶的经济性开展了深入的论证，帆式船舶相比于常规动力船舶的建造规模非常小，实际数量非常小。因此，需要加大针对帆式船舶的控制的研究。此外，翼型帆在无人帆船上已经有很成熟的应用，大量研究者将其应用于常规动力船作为助航辅助设备，实践表明，翼型风帆助航船能够节省船舶能源消耗，如"凯力"轮。

本章以四自由度翼型风帆助航船作为研究对象，分别针对以帆或以螺旋桨为主推进装置的翼型风帆助航船开展自主航行控制相关设计工作，实现对期望路径的有效跟踪。此外，还考虑了不同动力机构作为主推进装置时需要重点关注的问题，例如，5.1 节考虑了执行器故障下的翼型风帆船舶事件触发控制，5.2 节考虑了翼帆作为辅助推力时的补偿效应。本章的讨论对进一步解决翼型风帆助航船理论算法、加快工程实践具有重要现实意义。

5.1 具有容错机制的翼型风帆助航船事件触发控制

风力不足时帆船无法以期望速度执行路径跟踪任务。此外，在气候变暖和能源危机的背景下，有必要推进水面船舶的节能发展。近年来，无人帆船以节能的优点，在海洋工程领域取得了较多的研究成果[41,65]。以日本和欧洲为代表的许多国家都投入了大量的资金来推动帆式船舶的建造和研究。由于帆式船舶仅配置舵、帆或螺旋桨作为动力装置，因此具有明显的欠驱动动力学特性。翼型风帆助航船作为帆式船舶的一种，在风力资源不足时能够通过螺旋桨提供辅助动力航行。翼型风帆助航船已经逐渐成为一个研究热点，并在海洋资源探测、海洋数据收集等方面具有广阔应用前景。相比于无螺旋桨驱动的帆船，有螺旋桨驱动的翼型风帆助航船在海洋工程中更具有优势。文献［52］针对帆式船舶的速度优化和路径跟踪问题展开研究，利用极值搜索算法和模糊逻辑系统设计了速度优化器和路径跟踪控制器，并且大连海事大学教学科研船"育鹏"轮为仿真对象，进行仿真验证，结果表明控制算法具有良好的控制性能。实际上，现有翼型风帆助航船的控制信号是连续传输到执行器的，这可能会造成较大的传输负载，并且造成执行器的磨损。事件触发控制是一种只有在触发条件满足时才会进行控制信号更新的技术[81]，它能够极大地降低控制信号的传输负载，并且减少执行器的磨损。事件触发在欠驱动船舶理论算法中已经取得了相关研究成果，但是在翼型风帆助航船领域的研究成果较少。

因此，本节探讨一种以翼型帆为主动力的风帆助航船的路径跟踪控制问题，主要内容可总结为以下两点：

（1）构建考虑螺旋桨输入效应和执行器故障的翼型风帆助航船非线性数学模型，并且提出了一种复合 LVS 制导律，能够实时产生迎风/顺风/横风环境下助航船航行参考信号。

（2）利用鲁棒神经阻尼技术和事件触发机制，设计了一种考虑执行器故障的鲁棒自适应事件触发控制算法来实现对参考路径的有效跟踪。在控制算法中，采用 RBF 神经网络在线逼近系统不确定项，但由于鲁棒神经阻尼技术的优势，不需要在线更新神经网络权重。执行器的增益不确定项和故障项通过四个在线学习参数进行实时补偿。

5.1.1　问题描述

在实际海洋工程中，船舶由于外界恶劣环境或者船舶自身的工程网络饱和问题，容易发生执行器故障，特别是对帆式船舶来说，受外界扰动更加频繁，执行器更容易遭受磨损，进而发生执行器故障，降低闭环系统的稳定性。因此，为了方便开展本节考虑执行器故障下的帆式船舶鲁棒自适应控制研究，在帆式船舶四自由度模型式（2.8）、式（2.9）的基础上，考虑执行器故障模型和螺旋桨效应，可以得到翼型风帆助航船非线性数学模型，可表示为

$$\begin{cases} \dot{x} = u\cos(\psi) - v\cos(\phi)\sin(\psi) \\ \dot{y} = u\sin(\psi) + v\cos(\phi)\cos(\psi) \\ \dot{\phi} = p \\ \dot{\psi} = r\cos(\phi) \end{cases} \tag{5.1}$$

$$\begin{cases} m_u \dot{u} = m_v vr - f_u(\,\cdot\,) + T_{u1}(\,\cdot\,)\,|\,n\,|\,n + T_{u2}(\,\cdot\,)\delta_u + d_{wu} \\ m_v \dot{v} = m_u vr - f_v(\,\cdot\,) + d_{wv} \\ m_p \dot{p} = g(\phi) - f_p(\,\cdot\,) + d_{wp} \\ m_r \dot{r} = (m_u - m_v)uv - f_r(\,\cdot\,) + F_r(\,\cdot\,)\delta_R + d_{wr} \end{cases} \tag{5.2}$$

且有

$$\delta_j = k_{\delta_j}\delta_{jo} + \overline{\delta}_j, t \in \left[\,t_{\delta_j}^b, t_{\delta_j}^e\,\right), j = u, R \tag{5.3}$$

式中：$T_{u1}(\,\cdot\,)$、$T_{u2}(\,\cdot\,)$、$F_r(\,\cdot\,)$分别为螺旋桨、帆和舵的执行器增益函数；n 为螺旋桨转速；δ_u 为与帆角相关的函数，则帆角 δ_S 的表达式为

$$\delta_S = \beta_{ws} - \delta_u^{-1} \tag{5.4}$$

式（5.3）展示的执行器故障模型在 2.1.3 节中已给出详细说明，此处不再赘述。

5.1.2　基于航路点虚拟圆弧转向的翼型风帆助航船复合 LVS 制导设计

船舶计划航线仍由航路点生成，与 3.1.2 节中的区别是本节中参考路径采取了更为简捷的形式，即由逻辑虚拟小船产生。根据帆式船舶的航行特点，仍将翼型帆式船舶的制导算法分为三部分，即横风制导、迎风制导和顺风制导。本部分重点介绍横风条件下 LVS 制导算法的机理。

图 5.1 表示 LVS 制导框架，翼型风帆助航船的参考路径主要由逻辑虚拟小船产生，LVS 的姿态变量(x_r, y_r, ψ_r)，分别为 LVS 的位置和航向角，u_r 为期望速度，LVS 的动态形式为

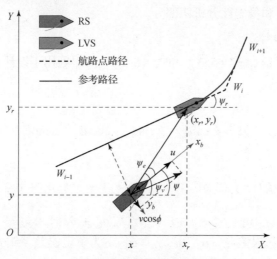

图 5.1　LVS 制导原理图

$$\begin{cases} \dot{x}_r = u_r \cos(\psi_r) \\ \dot{y}_r = u_r \sin(\psi_r) \\ \dot{\psi}_r = r_r \end{cases} \tag{5.5}$$

式中：在航路点附近，$r_r = u_r / R_i$，R_i 为转向半径。

翼型风帆助航船的参考信号 ψ_v 可以根据图 5.1 获得，可表示为

$$\psi_v = \frac{1}{2} [1 - \operatorname{sgn}(x_e)] \cdot \operatorname{sgn}(y_e) \cdot \pi + \arctan(y_e / x_e) \tag{5.6}$$

式中：$x_e = x_r - x$；$y_e = y_r - y$。

为了便于后续控制器设计，令 $\psi_d = \psi_v$。进一步，实船与 LVS 之间的姿态误差可以表述为

$$z_e = \sqrt{x_e^2 + y_e^2}, \psi_e = \psi_d - \psi \tag{5.7}$$

结合上述分析以及 3.1.2 节内容，翼型风帆助航船的参考信号可整理为

$$\psi_d = \begin{cases} \psi_v, & \theta_{\max} \leqslant |\psi_{\mathrm{tw}} - \psi_v| \leqslant \pi - \vartheta_{\max} \\ \psi_{\mathrm{tw}} - \zeta(t)\vartheta_{\max} - \beta, & |\psi_{\mathrm{tw}} - \psi_v| < \vartheta_{\max} \\ \psi_{\mathrm{tw}} - \pi\operatorname{sgn}(\psi_{\mathrm{tw}}) - \zeta(t)\theta_{\max} - \beta, & |\psi_{\mathrm{tw}} - \pi\operatorname{sgn}(\psi_{\mathrm{tw}}) - \psi_v| < \theta_{\max} \end{cases} \tag{5.8}$$

5.1.3 具有速度调节机制的翼型风帆助航船鲁棒自适应控制

本节针对翼型风帆助航船航行过程中，翼型风帆提供最大推力，螺旋桨提供辅助推力，以实现翼型风帆助航船按照期望航速航行。为此，在执行器故障约束下设计了具有速度调节机制的翼型风帆助航船鲁棒自适应控制算法，具体分为控制器设计和稳定性分析两部分。

1. 控制器设计

结合式 (5.1)、式 (5.3) 和式 (5.7)，可得到用于设计控制器的非线性动态，可表示为

$$\begin{cases} \dot{\psi}_e = \dot{\psi} - \dot{\psi}_d \\ \dot{z}_e = \dot{x}_r \cos\psi_d + \dot{y}_r \sin\psi_d - u\cos\psi_e - v\sin\psi_e \end{cases} \tag{5.9}$$

$$\begin{cases} \dot{\psi} = r\cos\phi \\ \dot{u} = m_u^{-1}(m_v vr - f_u(\cdot) + T_{u1}(\cdot)|n|n + T_{u2}(\cdot)(k_{\delta_u}\delta_{uo} + \bar{\delta}_u)) + d_{wu} \\ \dot{r} = m_r^{-1}((m_u - m_v)uv - f_r(\cdot) + F_r(\cdot)(k_{\delta_R}\delta_{Ro} + \bar{\delta}_R)) + d_{wr} \end{cases} \tag{5.10}$$

步骤 1：定义误差 $u_e = \alpha_u - u$、$r_e = \alpha_r - r$ 为镇定误差系统式 (5.9)，设计虚拟控制律 α_u、α_r，可表示为

$$\begin{cases} \alpha_u = \cos{(\psi_e)}^{-1}\left[k_{ze}(z_e - \delta_\Delta) + \dot{x}_r\cos\psi_d + \dot{y}_r\sin\psi_d - v\sin\psi_e\right] \\ \alpha_r = \cos{(\phi)}^{-1}(k_{\psi e}\psi_e + \dot{\psi}_d) \end{cases} \tag{5.11}$$

式中：k_{ze} 和 $k_{\psi e}$ 为正的设计参数。

考虑到在下一步设计中，对 α_u 和 α_r 的求导会引起"计算爆炸"问题，引入 DSC 技术。让 α_u 和 α_r 通过时间常数为 l_u 和 l_r 的一阶滤波器 β_u 和 β_r，可表示为

$$l_u\dot{\beta}_u + \beta_u = \alpha_u, \beta_u(0) = \alpha_u(0), q_u = \beta_u - \alpha_u$$

$$l_r\dot{\beta}_r + \beta_r = \alpha_r, \beta_r(0) = \alpha_r(0), q_r = \beta_r - \alpha_r \tag{5.12}$$

式中：q_u 和 q_r 为动态面误差，并且

$$\begin{aligned} \dot{q}_u &= \dot{\beta}_u - \dot{\alpha}_u \\ &= -\frac{q_u}{l_u} + \frac{\partial\alpha_u}{\partial z_e}\dot{z}_e + \frac{\partial\alpha_u}{\partial\dot{x}_r}\ddot{x}_r + \frac{\partial\alpha_u}{\partial\dot{y}_r}\ddot{y}_r + \frac{\partial\alpha_u}{\partial v}\dot{v} + \frac{\partial\alpha_u}{\partial\dot{\psi}_d}\ddot{\psi}_d + \frac{\partial\alpha_u}{\partial\psi_e}\dot{\psi}_e \\ &= -\frac{q_u}{l_u} + B_u(z_e, \dot{z}_e, \dot{x}_r, \ddot{x}_r, \dot{y}_r, \ddot{y}_r, v, \dot{v}, \psi_d, \dot{\psi}_d, \psi_e, \dot{\psi}_e) \end{aligned}$$

$$\dot{q}_r = -\frac{q_r}{l_r} + B_r(\psi_d, \dot{\psi}_d, \psi_e, \dot{\psi}_e, \phi, \dot{\phi}) \tag{5.13}$$

式中：$B_u(\cdot)$ 和 $B_r(\cdot)$ 为有界连续函数，并且存在正的常量 $M_u(\cdot)$ 和 $M_r(\cdot)$ 满足 $|B_u(\cdot)| \leqslant M_u$ 和 $|B_r(\cdot)| \leqslant M_r$。

因此，式 (5.9) 可被写为

$$\begin{cases} \dot{\psi}_e = (\beta_r - r_e - q_r) - \dot{\psi}_d \\ \dot{z}_e = \dot{x}_r\cos(\psi_d) + \dot{y}_r\sin(\psi_d) - (\beta_u - u_e - q_u)\cos(\psi_e) - v\sin(\psi_e) \end{cases} \tag{5.14}$$

步骤 2：对 u_e、r_e 求导，可以得到

$$\begin{cases} \dot{\psi}_e = (\beta_r - r_e - q_r) - \dot{\psi}_d \\ \dot{z}_e = \dot{x}_r\cos(\psi_d) + \dot{y}_r\sin(\psi_d) - (\beta_u - u_e - q_u)\cos(\psi_e) - v\sin(\psi_e) \end{cases} \tag{5.15}$$

为降低控制信号的频繁传输和减少执行器的磨损，引入事件触发技术。根据不同的控制信号大小，触发阈值具有时变特性。输入到执行器的控制信号可以写为

$$\delta_{jo} = \omega_{\delta_j}(t_k^{\delta_j}), \forall \in [t_k^{\delta_j}, t_{k+1}^{\delta_j}), j = u、R \tag{5.16}$$

事件触发规则为

$$\begin{cases} e_{\delta_j}(t) = \omega_{\delta_j}(t) - \delta_{jo}(t) \\ t_{k+1}^{\delta_j} = \inf\{t > t_k^{\delta_j} \| e_{\delta_j}(t) | \geqslant c_{j1} | \delta_{jo}(t) | + c_{j2}\} \end{cases} \tag{5.17}$$

式中：c_{j1}、c_{j2} 为设计阈值参数，其中，$0 < c_{j1} < 1$，$c_{j2} > 0$；$t_k^{\delta_j}$，$k \in z^+$ 为触发点

时间。在触发时间间隔 $[t_k^{\delta_j}, t_{k+1}^{\delta_j})$ 内，控制信号 $\omega_{\delta_j}(t_k^{\delta_j})$ 保持不变。

由式（5.17），可以得到 $|\omega_{\delta_j}(t) - \delta_{jo}(t)| \leqslant c_{j1}|\delta_{jo}(t)| + c_{j2}$，根据 $\delta_{jo}(t)$ 的正负，可以分为以下两种情况进行分析。

情况 1：如果 $\delta_{jo}(t) \geqslant 0$，有 $-c_{j1}\delta_{jo}(t) - c_{j2} \leqslant \omega_{\delta_j}(t) - \delta_{jo}(t) \leqslant c_{j1}\delta_{jo}(t) + c_{j2}$，可以得到

$$\omega_{\delta_j}(t) - \delta_{jo}(t) \leqslant \lambda_{\delta_j}(t)(c_{j1}\delta_{jo}(t) + c_{j2}), \lambda_{\delta_j}(t) \in [-1,1] \tag{5.18}$$

情况 2：如果 $\delta_{jo}(t) < 0$，有 $c_{j1}\delta_{jo}(t) - c_{j2} \leqslant \omega_{\delta_j}(t) - \delta_{jo}(t) \leqslant -c_{j1}\delta_{jo}(t) + c_{j2}$，可以得到

$$\omega_{\delta_j}(t) - \delta_{jo}(t) \leqslant \lambda_{\delta_j}(t)(c_{j1}\delta_{jo}(t) - c_{j2}), \lambda_{\delta_j}(t) \in [-1,1] \tag{5.19}$$

结合情况 1 和情况 2，可以得到

$$\omega_{\delta_j}(t) - \delta_{jo}(t) = \lambda_1^{\delta_j}(t)c_{j1}\delta_{jo}(t) + \lambda_2^{\delta_j}c_{j2} \tag{5.20}$$

式中：

$$\lambda_1^{\delta_j}(t) = \mathrm{sgn}(\delta_{jo})\lambda_2^{\delta_j}(t) = \lambda_{\delta_j}(t) \tag{5.21}$$

进一步可以得到

$$\omega_{\delta_j}(t) = (1 + \lambda_1^{\delta_j}(t)c_{j1})\delta_{jo}(t) + \lambda_2^{\delta_j}c_{j2} \tag{5.22}$$

$$\delta_{jo}(t) = \frac{\omega_{\delta_j}(t)}{1 + \lambda_1^{\delta_j}(t)c_{j1}} - \frac{\lambda_2^{\delta_j}c_{j2}}{1 + \lambda_1^{\delta_j}(t)c_{j1}} \tag{5.23}$$

针对式（5.10）中的非线性项 $f_i(\nu), i = u, r$，根据引理 3.2，利用 RBF 神经网络进行在线逼近，可表示为

$$\begin{aligned} f_i(\boldsymbol{\nu}) &= \boldsymbol{S}(\boldsymbol{\nu})\boldsymbol{A}_i\nu + \varepsilon(\boldsymbol{\nu}) \\ &= \boldsymbol{S}(\boldsymbol{\nu})\boldsymbol{A}_i\boldsymbol{\beta}_{\nu} - \boldsymbol{S}(\boldsymbol{\nu})\boldsymbol{A}_i\boldsymbol{\nu}_e + \varepsilon(\boldsymbol{\nu}) \\ &= \boldsymbol{S}(\boldsymbol{\nu})\boldsymbol{A}_i\boldsymbol{\beta}_{\nu} - b_i\boldsymbol{S}(\boldsymbol{\nu})\varpi_i + \varepsilon(\boldsymbol{\nu}) \end{aligned} \tag{5.24}$$

式中：$\boldsymbol{\beta}_{\nu} = [\beta_u, v, p, \beta_r]$；$\boldsymbol{\nu}_e = [u_e, 0, 0, r_e]$；$\varepsilon(\boldsymbol{\nu})$ 为任意逼近误差。定义 $b_i = \|\boldsymbol{A}_i\|$，标准项 $\boldsymbol{A}_i^m = \boldsymbol{A}_i / \|\boldsymbol{A}_i\|$，因此利用线性变换可以得到 $\varpi_i = \boldsymbol{A}_i^m \boldsymbol{\nu}_e$，$b_i\varpi_i = \boldsymbol{A}_i\boldsymbol{\nu}_e$。

进一步构造鲁棒神经阻尼项 υ_u、υ_r，可表示为

$$\begin{aligned} \|\upsilon_u\| &= \|\boldsymbol{S}(\boldsymbol{\nu})\boldsymbol{A}_u\beta_u - m_v vr + \varepsilon_u - m_u d_{wu}\| \\ &\leqslant \|\boldsymbol{S}(\boldsymbol{\nu})\boldsymbol{A}_u\beta_u + d_u\mathcal{T}_u(\boldsymbol{\nu}) + \bar{\varepsilon}_u + m_u\bar{d}_{wu}\| \leqslant \vartheta_u\varphi_u \\ \|\upsilon_r\| &\leqslant \vartheta_r\varphi_r \end{aligned} \tag{5.25}$$

式中：$\vartheta_i, i = u, r$ 和 $\varphi_i, i = u, r$ 为未知上界参数和阻尼项；$\vartheta_i = \max\{\|\boldsymbol{A}_i\|, d_i, \bar{\varepsilon}_i + m_i\bar{d}_{wi}\}$，$\varphi_i = 1 + \|\mathcal{T}_i(\boldsymbol{\nu})\| + \|\boldsymbol{S}(\boldsymbol{\nu})\|\|\boldsymbol{\beta}_{\nu}\|$；$\mathcal{T}_u(\boldsymbol{\nu}) = v^2/4 + r^2, \mathcal{T}_r(\boldsymbol{\nu}) = u^2/4 + v^2$。

结合事件触发机制和 RBF 神经网络逼近技术，式（5.15）可以被写为

$$\dot{u}_e = \frac{1}{m_u}\Bigg[m_u \dot{\beta}_u + \upsilon_u - S(\boldsymbol{\nu}) b_u \varpi_u - \frac{T_{u2}(\,\cdot\,) k_{\delta_u}\omega_{\delta_u}(t)}{1+\lambda_1^{\delta_u}(t)c_{u1}} +$$

$$\frac{T_{u2}(\,\cdot\,) k_{\delta_u}\lambda_2^{\delta_u}c_{j2}}{1+\lambda_1^{\delta_u}(t)c_{u1}} - T_{u2}(\,\cdot\,)\bar{\delta}_u - T_{u1}(\,\cdot\,)\mid n\mid n$$

$$\dot{r}_e = \frac{1}{m_r}\Big[m_r \dot{\beta}_r + \upsilon_r - S(\boldsymbol{\nu}) b_r \varpi_r - \frac{F_r(\,\cdot\,) k_{\delta_R}\omega_{\delta_R}(t)}{1+\lambda_1^{\delta_R}(t)c_{R1}} +$$

$$\frac{F_r(\,\cdot\,) k_{\delta_R}\lambda_2^{\delta_R}c_{R2}}{1+\lambda_1^{\delta_R}(t)c_{R1}} - F_r(\,\cdot\,)\bar{\delta}_R\Big] \tag{5.26}$$

引入两个学习参数 $\hat{\lambda}_{T_{u2}}$、$\hat{\lambda}_{F_r}$ 作为 $\lambda_{T_{u2}}=1/T_{u2}^*(\,\cdot\,)$、$\lambda_{F_r}=1/F_r^*(\,\cdot\,)$ 的估计值，其中，$T_{u2}^*(\,\cdot\,)=T_{u2}(\,\cdot\,)k_{\delta_u}/(1+\lambda_1^{\delta_u}(t)c_{u1})$，$F_r^*(\,\cdot\,)=F_r(\,\cdot\,)k_{\delta_R}/(1+\lambda_1^{\delta_R}(t)c_{R1})$。选取 α_M、α_N 作为中间控制量，结合式（5.11）和式（5.26），设计控制律和自适应律，可表示为

$$\begin{cases} \delta_u = k_{\delta_u}\delta_{uo} + \bar{\delta}_u, \omega_{\delta_u}=\hat{\lambda}_{T_{u2}}\alpha_M \\ \delta_R = k_{\delta_R}\delta_{Ro} + \bar{\delta}_R, \omega_{\delta_R}=\hat{\lambda}_{F_r}\alpha_N \\ \alpha_M = k_M u_e + \dot{\beta}_u + k_{un}\Phi_u(\,\cdot\,)u_e - \tau_{up} + \hat{p}_{\delta_u}\tanh(u_e\hat{p}_{\delta_u}/\gamma_u) \\ \alpha_N = k_N r_e + \dot{\beta}_r + k_{rn}\Phi_r(\,\cdot\,)r_e + \hat{p}_{\delta_R}\tanh(r_e\hat{p}_{\delta_R}/\gamma_R) \end{cases} \tag{5.27}$$

$$\begin{cases} \dot{\hat{p}}_{\delta_u}=\sigma_{p1}[u_e-\sigma_{p2}(\hat{p}_{\delta_u}-\hat{p}_{\delta_u}(0))] \\ \dot{\hat{p}}_{\delta_R}=\sigma_{p3}[r_e-\sigma_{p4}(\hat{p}_{\delta_R}-\hat{p}_{\delta_R}(0))] \\ \dot{\hat{\lambda}}_{T_{u2}}=\Gamma_{T_{u2}}[\alpha_M u_e-\sigma_M(\hat{\lambda}_{T_{u2}}-\hat{\lambda}_{T_{u2}}(0))] \\ \dot{\hat{\lambda}}_{F_r}=\Gamma_{F_r}[\alpha_N r_e-\sigma_N(\hat{\lambda}_{F_r}-\hat{\lambda}_{F_r}(0))] \end{cases} \tag{5.28}$$

式中：$\Phi_i=(\varphi_i^2+S(\boldsymbol{\nu})^{\mathrm{T}}S(\boldsymbol{\nu}))$；$k_M$、$k_N$ 为正的控制器设计参数；k_{un}、k_{rn} 为正的鲁棒神经阻尼参数；γ_u、γ_R 为正的参数；σ_{p1}、σ_{p2}、σ_{p3}、σ_{p4}、$\Gamma_{T_{u2}}$、Γ_{F_r}、σ_M、σ_N 为正的自适应设计参数。

通过控制算法设计过程，可以发现所提控制方案具有四点优势，①采用了 RBF-NNs 来处理系统的不确定项和海洋环境干扰，由于鲁棒神经阻尼技术，不需要在线更新 NNs 权重；②通过自适应参数解决了执行器增益不确定性和执行器故障带来的不稳定影响；③利用输入端事件触发机制减少了执行器的能耗和信号传输负载；④由于引入螺旋桨推力补偿项，翼型风帆助航船能够以期望速度实现路径跟踪控制任务。

2. 稳定性分析

本部分基于 Lyapunov 定理对所提控制算法给出了稳定性证明，主要结果总结为定理 5.1。

定理 5.1 针对翼型帆式船舶系统式 (5.1)、式 (5.2) 以及参考路径式 (5.5)，在假设 2.1~2.3 的条件下，利用事件触发规则式 (5.17)、所设计的控制律式 (5.27) 和自适应律式 (5.28)，可得到三点结果：

(1) 闭环控制系统内所有的信号满足半全局一致最终有界稳定。

(2) 通过调整参数，跟踪误差 z_e、ψ_e 将会收敛到零点附近的一个紧集内。

(3) Zeno 现象可以被消除。

证明：选取 Lyapunov 候选函数，可表示为

$$V = \frac{1}{2}z_e^2 + \frac{1}{2}\psi_e^2 + \frac{1}{2}m_u u_e^2 + \frac{1}{2}m_r r_e^2 + \frac{1}{2}q_u^2 + \frac{1}{2}q_r^2 +$$

$$\frac{1}{2}\frac{T_{u2}^*(\cdot)}{\Gamma_{T_{u2}}}\tilde{\lambda}_{T_{u2}}^2 + \frac{1}{2}\frac{F_r^*(\cdot)}{\Gamma_{F_r}}\tilde{\lambda}_{F_r}^2 + \frac{1}{2}\frac{1}{\sigma_{p1}}\tilde{p}_{\delta_u}^2 + \frac{1}{2}\frac{1}{\sigma_{p3}}\tilde{p}_{\delta_R}^2 \tag{5.29}$$

对 V 求导，可得

$$\dot{V} = z_e\dot{z}_e + \psi_e\dot{\psi}_e + m_u u_e\dot{u}_e + m_r r_e\dot{r}_e + q_u\dot{q}_u + q_r\dot{q}_r +$$

$$\frac{T_{u2}^*(\cdot)}{\Gamma_{T_{u2}}}\tilde{\lambda}_{T_{u2}}\dot{\tilde{\lambda}}_{T_{u2}} + \frac{F_r^*(\cdot)}{\Gamma_{F_r}}\tilde{\lambda}_{F_r}\dot{\tilde{\lambda}}_{F_r} + \frac{1}{\sigma_{p1}}\tilde{p}_{\delta_u}\dot{\tilde{p}}_{\delta_u} + \frac{1}{\sigma_{p3}}\tilde{p}_{\delta_R}\dot{\tilde{p}}_{\delta_R} \tag{5.30}$$

$$\dot{V} = -k_{ze}z_e^2 + u_e z_e\cos(\psi_e) + k_{ze}\delta_\Delta z_e - k_{\psi e}\psi_e^2 - r_e\psi_e\cos(\phi) +$$

$$u_e\left[m_u\dot{\beta}_u + v_u - S(\nu)b_u\varpi_u - \frac{T_{u2}(\cdot)k_{\delta_u}\omega_{\delta_u}(t)}{1+\lambda_1^{\delta_u}(t)c_{u1}} - T_{u1}(\cdot)|n|n +\right.$$

$$\left.\frac{T_{u2}(\cdot)k_{\delta_u}\lambda_2^{\delta_u}c_{j2}}{1+\lambda_1^{\delta_u}(t)c_{u1}} - T_{u2}(\cdot)\bar{\delta}_u\right] + r_e\left[m_r\dot{\beta}_r + v_r - F_r(\cdot)\bar{\delta}_R - \right.$$

$$S(\nu)b_r\varpi_r - \frac{F_r(\cdot)k_{\delta_R}\omega_{\delta_R}(t)}{1+\lambda_1^{\delta_R}(t)c_{R1}} + \frac{F_r(\cdot)k_{\delta_R}\lambda_2^{\delta_R}c_{R2}}{1+\lambda_1^{\delta_R}(t)c_{R1}}\right] + q_u\dot{q}_u -$$

$$\frac{T_{u2}(\cdot)k_{\delta_u}}{\Gamma_{T_{u2}}(1+\lambda_1^{\delta_u}(t)c_{u1})}\tilde{\lambda}_{T_{u2}}\dot{\tilde{\lambda}}_{T_{u2}} - \frac{F_r(\cdot)k_{\delta_R}}{\Gamma_{F_r}(1+\lambda_1^{\delta_R}(t)c_{R1})}\tilde{\lambda}_{F_r}\dot{\tilde{\lambda}}_{F_r} -$$

$$\frac{1}{\sigma_{p1}}\tilde{p}_{\delta_u}\dot{\tilde{p}}_{\delta_u} - \frac{1}{\sigma_{p3}}\tilde{p}_{\delta_R}\dot{\tilde{p}}_{\delta_R} + q_r\dot{q}_r \tag{5.31}$$

为了便于系统的稳定性分析，进一步放缩变换有，

$$v_i i_e - S(\nu)b_i\varpi_i i_e \leqslant \frac{1}{4}k_{in}(\varphi_i^2 + S(\nu)^{\mathrm{T}}S(\nu))i_e^2 + \frac{1}{k_{in}}\vartheta_i^2 + \frac{1}{k_{in}}b_i^2\varpi^{\mathrm{T}}\varpi \tag{5.32}$$

$$\varpi_i^{\mathrm{T}}\varpi_i = \|A_i^m i_e\|^2 = \frac{|\varpi_{i,1}^{\mathrm{T}}\varpi_{i,1}\cdots\varpi_{i,l}^{\mathrm{T}}\varpi_{i,l}|}{\|A_i\|^2}i_e^2 = i_e^2 \tag{5.33}$$

$$m_i \dot{\beta}_i i_e - \dot{\beta}_i i_e \leqslant \frac{m_i + 1}{4} q_i^2 + \frac{m_i + 1}{4} i_e^2 \tag{5.34}$$

$$q_i \dot{q}_i \leqslant -\frac{q_i^2}{l_i} - q_i \dot{\alpha}_i \leqslant -\left(\frac{1}{l_i} - \frac{M_i^2}{2a}\right) q_i^2 + \frac{a}{2} \tag{5.35}$$

$$\hat{p}_{\delta_j} i_e \leqslant i_e \hat{p}_{\delta_j} \tanh\left(\frac{i_e \hat{p}_{\delta_j}}{\gamma_j}\right) + 0.2785 \gamma_j \tag{5.36}$$

式中：$p_{\delta_j} = \sup_{t>0} \| h_{\delta_j} \|$，$h_{\delta_u} = T_{u2}(\ \cdot\ ) k_{\delta_u} \lambda_2^{\delta_u} c_{j2} / (1 + \lambda_1^{\delta_u}(t) c_{u1}) - T_{u2}(\ \cdot\ ) \bar{\delta}_u]$，$h_{\delta_R} = F_r(\ \cdot\ ) k_{\delta_R} \lambda_2^{\delta_R} c_{R2} / (1 + \lambda_1^{\delta_R}(t) c_{R1}) - F_r(\ \cdot\ ) \bar{\delta}_R$。

结合控制律式（5.27）、自适应律式（5.28）和式（5.29）~式（5.36），式（5.31）可被写为

$$\begin{aligned}
\dot{V} \leqslant & -k_{ze} z_e^2 - \left(k_N - \frac{m_u + 1}{l_u} - \frac{b_u}{k_{un}}\right) u_e^2 - \left(k_M - \frac{m_r + 1}{l_r} - \frac{b_r}{k_{rn}}\right) r_e^2 - \\
& k_{\psi e} \psi_e^2 - \left(\frac{1}{l_u} - \frac{M_u^2}{4a} + \frac{m_u + 1}{4}\right) q_u^2 - \left(\frac{1}{l_r} - \frac{M_r^2}{4a} + \frac{m_r + 1}{4}\right) q_r^2 - \\
& \sigma_N \Gamma_{T_{u2}} \frac{T_{u2}^*(\ \cdot\ )}{\Gamma_{T_{u2}}} \tilde{\lambda}_{T_{u2}}^2 - \sigma_M \Gamma_{F_r} \frac{F_r^*(\ \cdot\ )}{\Gamma_{F_r}} \tilde{\lambda}_{F_r}^2 - \sigma_{p1} \sigma_{p2} \frac{1}{\sigma_{p1}} \tilde{p}_{\delta_u}^2 - \\
& \sigma_{p3} \sigma_{p4} \frac{1}{\sigma_{p3}} \tilde{p}_{\delta_R}^2 + k_{ze} \delta_\Delta z_e + \frac{\vartheta_u^2}{k_{un}} + \frac{\vartheta_r^2}{k_{rn}} + 2a + 0.2785 \gamma_u - \\
& \sigma_N T_{u2}^*(\ \cdot\ ) \tilde{\lambda}_{T_{u2}} (\lambda_{T_{u2}} - \hat{\lambda}_{T_{u2}}(0)) - \sigma_M F_r^*(\ \cdot\ ) \tilde{\lambda}_{F_r} (\lambda_{F_r} - \hat{\lambda}_{F_r}(0)) - \\
& \sigma_{p2} \tilde{p}_{\delta_u} (p_{\delta_u} - \hat{p}_{\delta_u}(0)) - \sigma_{p4} \tilde{p}_{\delta_R} (p_{\delta_R} - \hat{p}_{\delta_R}(0)) + 0.2785 \gamma_R
\end{aligned} \tag{5.37}$$

式（5.37）可进一步写为

$$\dot{V} \leqslant -2\kappa V + \varrho \tag{5.38}$$

式中：

$$\begin{aligned}
\kappa = \min \Bigg\{ & k_{ze}, k_{\psi e}, \left(k_N - \frac{m_u + 1}{l_u} - \frac{b_u}{k_{un}}\right), \left(k_M - \frac{m_r + 1}{l_r} - \frac{b_r}{k_{rn}}\right), \left(\frac{1}{l_u} - \frac{M_u^2}{4a} + \frac{m_u + 1}{4}\right), \\
& \left(\frac{1}{l_r} - \frac{M_r^2}{4a} + \frac{m_r + 1}{4}\right), \sigma_N \Gamma_{T_{u2}}, \sigma_M \Gamma_{F_r}, \sigma_{p1} \sigma_{p2}, \sigma_{p3} \sigma_{p4} \Bigg\}
\end{aligned} \tag{5.39}$$

$$\begin{aligned}
\varrho = & k_{ze} \delta_\Delta z_e + \frac{\vartheta_u^2}{k_{un}} + \frac{\vartheta_r^2}{k_{rn}} + 2a + 0.2785 \gamma_u + 0.2785 \gamma_R - \sigma_N T_{u2}^*(\ \cdot\ ) \tilde{\lambda}_{T_{u2}} (\lambda_{T_{u2}} - \hat{\lambda}_{T_{u2}}(0)) - \\
& \sigma_M F_r^*(\ \cdot\ ) \tilde{\lambda}_{F_r} (\lambda_{F_r} - \hat{\lambda}_{F_r}(0)) - \sigma_{p2} \tilde{p}_{\delta_u} (p_{\delta_u} - \hat{p}_{\delta_u}(0)) - \sigma_{p4} \tilde{p}_{\delta_R} (p_{\delta_R} - \hat{p}_{\delta_R}(0))
\end{aligned}$$

对式（5.38）积分，可得

$$V(t) \leqslant \varrho/2\kappa + (V(0) - \varrho/2\kappa) \exp(-2\kappa t) \tag{5.40}$$

根据闭环增益成形算法，$V(t)$ 将会最终收敛到 $\varrho/2\kappa$，并且通过适当调节控制参数，有界变量 ϱ 能够趋近为零。因此闭环系统中所有变量满足半全局一致最终有界稳定。

事件触发技术在控制系统中可能会产生 Zeno 现象，即在有限时间内发生无限次触发。接下来，将会证明本节所提算法能够有效地避免 Zeno 现象。触发间隔 $t_{k+1}^{\delta_j} - t_k^{\delta_j}$ 是正的常量，结合式（5.16）和式（5.17），可以得到

$$\frac{\mathrm{d}}{\mathrm{d}t} \mid e_{\delta_j} \mid = \mathrm{sign}(e_{\delta_j})\dot{e}_{\delta_j} \leqslant \mid \dot{\omega}_{\delta_j} \mid \tag{5.41}$$

由式（5.27）可知 ω_{δ_j} 是可微分的，且存在常量 ζ，满足 $\mid \dot{\omega}_{\delta_j} \mid \leqslant \zeta$。当 $e_{\delta_j}(t_k^{\delta_j}) = 0$，在趋近 $t_{k+1}^{\delta_j}$ 时，e_{δ_j} 收敛到 c_{j2}。因此，触发间隔满足 $t_{k+1}^{\delta_j} - t_k^{\delta_j} \geqslant c_{j2}/\zeta$，即 Zeno 现象被消除。

因此，证明完成。

5.1.4　仿真研究

为验证所提算法的有效性，本部分主要给出了在 4 级模拟海洋环境（图 5.2）下翼型风帆助航船基于航路点的路径跟踪仿真试验，并与现有文献[52]进行对比。航路点信息为 $W_1(0\mathrm{m},0\mathrm{m})$、$W_2(600\mathrm{m},0\mathrm{m})$、$W_3(600\mathrm{m},600\mathrm{m})$、$W_4(1200\mathrm{m},600\mathrm{m})$、$W_5(1200\mathrm{m},0\mathrm{m})$、$W_6(1800\mathrm{m},0\mathrm{m})$。为完成路径跟踪数值仿真，翼型风帆助航船的初始状态变量设置为 $[x(0),y(0),\phi(0),\psi(0),u(0),v(0),p(0),r(0),n(0),\delta_S(0),\delta_R(0)] = [-20\mathrm{m},0\mathrm{m},0°,0°,2\mathrm{m/s},0\mathrm{m/s},0\mathrm{rad/s},0\mathrm{rad/s},40\mathrm{RPM},0°,0°]$，控制参数设置为

$$\begin{cases} k_{ze}=0.5, k_{\psi e}=0.1, k_M=0.5, k_N=0.1, \\ \Gamma_{T_{u2}}=0.02, \Gamma_{F_r}=0.02, \sigma_M=0.35, \sigma_N=0.5, \\ k_{un}=0.2, k_{rn}=0.3, \gamma_u=0.01, \gamma_R=0.01 \end{cases} \tag{5.42}$$

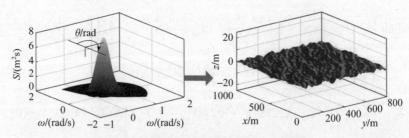

图 5.2　4 级海况下模拟海洋环境（见彩图）

此外，RBF-NNs 具有 25 个节点，标准差 $\xi_i = 3$，中心值 $\boldsymbol{\mu}_i$ 分布在 $[-2.5\mathrm{m/s} \times 2.5\mathrm{m/s}] \times [-2.5\mathrm{m/s} \times 2.5\mathrm{m/s}] \times [-2.5\mathrm{m/s} \times 2.5\mathrm{m/s}] \times$

$[-0.6\mathrm{rad/s} \times 0.6\mathrm{rad/s}]$ 上。

图 5.3 ~ 图 5.5 给出了在模拟海洋环境下翼型风帆助航船路径跟踪试验的主要数值仿真结果。图 5.3 为在本节所提算法和文献［52］算法（简称"对比算法 A"）控制下翼型风帆助航船的路径跟踪轨迹对比曲线，可以看出，两种算法都能使翼型风帆助航船有效收敛到基于航路点的参考路径上，并能够在迎风、顺风条件下实现 Z 型轨迹。与现有文献相比，本节提出的基于 LVS 制导的鲁棒自适应事件触发控制算法具有更好的跟踪性能，特别是在航路点附近能够获得平滑的转弯轨迹。图 5.4 为两种控制算法下翼型风帆助航船的控制输入对比曲线，值得注意的是，本节所提算法具有更合理的控制命令输入和控制实际输入（控制实际输入考虑了执行器伺服系统特性）。而且，控制命令只在事件触发时刻点被触发并传输到执行器伺服系统，这能够极大的降低控制信号的传输频率，从而减少了执行器的磨损。图 5.5 给出了两种控制算法在模拟海洋环境下的姿态变量 (ψ,ϕ,u,v) 对比曲线，结果表明，所提控制算法能明显减小翼型风帆助航船的横倾角，保证航行安全性。此外，从速度对比曲线中可以发现，本节所提算法不仅能够保证收敛到期望航速，并且速度抖振更小，具有良好的速度调节性能。图 5.6 给出了相关参数在线更新律，自适应参数能够补偿执行器增益不确定项和执行器故障带来的不利影响。图 5.7 表示所提算法的事件触发时间间隔，可以看出，所提算法不存在 Zeno 现象。

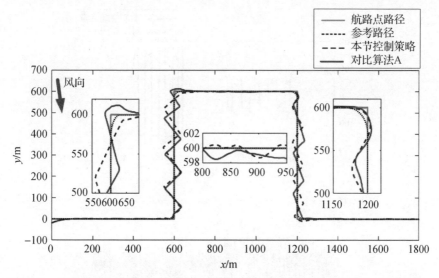

图 5.3　本节算法和文献［52］算法的路径跟踪轨迹对比（线型区分）（见彩图）

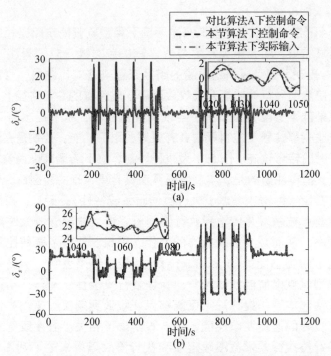

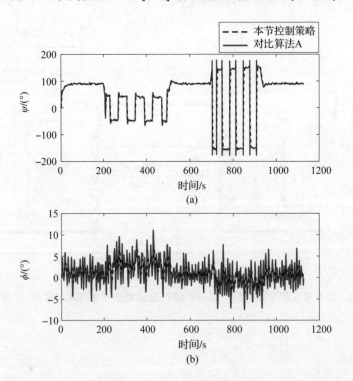

图 5.4   本节算法和文献［128］算法的控制输入对比（见彩图）

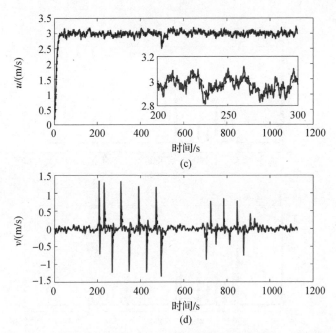

图 5.5　本节算法和文献［128］算法的控制输出对比（见彩图）

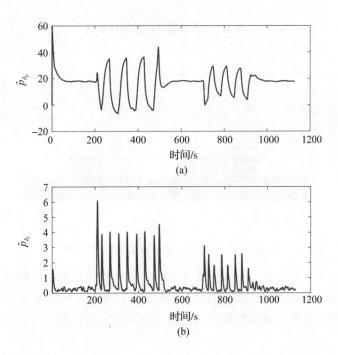

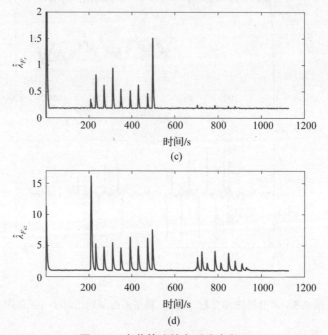

图5.6　本节算法的自适应参数

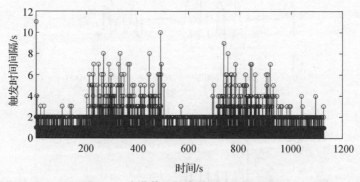

图5.7　本节算法的事件触发时间间隔

　　为进一步定量分析，引入3.1.4节中的三个性能指标对两种控制算法进行评价即 MAE、MAI 和 MTV。对比结果如表5.1所列，可以发现，本节所提控制算法在跟踪精度、速度性能以及能耗方面具有一定优势。

表 5.1　本节算法和文献 [52] 算法的量化对比结果

指标	对象	本节算法	文献 [52] 算法
MAE	$\psi_e/(°)$	2.867	3.926
	$u_e/(m/s)$	3.012	3.296
MAI	$\delta_R/(°)$	1.527	2.361
	$\delta_S/(°)$	22.364	29.682
MTV	$\delta_R/(°)$	0.6573	1.3469
	$\delta_S/(°)$	1.1322	2.8531

　　在工程实际中，控制算法主要在硬件计算机（PC）中执行，相关的负荷特性对理论算法的应用具有重要的意义。基于这方面的考虑，笔者使用负荷性能指标对两种控制算法的性能进行比较，包括计算占用内存（Computing Held Memory，CM）、运行时间（Elapsed Time，ET）、CPU 占用百分比（Occupancy Percentage，OP）和触发次数（Triggered Number，TN）。表 5.2 列出了本节算法和现有文献的负荷特性定量对比结果，从中可以看出本节所提算法在降低计算负载方面具有明显的优势。此外，以 0.01s 为系统采样周期，则本节算法的触发次数为 2893 次，文献的触发次数为 $1.13×10^5$ 次。因此本节所提算法能够有效地减少控制器与执行器之间通信信道的占用。

表 5.2　本节算法和文献 [52] 算法的计算负载对比数据

PC 型号	对象	本节算法	文献 [52] 算法
Inter（R）Core（TM）i7 - 6800 HQ CPU @ 2.40GHz，RAM：4.00GB	CM	512072kb	799064kb
	ET	12.5s	53.6s
	OP	29%	54%
	TN	2893	$1.13×10^5$

5.2　具有帆力补偿机制的翼型风帆助航船多端口事件触发控制

　　5.1 节针对以风帆作为主推进力的翼型风帆助航船提出了一种鲁棒自适应事件触发控制策略，即控制算法设计过程中以翼型风帆为主，在迎风和顺风航行时仍考虑 Z 型路径策略。实际上，随着 IMO 对碳排放的要求不断提高，针对大型船舶的脱碳行动迫在眉睫。对于大型风帆助航船来说，完全依赖于风帆驱动不切实际，其主要推进力仍由传统能源驱动螺旋桨提供，而风帆仅提供部分补偿推力，节省一定的能源消耗。例如，"凯力号"依靠海上风力大大地降低了船舶发动机的负载功率，平均每天可节省 3% 的燃油消耗。此外，控制器－执行器信道事件触发技术的本质是降低控制命令的传输频率，避免执行器磨损。但是控制命令不断更新的源头是由于待镇定误差实时变化，借鉴于输入端事件触发思想，将事件触发规则应用于运动学误差方程中，能够减少系统全信道信号传输复杂。因此，研究以风帆作为辅助推力的翼型风帆助航船路径跟踪控制算法对拓展翼型帆在大型船舶上的工程应用具有重要意义。

本节的主要研究工作分为两点：

（1）区别于现有基于输入端的事件触发方法，针对翼型风帆助航船路径跟踪控制任务提出了一种多端口事件触发方法，针对状态输出误差设计触发机制，降低了闭环系统内传感器－控制器－执行器信道通信负载和信号传输频率。实现了对螺旋桨推进器和舵机两个控制输入自由度的异步独立触发，实现了通信负载和控制性能之间的优化平衡。

（2）针对翼型风帆助航船构建了帆力补偿机制，在迎风和顺风场景下，帆结构放倒或调整帆角为零，减少阻力产生。在横风航行时，在满足安全约束条件下产生最大推力，减少燃油消耗。通过数值对比实验验证了控制方案的有效性，并且进一步搭建了"INAC 3"翼型风帆助航船，在凌海码头进行水上实验，取得了良好的控制效果。

5.2.1 问题描述

不同于 5.1 节翼型风帆助航船数学模型，本节所提出的船舶模型以螺旋桨为主推进力装备。为了方便开展翼型风帆助航船鲁棒自适应控制研究，在帆式船舶四自由度模型式（2.8）、式（2.9）的基础上，可以得到本节所用翼型风帆助航船非线性数学模型，可表示为

$$\begin{cases} \dot{x} = u\cos\psi - v\cos\phi\sin\psi \\ \dot{y} = u\sin\psi + v\cos\phi\cos\psi \\ \dot{\phi} = p \\ \dot{\psi} = r\cos\phi \end{cases} \tag{5.43}$$

$$\begin{cases} \dot{u} = \dfrac{m_v}{m_u}vr + \dfrac{f_u(\nu)}{m_u} + \dfrac{1}{m_u}(\tau_{us} + \tau_{up}) + d_{wu} \\[2mm] \dot{v} = \dfrac{m_u}{m_v}ur + \dfrac{f_v(\nu)}{m_v} + d_{wv} \\[2mm] \dot{p} = \dfrac{g(\phi)}{m_p} + \dfrac{f_p(\nu)}{m_p} + d_{wp} \\[2mm] \dot{r} = \dfrac{m_u - m_v}{m_r}uv + \dfrac{f_r(\nu)}{m_r} + \dfrac{1}{m_r}\tau_r + d_{wr} \end{cases} \quad (5.44)$$

且有

$$\begin{cases} \tau_r = -\dfrac{1}{2}\dfrac{6.13\lambda_R}{\lambda_R + 2.25}(x_R + \alpha_H x_H)\rho_w A_R U_R^2 \delta \\[2mm] \tau_{up} = (1 - t_p)\rho_w D_p^4 K_T(J_p)\,|\,n\,|\,n \\[2mm] \tau_{us} = \dfrac{1}{2}\rho_a A_s U_{aw}^2 \sin(\beta_{ws})C_L(\alpha_s) \end{cases} \quad (5.45)$$

式中：相关变量含义见 2.1 节，风力系数的拟合结果同 3.1.1 节。

5.2.2 针对翼型风帆助航船的虚拟制导

本节中制导策略不同于 5.1.2 节，以螺旋桨为主动力的帆式船舶不再受限于风场条件。因此，制导算法核心要素仅包括 LVS，能够根据航路点信息实时规划演绎参考路径，具体如下：对于直线 $W_{i-1} \rightarrow P_{\text{in}W_i} \rightarrow P_{\text{out}W_i} \rightarrow W_{i+1}$，LVS 以期望速度航行，且期望艏向角可以由 $\psi_{d_{i-1}} = \arctan((y_i - y_{i-1})/(x_i - x_{i-1}))$ 得到；对于曲线段路径 $P_{\text{in}W_i} \rightarrow P_{\text{out}W_i}$，LVS 以角速度 $r_d = u_d/R_i$ 航行，其中，转向半径 R_i 可以根据实时路径变化角 $\Delta\psi_{d_i} = \psi_{d_i} - \psi_{d_{i-1}}$ 推导出来，可表示为

$$R_i = \begin{cases} R_{\min}, & |\Delta\psi_{d_i}| > \pi/2 \\[3mm] \dfrac{(R_{\max} - R_{\min})\Delta\psi_{d_i}}{\text{sgn}(\Delta\psi_{d_i})\dfrac{\pi}{2}}, & |\Delta\psi_{d_i}| \leqslant \pi/2 \end{cases} \quad (5.46)$$

式中：$R_{\min}$ 和 $R_{\max}$ 的取值取决于帆式船舶的操纵性能；sgn 为符号函数。

进一步，可以推导出实船到 LVS 的参考信号，可表示为

$$\psi_r = \begin{cases} \dfrac{1}{2}[1 - \text{sgn}(x_e)]\text{sgn}(y_e)\pi + \arctan\left(\dfrac{y_e}{x_e}\right), & z_e \neq 0 \\[3mm] \psi_d, & z_e = 0 \end{cases} \quad (5.47)$$

式中：$x_e = x_r - x$；$y_e = y_r - y$。位置误差和艏向角 z_e、ψ_e 可表示为

$$z_e = \sqrt{x_e^2 + y_e^2}, \psi_e = \psi_r - \psi \qquad (5.48)$$

5.2.3　考虑帆力补偿的翼型风帆助航船多端口事件触发控制

本节研究对象为螺旋桨为主动力的大型船舶，其巨大的龙骨结构可以抵消由于外部干扰产生的横倾力矩。因此，在本节控制器设计中，将翼型帆式船舶运动数学模型式（5.43）中 ϕ 假定为 $\phi \approx 0$。下面给出控制器设计和稳定性分析过程。

1. 控制器设计

步骤 1：受到基于输入端的事件触发机制启发，针对闭环控制系统输出误差设计多端口事件触发机制，目的在于降低控制器设计中误差的时变更新频率，从而降低闭环控制系统中控制律的实时更新。设计触发信号为

$$\begin{cases} \psi_e(t) = \psi_e^*(t_k^\delta), t \in [t_k^\delta, t_{k+1}^\delta) \\ z_e(t) = z_e^*(t_k^n), t \in [t_k^\delta, t_{k+1}^\delta) \end{cases} \qquad (5.49)$$

多端口事件触发规则设计为

$$\begin{cases} t_{k+1}^\delta = \inf\{t > t_k^\delta \mid |\tilde{\psi}_e(t)| \geq c_1 |\psi_e(t)| + c_2\} \\ t_{k+1}^n = \inf\{t > t_k^n \mid |\tilde{z}_e(t)| \geq d_1 |z_e(t)| + d_2\} \end{cases} \qquad (5.50)$$

式中：$\tilde{\psi}_e(t) = \psi_e^*(t_k^\delta) - \psi_e(t)$；$\tilde{z}_e(t) = z_e^*(t_k^n) - z_e(t)$；$c_1$ 和 d_1 为正阈值参数；c_2 和 d_2 是为了避免 Zeno 现象设置的正的小量。该规则下，如果误差信号 ψ_e 和 z_e 满足触发条件，相应的变量在时间 $[t_k^j, t_{k+1}^j], j = \delta, n$ 保持不变。

基于事件触发规则式（5.50），在所有时间域内均满足 $|\psi_e^*(t_k^\delta) - \psi_e(t)| \leq c_1 |\psi_e(t)| + c_2$ 和 $|z_e^*(t_k^n) - z_e(t)| \leq d_1 |z_e(t)| + d_2$。根据误差信号的正负性，可以分为如下两种情况考虑。

情况 1：如果 $\psi_e \geq 0$ 且 $z_e \geq 0$，有 $-c_1\psi_e(t) - c_2 \leq \psi_e^*(t_k^\delta) - \psi_e(t) \leq c_1\psi_e(t) + c_2$ 和 $-d_1z_e(t) - d_2 \leq z_e^*(t_k^n) - z_e(t) \leq d_1z_e(t) + d_2$，进一步可以得到

$$\begin{cases} \psi_e^*(t_k^\delta) - \psi_e(t) = \lambda_\delta(c_1\psi_e(t) + c_2), \lambda_\delta \in [-1, 1] \\ z_e^*(t_k^n) - z_e(t) = \lambda_n(d_1z_e(t) + d_2), \lambda_n \in [-1, 1] \end{cases} \qquad (5.51)$$

情况 2：如果 $\psi_e < 0$ 且 $z_e < 0$，有 $c_1\psi_e(t) - c_2 \leq \psi_e^*(t_k^\delta) - \psi_e(t) \leq -c_1\psi_e(t) + c_2$ 和 $d_1z_e(t) - d_2 \leq z_e^*(t_k^n) - z_e(t) \leq -d_1z_e(t) + d_2$，进一步可以得到

$$\begin{cases} \psi_e^*(t_k^\delta) - \psi_e(t) = \lambda_\delta(c_1\psi_e(t) - c_2), \lambda_\delta \in [-1, 1] \\ z_e^*(t_k^n) - z_e(t) = \lambda_n(d_1z_e(t) - d_2), \lambda_n \in [-1, 1] \end{cases} \qquad (5.52)$$

结合情况 1 和情况 2，可以得到

$$\begin{cases} \psi_e^*(t_k^\delta) - \psi_e(t) = \lambda_{\delta 1} c_1 \psi_e(t) + \lambda_{\delta 2} c_2 \\ z_e^*(t_k^n) - z_e(t) = \lambda_{n1} d_1 z_e(t) + \lambda_{n2} d_2 \end{cases} \tag{5.53}$$

且有

$$\begin{cases} \lambda_{\delta 1} = \mathrm{sgn}(\psi_e) \lambda_{\delta 2} = \lambda_\delta \\ \lambda_{n1} = \mathrm{sgn}(z_e) \lambda_{n2} = \lambda_n \end{cases} \tag{5.54}$$

进一步可以得到

$$\begin{cases} \psi_e^* = (1 + \lambda_{\delta 1} c_1) \psi_e + \lambda_{\delta 2} c_2 \\ z_e^* = (1 + \lambda_{n1} d_1) z_e + \lambda_{n2} d_2 \end{cases} \tag{5.55}$$

结合式（5.48）和式（5.55），可以得到

$$\begin{cases} \dot{z}_e^* = (1 + \lambda_{n1} d_1)(\dot{x}_d \cos(\psi_r) + \dot{y} \sin(\psi_r) - u\cos(\psi_e) - v\sin(\psi_e)) \\ \dot{\psi}_e^* = (1 + \lambda_{\delta 1} c_1)(r - \dot{\psi}_r) \end{cases} \tag{5.56}$$

为了镇定运动学误差 z_e^* 和 ψ_e^*，设计虚拟控制率为

$$\begin{cases} \alpha_u^* = \dfrac{1}{1 + \lambda_{n1} d_1} \dfrac{1}{\cos(\psi_e)} (k_{ze}(z_e^* - \delta_\Delta) + \dot{x}_d \cos(\psi_r) + \dot{y}\sin(\psi_r) - v\sin(\psi_e)) \\ \alpha_r^* = \dfrac{1}{1 + \lambda_{\delta 1} c_1} k_{\psi e} \psi_e^* + \dot{\psi}_r \end{cases} \tag{5.57}$$

式中：k_{ze} 和 $k_{\psi e}$ 为正的设计参数。

为了避免反步法设计中对虚拟控制律求导引起计算复杂度爆炸，在此引入 DSC 技术，即让 α_u^* 和 α_r^* 通过一阶滤波器 β_u^* 和 β_r^*，可表示为

$$\epsilon_u \dot{\beta}_u^* + \beta_u^* = \alpha_u^*, \beta_u^*(0) = \alpha_u^*(0), y_u^* = \alpha_u^* - \beta_u^*$$
$$\epsilon_r \dot{\beta}_r^* + \beta_u^* = \alpha_r^*, \beta_r^*(0) = \alpha_r^*(0), y_r^* = \alpha_r^* - \beta_r^* \tag{5.58}$$

式中：ϵ_u 和 ϵ_r 为小的正值；y_u^* 和 y_r^* 为动态面误差，并且其时间导数可以推导为

$$\begin{cases} \dot{y}_u^* = -\dot{\beta}_u^* + \dot{\alpha}_u^* \\ \quad = -\dfrac{y_u^*}{\epsilon_u} + \dfrac{\partial \alpha_u^*}{\partial x} \dot{x} + \dfrac{\partial \alpha_u^*}{\partial y} \dot{y} + \dfrac{\partial \alpha_u^*}{\partial x_r} \dot{x}_r + \dfrac{\partial \alpha_u^*}{\partial y_r} \dot{y}_r + \\ \qquad \dfrac{\partial \alpha_u^*}{\partial \psi} \dot{\psi} + \dfrac{\partial \alpha_u^*}{\partial \psi_r} \dot{\psi}_r + \dfrac{\partial \alpha_u^*}{\partial u_d} \dot{u}_d \\ \quad = -\dfrac{y_u^*}{\epsilon_u} + B_u(\,\cdot\,) \\ \dot{y}_r^* = -\dfrac{y_r^*}{\epsilon_r} + B_r(\,\cdot\,) \end{cases} \tag{5.59}$$

式中：$B_u(\,\cdot\,)$ 和 $B_r(\,\cdot\,)$ 为连续函数且存在正常数 M_u 和 M_r，分别满足 $|B_u(\,\cdot\,)| \leqslant$

M_u，$\mid B_r(\cdot)\mid\leqslant M_r$。

步骤 2：定义误差变量为 $u_e^* =\alpha_u^* - u^*$ 和 $r_e^* =\alpha_r^* - r^*$，其导数值为

$$\begin{cases} \dot{u}_e^* = \dot{\beta}_u^* - \left[\dfrac{m_v}{m_u}v^* r^* - \dfrac{f_u^*(\nu)}{m_u} + \tau_{us} + \tau_{up}^* + d_{wu}\right] \\[3mm] \dot{r}_e^* = \dot{\beta}_r^* - \left[\dfrac{m_u - m_v}{m_r}u^* v^* - \dfrac{f_r^*(\nu)}{m_r} + \tau_r^* + d_{wr}\right] \end{cases} \tag{5.60}$$

针对式（5.60）中的非线性项 $f_i^*(\nu)$，$i = u、r$，根据引理 3.2，利用 RBF 神经网络进行在线逼近，可表示为

$$\begin{aligned} f_i^*(\nu) &= S(\nu)A_i\nu^* + \varepsilon(\nu) \\ &= S(\nu)A_i\beta_\nu^* - S(\nu)A_i\nu_e^* + \varepsilon(\nu) \\ &= S(\nu)A_i\beta_\nu^* - b_i S(\nu)\varpi_i + \varepsilon(\nu) \end{aligned} \tag{5.61}$$

式中：$\beta_\nu^* = [\beta_u^*, \nu^*, p^*, \beta_r^*]$；$\nu_e^* = [u_e^*, 0, 0, r_e^*]$。定义常数 $b_i = \parallel A_i \parallel_F$ 且其归一化项 $A_i^m = A_i/\parallel A_i \parallel_F$，因此可以得到 $\varpi_i = A_i^m\nu_e^*$，$b_i\varpi_i = A_i\nu_e^*$。为了进一步简化控制设计过程，构造鲁棒神经阻尼项 $\parallel \xi_i \parallel$，可以表示为

$$\parallel \xi_u^* \parallel = \parallel S(\nu)A_u\beta_u^* - m_v v^* r^* + \varepsilon_u - m_u d_{wu} \parallel \leqslant$$
$$\parallel S(\nu)A_u\beta_u^* + d_u \chi_u(\nu) + \overline{\varepsilon}_u + m_u \overline{d}_{wu} \parallel \leqslant \theta_u \varphi_u^*$$
$$\parallel \xi_r^* \parallel \leqslant \theta_r \varphi_r^* \tag{5.62}$$

式中：$\chi_u(\nu) = v^{*2}/4 + r^{*2}$；$\theta_i$ 和 φ_i^*，$i = u、r$ 分别为未知鲁棒参数项和阻尼项，可表示为

$$\begin{cases} \theta_i = \max\{\parallel A_i \parallel_F, d_i, \overline{\varepsilon}_i + m_i \overline{d}_{wi}\} \\[2mm] \varphi_i^* = 1 + \dfrac{1}{4}v^{*2} + i^{*2} + \parallel S(\nu) \parallel \parallel \beta_\nu^* \parallel \end{cases} \tag{5.63}$$

式中：$d_i > 0$，$i = u、r$ 为正的模型常数。结合式（5.61）、式（5.62），误差变量可以重写为

$$\begin{cases} \dot{u}_e^* = \dfrac{1}{m_u}[m_u \dot{\beta}_u^* + \xi_u^* - S(\nu)A_u u_e^* - m_u(\tau_{us} + \tau_{up}^*)] \\[3mm] \dot{r}_e^* = \dfrac{1}{m_r}[m_r \dot{\beta}_r^* + \xi_r^* - S(\nu)A_r r_e^* - m_u \tau_r^*] \end{cases} \tag{5.64}$$

式中：螺旋桨的推力 τ_{up}^* 和转动力矩 τ_r^* 与主机转速和舵角有关，具体表达为

$$\begin{cases} \tau_{up}^* = T_u(\cdot)\mid n \mid n \\[2mm] \tau_r^* = F_r(\cdot)\delta \end{cases} \tag{5.65}$$

此处引入两个在线学习参数 $\hat{\lambda}_{T_u}^*$、$\hat{\lambda}_{F_r}^*$ 来补偿系统增益函数的不确定性，其

中，$\hat{\lambda}_{T_u}^*$、$\hat{\lambda}_{F_r}^*$ 分别为 $\lambda_{T_u}^* = [1/m_u T_u(\cdot)]$ 和 $\lambda_{F_r}^* = [1/m_r F_r(\cdot)]$ 的估计值。最终，可以设计控制律和自适应律为

$$\begin{cases} n = \mathrm{sgn}(\hat{\lambda}_{T_u}^* \cdot \alpha_n^*) \sqrt{|\hat{\lambda}_{T_u}^* \cdot \alpha_n^*|}, \delta = \hat{\lambda}_{F_r}^* \cdot \alpha_\delta^* a \\[2mm] \alpha_n^* = k_u u_e^* + \dot{\beta}_u^* + \dfrac{1}{4} k_{un}(\varphi_u^{*2} + S(\boldsymbol{\nu})^{\mathrm{T}} S(\boldsymbol{\nu})) u_e^* - m_u \tau_{\mathrm{us}} \\[2mm] \alpha_\delta^* = k_r r_e^* + \dot{\beta}_r^* + \dfrac{1}{4} k_{rn}(\varphi_r^{*2} + S(\boldsymbol{\nu})^{\mathrm{T}} S(\boldsymbol{\nu})) r_e^* \end{cases} \tag{5.66}$$

$$\begin{cases} \hat{\lambda}_{T_u}^* = \gamma_{T_u} [\mathrm{sgn}(m_u T_u(\cdot)) \alpha_n^* u_e^* - \sigma_u(\hat{\lambda}_{T_u}^* - \hat{\lambda}_{T_u}(0))] \\[2mm] \hat{\lambda}_{F_r}^* = \gamma_{F_r} [\mathrm{sgn}(m_r F_r(\cdot)) \alpha_\delta^* r_e^* - \sigma_r(\hat{\lambda}_{F_r}^* - \hat{\lambda}_{F_r}(0))] \end{cases} \tag{5.67}$$

式中：k_u、k_r、k_{un} 和 k_{rn} 为正控制参数；γ_{T_u}、γ_{F_r}、σ_u 和 σ_r 为正适应参数。

多端口事件触发机制下，只有当状态误差变量满足事件触发规则时，才会产生相应的控制律和自适应律。此外，鲁棒神经阻尼技术不需要更新神经网络权重，并利用动态面技术避免了虚拟求导引起的“复杂度爆炸”的问题，所提控制算法具有形式简捷，计算量低，传输负载小的优点。

2. 稳定性分析

为便于分析翼型风帆助航船路径跟踪控制系统的稳定性，给出定理 5.2。

定理 5.2　在假设 2.1 ~ 2.3 下，考虑船舶运动数学模型式（5.43）和式（5.44），事件触发规则式（5.50），鲁棒自适应律式（5.56）和增益相关的更新律式（5.67），可以得到如下结果：

（1）闭环控制系统的所有信号均满足半全局一致最终有界稳定。

（2）通过调整设计参数，跟踪误差信号 z_e^* 和 ψ_e^* 将收敛于零的邻域内。

（3）触发区间内的误差信号满足有界稳定。

（4）所提事件触发控制算法不存在 Zeno 现象。

证明： 构建李雅普诺夫函数为

$$V_{t_k} = \frac{1}{2}(z_e^* - \delta_\Delta)^2 + \frac{1}{2}\psi_e^{*2} + \frac{1}{2}m_u u_e^{*2} + \frac{1}{2}m_r r_e^{*2} + \frac{1}{2}y_u^{*2} +$$
$$\frac{1}{2}y_r^{*2} + \frac{1}{2}\frac{|m_u T_u(\cdot)|}{\gamma_{T_u}}\tilde{\lambda}_{T_u}^{2*} + \frac{1}{2}\frac{|m_r F_r(\cdot)|}{\gamma_{F_r}}\tilde{\lambda}_{F_r}^{2*} \tag{5.68}$$

其时间导数 $\dot{V}_{t_k}$ 表示为

$$\dot{V}_{t_k} = (z_e^* - \delta_\Delta)\dot{z}_e^* + \psi_e^* \dot{\psi}_e^* + m_u u_e^* \dot{u}_e^* + m_r r_e^* \dot{r}_e^* +$$
$$y_u^* \dot{y}_u^* + y_r^* \dot{y}_r^* + \frac{1}{2}\frac{|m_u T_u(\cdot)|}{\gamma_{T_u}}\tilde{\lambda}_{T_u}^* \dot{\tilde{\lambda}}_{T_u}^* +$$

$$\frac{1}{2}\frac{|m_r F_r(\,\cdot\,)|}{\gamma_{F_r}}\widetilde{\lambda}_{F_r}^*\dot{\widetilde{\lambda}}_{F_r}^* \tag{5.69}$$

将式（5.57）和式（5.64）代入式（5.69），可以推导出

$$\dot{V}_{t_k} = (z_e^* - \delta_\Delta)(1 + \lambda_{n1}d_1)\dot{z}_e + \psi_e^*(1 + \lambda_{\delta1}c_1)(r - \dot{\psi}_r) +$$
$$u_e^*[m_u\dot{\beta}_u^* + \xi_u^* - S(\nu)A_u u_e^* - m_u(\tau_{\text{us}}^* + \tau_{\text{up}}^*)] +$$
$$r_e^*[m_r\dot{\beta}_r^* + \xi_r^* - S(\nu)A_r r_e^* - m_r\tau_r^*] -$$
$$\frac{1}{2}\frac{|m_u T_u(\,\cdot\,)|}{\gamma_{T_u}}\widetilde{\lambda}_{T_u}^*\dot{\widetilde{\lambda}}_{T_u}^* - \frac{1}{2}\frac{|m_r F_r(\,\cdot\,)|}{\gamma_{F_r}}\widetilde{\lambda}_{F_r}^*\dot{\widetilde{\lambda}}_{F_r}^* \tag{5.70}$$

为便于稳定性分析，引入杨氏不等式，即

$$\xi_i^* i_e^* - b_i S(\nu)\varpi_i i_e^* \leqslant \frac{1}{4}k_{in}[\varphi_u^* + S(\nu)^T S(\nu)]i_e^{*2} + \frac{\theta_u^2}{k_{in}} + \frac{b_u^2 \varpi_i^T \varpi_i}{k_{in}} \tag{5.71}$$

$$\varpi_i^T \varpi_i = \|A_i^m i_e^*\|^2 = \frac{|\varpi_1 w_1 \cdots \varpi_l \varpi_l|}{\|A_i\|^2}i_e^* i_e^* = i_e^{*2} \tag{5.72}$$

$$m_i\dot{\beta}_i^* i_e^* - \dot{\beta}_i^* i_e^* \leqslant \frac{m_i + 1}{4}y_i^{*2} + \frac{m_i + 1}{\epsilon_i}i_e^{*2} \tag{5.73}$$

$$y_i^*\dot{y}_i^* = -\frac{y_i^{*2}}{\epsilon_i} - y_i^*\dot{\alpha}_i^* \leqslant -\left(\frac{1}{\epsilon_i} - \frac{M_i^2}{4a}\right)y_i^{*2} + a \tag{5.74}$$

根据控制律式（5.66）、自适应律式（5.67）和不等式（5.71）~式（5.74），式（5.70）可进一步表示为

$$\dot{V}_{t_k} \leqslant -k_{z_e}(z_e^* - \delta_\Delta)^2 - k_{\psi_e}\psi_e^{*2} -$$
$$\left(k_u - \frac{b_u^2}{k_{un}} - \frac{m_u + 1}{\epsilon_u}\right)u_e^{*2} - \left(k_r - \frac{b_r^2}{k_{rn}} - \frac{m_r + 1}{\epsilon_r}\right)r_e^{*2} -$$
$$\left(\frac{1}{\epsilon_u} - \frac{M_u^2}{4a} - \frac{m_u + 1}{4}\right)y_u^{*2} -$$
$$\left(\frac{1}{\epsilon_r} - \frac{M_r^2}{4a} - \frac{m_r + 1}{4}\right)y_r^{*2} - \frac{|m_u T_u(\,\cdot\,)|\sigma_u \gamma_{T_u}}{\gamma_{T_u}}\frac{\gamma_{T_u}}{2}\widetilde{\lambda}_{T_u}^{2*} -$$
$$\frac{|m_r F_r(\,\cdot\,)|\sigma_r}{\gamma_{F_r}}\frac{\gamma_{F_r}}{2}\widetilde{\lambda}_{F_r}^{2*} + \frac{\theta_r^2}{k_{rn}} + \frac{\theta_u^2}{k_{un}} +$$
$$\frac{|m_u T_u(\,\cdot\,)|\sigma_u}{2}(\lambda_{T_u}^* - \lambda_{T_u}(0)) +$$
$$\frac{|m_r F_r(\,\cdot\,)|\sigma_r}{2}(\lambda_{F_r}^* - \lambda_{F_r}(0)) + 2a \tag{5.75}$$

定义变量 $\kappa = \min\left\{k_{ze}, k_{\psi e}, \left(k_u - \dfrac{b_u^{\ 2}}{k_{un}} - \dfrac{m_u + 1}{\epsilon_u}\right)\left(k_r - \dfrac{b_r^{\ 2}}{k_{rn}} - \dfrac{m_u + 1}{\epsilon_u}\right), \left(\dfrac{1}{\epsilon_u} - \dfrac{M_u^{\ 2}}{4a} - \dfrac{m_u + 1}{4}\right)\right.$

$\left.\left(\dfrac{1}{\epsilon_r} - \dfrac{M_r^{\ 2}}{4a} - \dfrac{m_r + 1}{4}\right), \dfrac{1}{2}\gamma_{T_r}\sigma_u, \dfrac{1}{2}\gamma_{F_r}\sigma_r\right\}$ 和 $\varrho = \dfrac{\theta_u^2}{k_{un}} + \dfrac{|m_u T_u(\cdot)|\sigma_u}{2}(\lambda_{T_u}^* - \lambda_{T_u}(0))$

$+ \dfrac{\theta_r^2}{k_{rn}} + 2a + \dfrac{|m_r F_r(\cdot)|\sigma_r}{2}(\lambda_{F_r}^* - \lambda_{F_r}(0))$，式（5.75）可以进一步表示为

$$\dot{V}_{t_k} \le -2\kappa V_{t_k} + \varrho \tag{5.76}$$

对式（5.76）两边积分得到 $\dot{V}_{t_k} \le \varrho/2\kappa + (V_{t_k}(0) - \varrho/2\kappa)\exp(-2\kappa t)$，进一步说明闭环系统中所有误差信号均满足半全局一致最终有界稳定。通过选择合适的设计参数，闭环系统内跟踪误差可以收敛于零的邻域内。

需要说明，本节算法采用多端口事件触发方法，减少了从传感器到控制器以及控制器到执行器的计算负载和信号传输负载。也就是说，状态误差触发时，相应的控制变量保持不变。所提出的事件触发控制器的稳定性已在式（5.75）中得到证明。但是，还需要分析触发间隔 $t_{k+1} - t_k$ 内实际误差的稳定性。利用不等式定理，可以保证执行间隔 $t_{k+1} - t_k$ 内的所有误差信号都满足有界稳定。

结合式（5.49）和式（5.50），触发间隔 $t_{k+1} - t_k$ 内的状态误差变量 ψ_e 和 z_e 可描述为

$$\begin{cases} \psi_e = \psi_e^* + \tilde{\psi}_e \le \left(\dfrac{1}{1 + c_1}\right)\psi_e^* - \dfrac{c_2}{1 + c_1} \\[3mm] z_e = z_e^* + \tilde{z}_e \le \left(\dfrac{1}{1 + d_1}\right)z_e^* - \dfrac{d_2}{1 + d_1} \end{cases} \tag{5.77}$$

对其求导，可得到

$$\begin{cases} \dot{\psi}_e \le \left(\dfrac{1}{1 + c_1}\right)\dot{\psi}_e^* \\[3mm] \dot{z}_e \le \left(\dfrac{1}{1 + d_1}\right)\dot{z}_e^* \end{cases} \tag{5.78}$$

进一步，构建 Lyapunov 函数为

$$V_{t_k \to t_{k+1}} = \dfrac{1}{2}\psi_e^2 + \dfrac{1}{2}(z_e - \delta_\Delta)^2 \tag{5.79}$$

结合式（5.56）、式（5.77）和式（5.78），可以得到 $\dot{V}_{t_k \to t_{k+1}}$ 为

$$\dot{V}_{t_k \to t_{k+1}} = \psi_e \dot{\psi}_e + (z_e - \delta_\Delta)\dot{z}_e$$

$$\le \left[\left(\dfrac{1}{1 + c_1}\right)\psi_e^* - \dfrac{c_2}{1 + c_1}\right]\left(\dfrac{1}{1 + c_1}\right)\dot{\psi}_e^* +$$

$$\left[\left(\frac{1}{1+d_1}\right)z_e^* - \frac{d_2}{1+d_1}\right]\left(\frac{1}{1+d_1}\right)\dot{z}_e^*$$

$$\leqslant \left(\frac{1}{1+c_1}\right)^2 \psi_e^* \dot{\psi}_e^* + \left(\frac{1}{1+d_1}\right)^2 z_e^* \dot{z}_e^* + \varPi$$

$$\leqslant \zeta \dot{V}_{t_k}(\psi_e^*, z_e^*) + \varPi \tag{5.80}$$

且有

$$\begin{cases} \zeta = \max\left\{\dfrac{1}{(1+c_1)^2}, \dfrac{1}{(1+d_1)^2}\right\} \\ \varPi = \max\left\{\left(\dfrac{c_2}{(1+c_1)^2}\right)\dot{\psi}_e^* + \left(\dfrac{d_2}{(1+d_1)^2}\right)\dot{z}_e^*\right\} \end{cases} \tag{5.81}$$

式中两个变量均为有界值, 结合式 (5.80) 可知, $\dot{V}_{t_k \to t_{k+1}}$ 是有界稳定。

对于事件触发的控制, 可能会发生 Zeno 现象, 造成触发次数无限多。下面证明本节所提多端口事件触发机制不存在 Zeno 现象。假定时间间隔 $t_{k+1} - t_k$ 在 $\forall k \in Z^+$ 内是正的常数, 结合事件触发机制式 (5.49) 和式 (5.50), 可得

$$\begin{cases} \dfrac{\mathrm{d}}{\mathrm{d}t}\mid \tilde{\psi}_e \mid = \mathrm{sgn}(\tilde{\psi}_e)\dot{\tilde{\psi}}_e \leqslant \mid \dot{\psi}_e^*(t) \mid \\ \dfrac{\mathrm{d}}{\mathrm{d}t}\mid \tilde{z}_e \mid = \mathrm{sgn}(\tilde{z}_e)\dot{\tilde{z}}_e \leqslant \mid \dot{z}_e^*(t) \mid \end{cases} \tag{5.82}$$

式 (5.53) 中, $\psi_e^*(t)$ 和 $z_e^*(t)$ 是可微的且存在常数 ζ_ψ 和 ζ_z, 分别满足 $\mid \psi_e^*(t) \mid \leqslant \zeta_\psi$ 和 $\mid z_e^*(t) \mid \leqslant \zeta_z$。当 $\tilde{\psi}_e^*(t_k) = 0$ 和 $\tilde{z}_e^*(t_k) = 0$ 时, 可以得到 $\lim\limits_{t \to t_{k+1}} \tilde{\psi}_e(t) = c_2$ 和 $\lim\limits_{t \to t_{k+1}} \tilde{z}_e(t) = d_2$。因此, 时间间隔满足 $t_{k+1} - t_k \geqslant \min\{(c_2/\zeta_\psi), (d_2/\zeta_z)\}$, 即可证明不存在 Zeno 现象。

所提多端口事件触发控制能够根据推进器和舵机设备的不同动态特性异步独立触发, 这对于保证闭环控制系统性能十分重要。此外, 触发间隔大小与触发阈值参数 c_1 和 d_1 的取值大小有关, 具体选取上, 通常选取 c_1 和 d_1 较小的值以确保控制系统的跟踪有效性, 然后逐渐增加其数值, 并在通信负载与跟踪精度之间取折中。

本节所提多端口事件触发控制算法是基于输出误差信息而不是控制输入进行设计的。因此, 应通过李雅普诺夫定理证明触发时间点和触发间隔内的误差变量稳定性, 这会增加稳定性分析的难度。

5.2.4 数值仿真及实船试验

本节通过 2 个实例验证所提控制方案的优势性与工程应用可行性。实例 1

为模拟海洋环境干扰下翼型风帆助航船路径跟踪数值仿真，实例 2 为现实海洋环境下"INAC - 3"号翼型风帆助航船实船试验。

1. 对比实验

为验证所提算法在计算负载和鲁棒性方面的优势，将所提算法与所提算法不考虑事件触发机制（Non - event - triggered Rule，NETR）以及文献［52］算法（简称"对比算法 A"）进行对比。初始状态 $[x(0),y(0),\phi(0),\psi(0),$ $u(0),v(0),p(0),r(0),\delta_s(0),n(0),\delta(0)] = [-10\text{m},10\text{m},0°,0°,1\text{m/s},$ $0\text{m/s},0(°)/\text{s},0(°)/\text{s},0(°)/\text{s},0,300\text{RPM},0°]$。在工作站［the PC（Inter Core i7 -6800 HQ CPU @ 2. 40 GHz，RAM：4. 00 GB）］上通过 MATLAB 平台上进行数值仿真，控制系统中设计参数设置为

$$\begin{cases} k_{z_e} = 3.5, k_{\psi_e} = 5.8, c_1 = 0.4, c_2 = 0.05, \\ d_1 = 0.5, d_2 = 0.05, \int_u = 0.01, \int_r = 0.01, \\ k_u = 5, k_r = 12, k_{un} = 1.4, k_{rn} = 1.8, \\ \gamma_{T_u} = 1.5, \gamma_{F_r} = 1.2, \sigma_u = 0.35, \sigma_r = 0.5 \end{cases} \quad (5.83)$$

图 5. 8 给出了所提控制算法的控制信号框图。

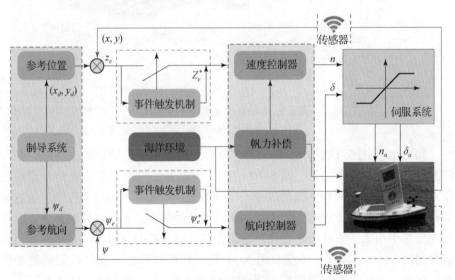

图 5.8　所提算法的控制信号框图

为了模拟真实的海洋环境，引入基于机理建模的风浪扰动模型如图 5.9 所示，该模型利用 NORSOK 风谱和 JONSWAP 波浪谱建立了海风和海浪模拟图。图 5.9（a）给出了具有慢时变特性的风速和风向。图 5.9（b）给出了 5 级海

况下的风生浪波面。在模拟海洋环境下进行数值仿真，更能说明控制算法的鲁棒性。

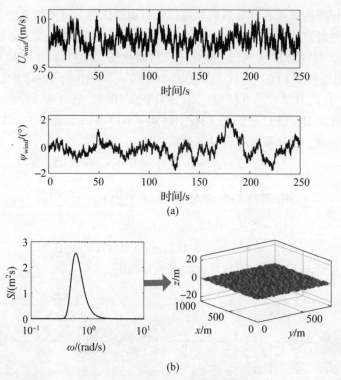

图 5.9 5 级海况下海洋环境干扰

（a）风干扰；（b）浪干扰

图 5.10 ~ 图 5.14 给出了相同海洋环境干扰下三种控制算法执行路径跟踪控制任务的主要仿真结果。图 5.10 给出了所提算法与对比算法的路径跟踪轨迹对比结果，虽然两种算法都取得了较好的跟踪性能，但是所提控制算法的跟踪精度更高。区别于现有研究中其他事件触发控制算法，所提控制算法在跟踪误差变量中引入了事件触发规则，也就是说，用于控制律设计的跟踪误差将在触发间隔 $t_{k+1} - t_k$ 内保持不变。图 5.11 为三种控制算法下翼型风帆助航船的跟踪误差，可以发现，当跟踪误差满足触发条件时，控制输入也会被同步触发。三种算法下的控制输入如图 5.12 所示，可以看出，该算法在触发点执行阶跃式控制指令，减小了计算和通信负载，提高了翼型风帆助航船在海洋环境下执行路径跟踪控制任务的鲁棒性。

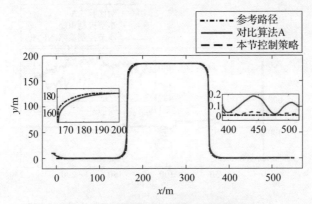

图 5.10　不同算法下的路径跟踪轨迹

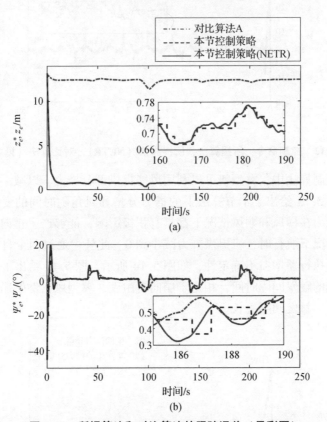

图 5.11　所提算法和对比算法的跟踪误差（见彩图）

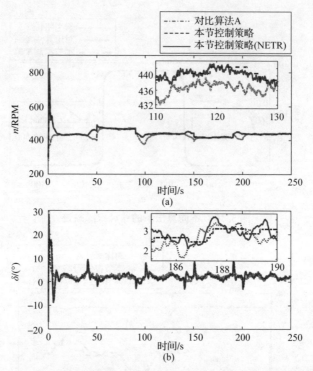

图 5.12 控制命令：所提算法，所提算法（NETR），对比算法（见彩图）

所提控制算法中，翼型帆可以利用风能提供部分推力，以减小螺旋桨产生的推力。图 5.13 给出了本节算法下的推力分量和帆角随时间的变化情况，可以发现，帆力在横风和顺风情况下都具有积极影响，能够产生正向推力。当船舶在逆风情况下航行时，帆提供推力减小到 0。此外，通过两个自适应参数可以在线补偿执行器增益不确定性，如图 5.14 所示。图 5.15 给出了所提算法下螺旋桨和舵的触发间隔时间，相比于艏向自由度，翼型风帆助航船在前进自由度更加稳定，触发间隔更长。

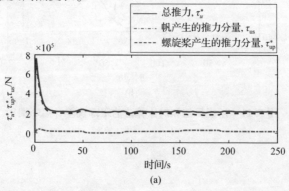

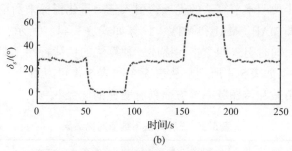

(b)

图 5.13　所提算法的推力分量

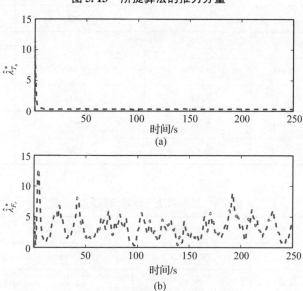

(a)

(b)

图 5.14　所提算法的自适应更新律

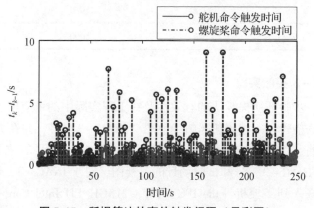

图 5.15　所提算法的事件触发间隔（见彩图）

为了进一步说明本节算法的优点，引入三个量化指标来衡量三种控制算法的输出性能，即 MAE、MAI 和 MTV，计算如式（3.44）所示，具体指标结果如表5.3所列。同时引入四个指标描述三种算法的负荷特性，即 CM、ET、OP 和 TN，指标结果如表5.4所列。从表5.3和表5.4可以看出，本节所提算法在能耗、计算负载和传输频率等方面具有明显的优势。

表5.3 三种算法下数值对比结果

指标	变量	本节控制策略	本节控制策略（NETR）	文献［134］
MAE	z_e/m	0.756	0.783	12.58
	$\psi_e/(°)$	0.884	0.973	1.387
MAI	n/RPM	440.876	442.952	428.537
	$\delta/(°)$	3.872	3.916	4.047
MTV	n/RPM	0.082	0.958	1.643
	$\delta/(°)$	0.675	1.994	2.683

表5.4 三种算法下计算负载对比结果

类别	指标	本节控制策略	本节控制策略（NETR）	文献［134］
PC	CM	295326kb	601748kb	650319kb
	ET	38.6s	72.3s	80.5s
	OP	18%	39%	42%
TN	n	238	25000	25000
	δ	649	25000	25000

2. INAC－3 实船实验

为了进一步验证所提算法的有效性及在工程实际中的可应用性，采用本节所提控制算法搭建了一艘翼帆风帆助航船"INAC－3"号，并在大连海事大学凌海码头进行了实船试验。表5.5列出了"INAC－3"号的主要船型参数。图5.16为"INAC－3"号和试验场景的三视图，对于 INAC－3，通过 VB 语言将控制算法嵌入到工控机［the IPC（VW－215GH/LH Intel Core i7）］中，其中，状态信息可以由相应的传感器得到。例如，风速和风向可以通过风向标来测量（CYC – FS1，CYC – FX1），航向角和位置由电罗经（CPT – 130D）和 GPS（SG – 180/182A）测得。

表 5.5　INAC – 3 船舶参数

指标	变量
船长/m	1.82
型宽/m	0.62
吃水/m	0.72
总质量/kg	78
舵面积/m²	0.08
帆面积/m²	0.35
龙骨面积/m²	0.20
极限舵角/(°)	30
极限帆角/(°)	90
螺旋桨直径/m	0.13
极限主机转速/RPM	300

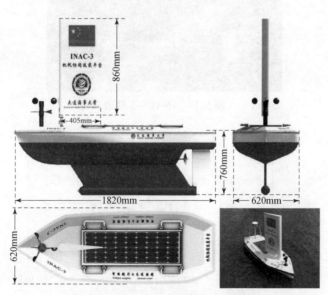

图 5.16　INAC – 3 三视图和实验场景

本试验中，由6个航路点确定的航线作为参考路径：W_0(38°51.990N,121°31′975E)、W_1(38°51.985N,121°31.986E)、W_2(38°51.987N,121°31.995E)、W_3(38°51.981N,121°32.005E)、W_4(38°51.974N,121°32.004E)、W_5(38°51.969N,121°32.015E)。此外，根据试验时外界风力情况，$W_0 \rightarrow W_1$，$W_2 \rightarrow W_3$，$W_4 \rightarrow W_5$ 航段横风航行，$W_1 \rightarrow W_2$ 航段迎风航行，$W_3 \rightarrow W_4$ 是顺风航行。

图5.17给出了"INAC－3"号在平面上的路径跟踪轨迹线，可以看出，"INAC－3"号可以自动沿着航路点航行，并且跟踪精度高。对于"INAC－3"号，自动控制系统可以根据外部风向信息和帆式船舶状态自动解算控制指令，并将控制指令传送到螺旋桨和舵机伺服系统中，进而驱动"INAC－3"号，"INAC－3"号的控制指令和实际输入如图5.18所示。很明显，"INAC－3"号在横风和顺风情况下航行时，主机转速会低于迎风航行时的主机转速，说明了良好的节能效果。此外，由于多端口事件触发规则的作用，控制指令以阶跃形式传输，可以减少通信负载和执行器的磨损。图5.19给出了"INAC－3"号在外界干扰下的跟踪误差。"INAC－3"号的信号触发更新间隔如图5.20所示。

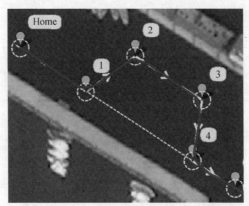

图5.17　INAC－3轨迹

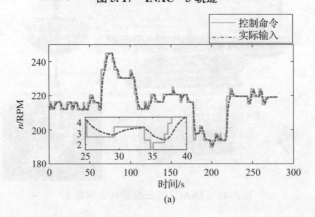

(a)

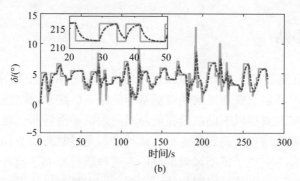

(b)

图 5.18　INAC – 3 控制输入

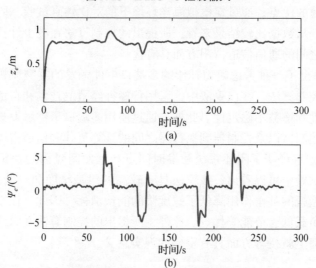

(a)

(b)

图 5.19　INAC – 3 跟踪误差

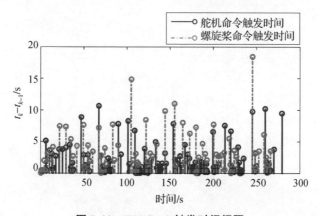

图 5.20　INAC – 3 触发时间间隔

5.3 本章小结

5.1 节针对复合 LVS 制导原理和鲁棒自适应事件触发控制算法进行研究，实现了时变海洋环境下翼型风帆助航船基于航路点的路径跟踪控制。复合 LVS 制导算法可以实现翼型风帆助航船在航路点附近的平滑转向。通过四个自适应参数执行器故障和增益不确定项进行在线补偿。通过帆角调节和螺旋桨输入补偿项的有效结合，实现了翼型风帆助航船在三种航行局面下航行速度的有效收敛。此外，通过结合鲁棒神经阻尼技术和事件触发机制，使得所设计的控制器具有形式简捷的优点。通过在模拟海洋环境下的对比仿真试验，验证了所提算法的有效性。从数据比较结果来看，所提出的控制算法在减少计算负载和控制器与执行器之间的通信信道占用方面具有优势。

5.2 节提出了一种考虑帆力补偿的多端口事件触发的翼型风帆助航船鲁棒自适应神经控制算法。在该算法中，采用鲁棒神经阻尼技术和自适应技术处理结构不确定性和增益不确定性。此外，通过使用多端口事件触发规则，减少了从传感器到控制器以及控制器到执行器之间的计算负载和信道占用。然后，通过 Lyapunov 定理证明了闭环系统触发时间点和触发间隔内的稳定性。从仿真试验和实船试验中可以看出，该算法具有较高的跟踪精度和较低的信道负载。而且由于翼型帆的补偿作用降低了螺旋桨的能量消耗。因此，该算法具有形式简洁、通信负载低、节能等优点。此外，所提出的控制算法在海洋环境数据采集与监测、海上救援等方面具有重要的现实意义。

第 6 章 基于触发 LVS 制导的转筒型 风帆助航船路径跟踪控制

第 3 章和第 4 章以帆船为研究对象开展路径跟踪控制研究，第 5 章采用翼型风帆助航船开展事件触发容错控制研究。第 5 章中，针对翼型风帆助航船设计了一种考虑帆 – 舵、帆 – 螺旋桨联合设计的自适应控制器，该控制器有效解决了控制信号在通信信道冗余和执行器故障问题。海洋工程实际中，由于受制于翼型帆推进效率有限且安装和维护困难，具有更高推进效率和更广泛应用前景的转筒帆式船舶得到关注。因此，本章针对更加高效与抗干扰能力强的转筒型风帆助航船开展工程任务下自主航行制导与控制研究，针对转筒型风帆助航船进行控制器设计，主要关注针对转筒型风帆助航船对制导的特殊要求以及对传统事件触发机制的进一步改进。

6.1 考虑最优推力的转筒型风帆助航船路径跟踪控制

转筒型风帆助航船在复杂多变的海洋环境中航行时，会遭遇许多未知的航行风险和海洋环境干扰（如风、浪、流等），这些因素显著增加了帆式船舶实现自动化控制的复杂性和挑战性。此外，转筒型风帆助航船由转筒帆和螺旋桨共同提供前向推力，转筒帆仅仅作为辅助动力装备为帆式船舶自主航行提供动力，但是在实际航行中存在转筒帆最大推力对帆式船舶转向操纵造成不利影响，特别是在风向变化导致转筒帆产生的转船力矩与船舶转向期望力矩相悖时。因此，考虑最优推力下转筒型风帆助航船的转筒转速优化问题对执行自主航行任务具有现实意义。

基于以上分析，本节针对转筒型风帆助航船获取最优助航推力下的路径跟踪制导与控制开展算法设计工作，主要创新总结有两点：

（1）针对最优推力下转筒型风帆助航船路径跟踪控制任务，提出了一种基于非线性修饰的 LVS 制导策略，该策略通过引入动态反馈评估函数对制导信号进行修正，解决了闭环控制系统在初始状态时产生的饱和约束问题，提升了控制系统稳定性。

（2）提出了一种动态事件触发控制算法，建立了基于双曲正切函数的事件触发阈值参数动态更新规则，解决了现有事件触发阈值参数需人为设计的限制，极大降低了信号传输频率。

6.1.1　问题描述

本节研究对象为螺旋桨作为主推力机构，转筒型风帆作为辅助推力机构的帆式船舶，该船舶具有尺度大、初稳性高度高的特点。因此，三自由度的转筒型风帆助航船非线性数学模型可表示为

$$\begin{cases} \dot{x} = u\cos\psi - v\sin\psi \\ \dot{y} = u\sin\psi + v\cos\psi \\ \dot{\psi} = r \end{cases} \tag{6.1}$$

$$\begin{cases} \dot{u} = \dfrac{1}{m_u}(m_v vr + f_u(v) + \tau_{us} + \tau_{up}) + d_{wu} \\ \dot{v} = \dfrac{1}{m_v}(m_u ur + f_v(v)) + d_{wv} \\ \dot{r} = \dfrac{1}{m_r}((m_u - m_v)uv + f_r(v) + \tau_{rs} + \tau_{rr}) + d_{wr} \end{cases} \tag{6.2}$$

式中相关变量及参数的物理含义在 2.1 节已经详细说明，本节不再进行赘述。

本章控制算法是针对帆－舵、帆－螺旋桨进行联合控制，其中，帆式船舶定速航行时，通过所设计控制算法解算帆式船舶所需总推力，通过引入转筒型风帆提供的最优推力，可以降低螺旋桨转速所需推力，从而实现节能目的。

6.1.2　基于非线性修饰规则的 LVS 制导

航海实践中，船舶执行路径跟踪任务一般依赖于人为选取航路点。在现有船舶制导方法的基础上，本节构建了一种基于非线性修饰的 LVS 制导策略，该制导策略将转筒型风帆助航船航行路径划分为直线段和曲线段。其中，直线段通过 LVS 生成相关参考路径，曲线段基于帆式船舶操纵性半径设计的转向半径 R_i，转向角速度为 $r_d = u_d/R_i$，R_i 的计算过程和 LVS 的动态模型为

$$R_i = \begin{cases} R_{\max}, & |\Delta\Psi_{d_i}| > \pi/2 \\ \dfrac{2(R_{\max} - R_{\min})\Delta\Psi_{d_i}}{\mathrm{sgn}(\Delta\Psi_{d_i})\pi}, & |\Delta\Psi_{d_i}| \leqslant \pi/2 \end{cases} \tag{6.3}$$

$$\begin{cases} \dot{x}_d = u_d \cos\psi_d \\ \dot{y}_d = u_d \sin\psi_d \\ \dot{\psi}_d = r_d \end{cases} \tag{6.4}$$

式中：x_d、y_d 为 LVS 在惯性坐标系中的位置姿态；ψ_d 为 LVS 的艏向角；u_d 为 LVS 的前进速度；$R_{\min}$ 和 $R_{\max}$ 参数的设置取决于船舶的操纵性能；$\Delta\Psi_{d_i}$ 为基于一个航路点的两个相邻艏向角之差。

如图 6.1 所示，转筒型风帆助航船的期望航向角 ψ_{dt} 为

$$\psi_{dt} = \begin{cases} \arctan\left(\dfrac{y_e}{x_e}\right), & x_e > 0 \text{ 且 } y_e \geq 0 \\[2mm] \dfrac{\pi}{2}, & x_e = 0 \text{ 且 } y_e > 0 \\[2mm] -\dfrac{\pi}{2}, & x_e = 0 \text{ 且 } y_e < 0 \\[2mm] \psi_d, & x_e = 0 \text{ 且 } y_e = 0 \\[2mm] \pi + \arctan\left(\dfrac{y_e}{x_e}\right), & x_e < 0 \text{ 且 } y_e > 0 \\[2mm] -\pi + \arctan\left(\dfrac{y_e}{x_e}\right), & x_e < 0 \text{ 且 } y_e < 0 \\[2mm] \arctan\left(\dfrac{y_e}{x_e}\right), & x_e < 0 \text{ 且 } y_e = 0 \end{cases} \tag{6.5}$$

式中：$x_e = x_d - x$；$y_e = y_d - y$。

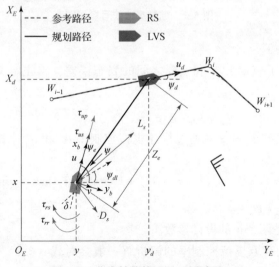

图 6.1　非线性修饰 LVS 制导框架

帆式船舶在初始状态及航行过程中因环境突变等因素会造成较大镇定误差，进而造成大角度操纵船舶，甚至产生输入饱和现象，增加控制系统的不稳定因素。因此，在 LVS 制导算法的基础上引入非线性修饰规则，对制导信号进行干预，可表示为

$$\psi_{dI} = \begin{cases} \psi_{dt}, & \delta < \delta_{sat} \\ \dfrac{1 - e^{\left(\frac{\delta}{\delta_r}\right)}}{1 + e^{\left(\frac{\delta}{\delta_r}\right)}} \cdot \psi_{dt}, & \delta \geqslant \delta_{sat} \end{cases} \tag{6.6}$$

6.1.3 基于推力优化的鲁棒自适应控制算法

所提控制算法信号流程图如图 6.2 所示，在船舶模型式（6.1）、式（6.2）以及制导信号式（6.6）的基础上，根据反步法进行控制器设计和稳定性分析。

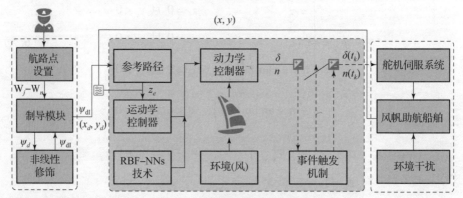

图 6.2 控制算法信号逻辑图

1. 控制器设计

步骤 1：为了镇定 LVS 和实船之间的姿态误差，首先定义运动学误差方程为

$$\psi_e = \psi_{dI} - \psi, z_e = \sqrt{(x_e)^2 + (y_e)^2} \tag{6.7}$$

对于系统误差 ψ_e 和 z_e，通过构建虚拟控制率 α_r 和 α_u 来减轻误差对系统的影响，可表示为

$$\begin{cases} \alpha_u = (\cos\psi_e)^{-1}(k_{z_e}(z_e - \delta_m) + \dot{x}_a\cos\psi_r + \dot{y}_a\sin\psi_r - v\sin\psi_e) \\ \alpha_r = k_r\psi_e - \dot{\psi}_{dI} \end{cases} \tag{6.8}$$

式中：k_r 和 k_{z_e} 是两个正的设计参数。

利用反步法获取虚拟控制率的解析解一般会对式（6.8）进行多次微分，"升维"运算将大大增加后续控制器设计的复杂性，通过引入动态面技术来提

高信号的平滑度，处理过程为

$$\begin{cases} \tau_u \dot{\beta}_u + \beta_u = \alpha_u, \beta_u(0) = \alpha_u(0) \\ \tau_r \dot{\beta}_r + \beta_r = \alpha_r, \beta_r(0) = \alpha_r(0) \end{cases} \tag{6.9}$$

式中：τ_u 和 τ_r 为小的正数；β_u 和 β_r 为一阶滤波器；$q_i = \alpha_i - \beta_i$，$i = u、\psi_e$ 为动态面误差，对其求导可得

$$\begin{cases} \dot{q}_u = \dot{\alpha}_u - \dot{\beta}_u = -\dfrac{q_u}{\tau_u} + \beta_u(x_e, \dot{x}_e, \psi_r, \dot{\psi}_r, \psi_d, \dot{\psi}_d) \\ \dot{q}_r = \dot{\alpha}_r - \dot{\beta}_r = -\dfrac{q_r}{\tau_r} + \beta_r(\psi_e, \dot{\psi}_e, \dot{\psi}_d, \ddot{\psi}_d) \end{cases} \tag{6.10}$$

式中：$\beta_u(\cdot)$ 和 $\beta_{\psi_e}(\cdot)$ 为连续函数，且该函数有一个上界，即存在 M_i，$i = u、r$ 满足 $\beta_i \leqslant M_i$。

步骤 2：结合步骤 1 运动学误差的推导，动力学误差可以重新定义为

$$\begin{cases} u_e = \alpha_u - u = q_u + \beta_u - u \\ r_e = \alpha_r - r = q_r + \beta_r - r \end{cases} \tag{6.11}$$

进一步可得

$$\begin{cases} \dot{u}_e = \dot{B}_u - \left[\dfrac{m_v}{m_u}vr - \dfrac{f_u(\bar{v})}{m_u} + \tau_{us} + \tau_{up} + d_{wu}\right] \\ \dot{r}_e = \dot{B}_r - \left[\dfrac{m_u - m_v}{m_r}uv - \dfrac{f_r(\bar{v})}{m_r} + \tau_{rr} + \tau_{rs} + d_{wr}\right] \end{cases} \tag{6.12}$$

对于具有模型不确定性的非线性连续函数 $f_i(\bar{v})$，$i = u、r$，根据引理 3.2，引入 RBF 神经网络技术对其进行逼近，可表示为

$$\begin{aligned} f_i(v) &= S(v)A_i v + \varepsilon_i \\ &= S(v)A_i\beta_v - S(v)A_i v_e + \varepsilon_i \\ &= S(v)A_i\beta_v - b_i S(v)w_i + \varepsilon_i \end{aligned} \tag{6.13}$$

式中：$\boldsymbol{\beta}_v = [\beta_u, v, \beta_r]^T$；$\boldsymbol{v}_e = [u_e, 0, r_e]^T$。此外，$b_i = \|A_i\|_F$，$A_i^m = A_i / \|A_i\|_F$，因此可以得到 $w_i = A_i^m v_e$ 和 $b_i w_i = A_i v_e$。为了简化控制设计，引入鲁棒神经阻尼技术，对模型不确定性和外部干扰进行鲁棒性放缩，可表示为

$$\begin{aligned} v_i &= S(v)A_i\beta_v + \varepsilon_i + d_{wi} \\ &\leqslant S(v)A_i\beta_v + \bar{\varepsilon}_i + \bar{d}_{wi} \\ &\leqslant \zeta_i \chi_i(v) \end{aligned} \tag{6.14}$$

式中：$\zeta_i = \max\{\|A_i\|_F, \bar{\varepsilon}_i + \bar{d}_{wi}\}$ 是一个未知参数，$\chi_i(v) = 1 + \|S(v)\|\|\beta_v\|$ 是一个正的未知常数。为进行控制器设计，定义 $\Phi_i(v) = \dfrac{1}{4}[\chi_i^2(v) + S(v)S^T(v)]$。

此外，螺旋桨产生的推力 τ_{up} 满足 $\tau_{up} = F_u(\,\cdot\,)\,|\delta_n|\,\delta_n$，舵产生的转船力矩 τ_{rr} 满足 $\tau_{rr} = F_r(\,\cdot\,)\delta_r$。因此，考虑事件触发机制的控制输入命令为

$$\delta_i = \delta_k^i(t_k^i), \forall t \in [t_k^i, t_{k+1}^i), i = n \text{、} r \qquad (6.15)$$

触发规则可表示为

$$t_{k+1}^i = \inf\{t > t_k^i \mid |e_\delta^i| \geqslant \omega_i |\delta_i(t)| + \delta_\Delta^i\}, i = n \text{、} r \qquad (6.16)$$

式中：$e_\delta^n = \delta_k^n - \delta_n$ 和 $e_\delta^r = \delta_k^r - \delta_r$；$\delta_\Delta^n$ 和 δ_Δ^r 为正的小量；ω_n 和 ω_r 为混合阈值参数，数学形式为

$$\omega_i = \max\{\omega_{i1}, \omega_{i0}\}, \dot{\omega}_{i1} = C_i \max\{\tanh(|e_\delta^i|), s_t\}, i = n \text{、} r \qquad (6.17)$$

式中：ω_{i0} 为固定阈值参数；ω_{i1} 为动态阈值参数；C_i 为设计参数；s_t 为采样步长；a_i 为用户设置的常量参数。接下来，讨论两种情况：当 $\delta_i \geqslant 0$ 时，$-\omega_i \delta_i - \delta_\Delta^i \leqslant \delta_k^i(t) - \delta_i(t) \leqslant \omega_i \delta_i + \delta_\Delta^i$；当 $\delta_i < 0$，$\omega_i \delta_i - \delta_\Delta^i \leqslant \delta_k^i(t) - \delta_i(t) \leqslant -\omega_i \delta_i + \delta_\Delta^i$，可表示为

$$\delta_k^i(t) - \delta_i(t) \leqslant \kappa_i(\omega \delta_i + \delta_\Delta), \kappa_i \in [-1, 1] \qquad (6.18)$$

$$\delta_k^i(t) - \delta_i(t) \leqslant \kappa_i(\omega \delta_i - \delta_\Delta), \kappa_i \in [-1, 1] \qquad (6.19)$$

因此，可以推导出

$$\delta_i = \frac{\delta_k^i}{1 + \kappa_{mi}} - \frac{\kappa_{li}\delta_\Delta}{1 + \kappa_{mi}\omega_i} \qquad (6.20)$$

式中：$\kappa_{mi} = \mathrm{sgn}(\delta_i)\kappa_{li} = \kappa_i$。

进一步，可得

$$\dot{u}_e = \dot{\beta}_u - \frac{1}{m_u}\Big[-v_u + k_{ue}\Phi_u(v)u_e + b_u S(v)w_u -$$

$$m_u F_u(\,\cdot\,)\frac{\delta_k^n}{1 + \kappa_{mn}\omega_n} + m_u F_u(\,\cdot\,)\frac{\kappa_{ln}\delta_\Delta}{1 + \kappa_{mn}\omega_n} - m_u \tau_{us} \Big] \qquad (6.21)$$

$$\dot{r}_e = \dot{\beta}_{\psi_e} - \frac{1}{m_r}\Big[-v_r + k_{re}\Phi_r(v)r_e + b_r S(v)w_r -$$

$$m_r F_r(\,\cdot\,)\frac{\delta_k^r}{1 + \kappa_{mr}\omega_r} + m_r F(\,\cdot\,)\frac{k_{lr}\delta_\Delta}{1 + \kappa_{mr}\omega_r} - m_r \tau_{rs} \Big] \qquad (6.22)$$

基于上述推导，定义变量 $\vartheta_u = [(1 + \kappa_{mn})/(m_u T(\,\cdot\,))]$ 和 $\vartheta_r = [(1 + \kappa_{mr})/(m_r F(\,\cdot\,))]$，$\hat{\vartheta}_i$ 为 ϑ_i 的估计值，并满足 $\tilde{\vartheta}_i = \vartheta_i - \hat{\vartheta}_i$，$i = u \text{、} r$，主机转速 δ_k^n 和舵角 δ_k^r 可表示为

$$\begin{cases} \delta_k^n = \mathrm{sgn}(H_u)\sqrt{|H_u|}, H_u = \hat{\vartheta}_u \alpha_n \\ \delta_k^r = \hat{\vartheta}_r \alpha_r \end{cases} \qquad (6.23)$$

然后，构建中间控制律 α_n 和 α_δ，可表示为

$$\begin{cases} \alpha_n = k_u u_e + \dot{\beta}_u + k_{ue} \Phi_u(v) u_e - m_u \tau_{us} \\ \alpha_\delta = k_r u_e + \dot{\beta}_{\psi_e} + k_{re} \Phi_r(v) r_e - m_r \tau_{rs} \end{cases} \tag{6.24}$$

相应的自适应律为

$$\begin{cases} \dot{\hat{\vartheta}}_u = \Pi_u [\alpha_n u_e - k_{ud}(\hat{\vartheta}_u - \hat{\vartheta}_u(0))] \\ \dot{\hat{\vartheta}}_r = \Pi_r [\alpha_\delta r_e - k_{rd}(\hat{\vartheta}_r - \hat{\vartheta}_r(0))] \end{cases} \tag{6.25}$$

式中：k_u 和 k_r 为控制器设计参数；k_{ue} 和 k_{re} 为鲁棒神经阻尼参数；Π_u、Π_r、k_{ud} 和 k_{rd} 为自适应律设计参数。

2. 稳定性分析

本节分析了所提闭环控制系统的稳定性，主要的稳定性分析结果如下。

定理 6.1　在假设 2.1 ~ 2.3 下，考虑转筒型风帆助航船数学模型式（6.1）和式（6.2）、状态误差式（6.4）、事件触发机制式（6.15）和式（6.16）、控制律式（6.24）和自适应律式（6.25），误差初始变量满足 $(z_e - \delta_{\min})^2(0) + \psi_e^2(0) + q_u^2(0) + q_r^2(0) + u_e^2(0) + r_e^2(0) + \tilde{\vartheta}_u^2(0) + \tilde{\vartheta}_r^2(0) \leqslant 2\Delta$，$\Delta > 0$，通过调整相关参数，可以确保闭环控制系统误差信号满足半全局一致最终有界稳定。

证明：构造 Lyapunov 候选函数为

$$\begin{aligned} V = &\frac{1}{2}(z_e - \delta_{\min})^2 + \frac{1}{2}\psi_e^2 + \frac{1}{2}m_u u_e^2 + \frac{1}{2}m_r r_e^2 + \frac{1}{2}q_u^2 + \frac{1}{2}q_r^2 + \\ &\frac{1}{2}\frac{1}{\Pi_u}\left|\frac{F_u(\cdot)}{1 + \kappa_{mn}\omega_n}\right|\tilde{\vartheta}_u^2 + \frac{1}{2}\frac{1}{\Pi_r}\left|\frac{F_r(\cdot)}{1 + \kappa_{mr}\omega_r}\right|\tilde{\vartheta}_r^2 \end{aligned} \tag{6.26}$$

基于本节控制器设计，V 的求导结果计算为

$$\begin{aligned} \dot{V} = &(z_e - \delta_{\min})\dot{z}_e + \psi_e \dot{\psi}_e + q_u \dot{q}_u + q_r \dot{q}_r + \\ &\frac{1}{2}\frac{1}{\Pi_u}\left|\frac{F_u(\cdot)}{1 + \kappa_{mn}\omega_n}\right|\tilde{\vartheta}_u \dot{\hat{\vartheta}}_u + \frac{1}{2}\frac{1}{\Pi_r}\left|\frac{F_r(\cdot)}{1 + \kappa_{mr}\omega_r}\right|\tilde{\vartheta}_r \dot{\hat{\vartheta}}_r + \\ &u_e \Big[m_u \dot{\beta}_u + v_u - k_{ue}\Phi_u(v)u_e - b_u S(v)w_u + \\ &m_u F_u(\cdot)\frac{\delta_k^n}{1 + \kappa_{mn}\omega_n} - m_u F_u(\cdot)\frac{\kappa_{ln}\delta_\Delta}{1 + \kappa_{mn}\omega_n} + m_u \tau_{us} \Big] + \\ &r_e \Big[m_r \dot{\beta}_r + v_r - k_{re}\Phi_r(v)r_e - b_r S(v)w_r + \\ &m_r F_r(\cdot)\frac{\delta_k^r}{1 + \kappa_{mr}\omega_r} - m_r F_r(\cdot)\frac{\kappa_{lr}\delta_\Delta}{1 + \kappa_{mr}\omega_r} + m_r \tau_{rs} \Big] \end{aligned} \tag{6.27}$$

结合杨氏不等式，引入

$$\begin{cases} q_i\dot{q}_i = -\dfrac{q_i^2}{\tau_i} - q_i\dot{\alpha}_i \leqslant -\left(\dfrac{1}{\tau_i} - \dfrac{M_i^2}{4a}\right)q_i^2 + a \\[3mm] v_i - b_i S_i(v)w_i \leqslant k_{ie}\Phi_i(v)i_e^2 + \dfrac{b_i^2 \boldsymbol{w}_i^{\mathrm{T}}\boldsymbol{w}_i}{k_{ie}} + \dfrac{\mu_i^2}{k_{ie}} \\[3mm] \boldsymbol{w}_i^{\mathrm{T}}\boldsymbol{w}_i = \dfrac{\boldsymbol{w}_{i,1}^{\mathrm{T}}\boldsymbol{w}_{i,1} + \cdots + \boldsymbol{w}_{i,n}^{\mathrm{T}}\boldsymbol{w}_{i,n}}{\|A_i\|^2}\,\boldsymbol{v}_e^{\mathrm{T}}\boldsymbol{v}_e = u_e^2 + r_e^2 \\[3mm] u_e \cdot m_u F_u(\,\cdot\,)\dfrac{\kappa_{\ln}\delta_\Delta}{1 + \kappa_{mn}\omega_n} \leqslant \dfrac{1}{4}u_e^2 + o_u^2 \\[3mm] r_e \cdot m_r F_r(\,\cdot\,)\dfrac{\kappa_{lr}\delta_\Delta}{1 + \kappa_{mr}\omega_r} \leqslant \dfrac{1}{4}r_e^2 + o_r^2 \end{cases} \tag{6.28}$$

将式（6.28）代入式（6.26），结合控制律式（6.24）和自适应律式（6.25），可以得到

$$\dot{V} \leqslant -k_{z_e}(z_e - \delta_{\min})^2 - k_r\psi_e^2 - \sum_{i=u,r}\left(\dfrac{1}{\tau_i} - \dfrac{M_i^2}{4a} - \dfrac{m_i+1}{4}\right)q_i^2 -$$

$$\sum_{i=u,r}\left(k_i + \dfrac{b^2}{k_{ue}} + \dfrac{m_u+1}{\tau_i} + \dfrac{1}{4}\right)u_e^2 - \sum_{\substack{i=u,r\\j=n,r}}\dfrac{\Pi_i}{2}\dfrac{k_{id}}{\Pi_i}\left|\dfrac{F_i(\,\cdot\,)}{1+\kappa_{mj}\omega_i}\right|\tilde{\vartheta}_i^2 +$$

$$\sum_{i=u,r}\left(\dfrac{\mu_i^2}{k_{ie}} + o_i^2\right) + \sum_{\substack{i=u,r\\j=n,r}}\dfrac{k_{id}}{2}\left|\dfrac{F_i(\,\cdot\,)}{1+\kappa_{mj}\omega_i}\right|(\vartheta_i - \vartheta_i(0))^2 + 2a \tag{6.29}$$

进一步表示为

$$\dot{V} \leqslant -2\rho V + \varrho \tag{6.30}$$

式中：ρ、ϱ 为正常数，具体表达为

$$\rho = \min\left\{k_{z_e}, k_{\psi_e}, \left(k_u - \dfrac{b_u^2}{k_{ue}} - \dfrac{m_u+1}{\tau_u} + \dfrac{1}{4}\right),\right.$$

$$\left(k_r - \dfrac{b_r^2}{k_{re}} - \dfrac{m_r+1}{\tau_r} + \dfrac{1}{4}\right)\left(\dfrac{1}{\tau_u} - \dfrac{M_u^2}{4a} - \dfrac{m_u+1}{4}\right),$$

$$\left.\left(\dfrac{1}{\tau_r} - \dfrac{M_r^2}{4a} - \dfrac{m_r+1}{4}\right), \dfrac{1}{2}\Pi_u k_{ud}, \dfrac{1}{2}\Pi_r k_{rd}\right\}$$

$$\varrho = \dfrac{\mu_u^2}{k_{ue}} + \dfrac{\mu_r^2}{k_{re}} + o_u^2 + o_r^2 + \dfrac{k_{ud}}{2}\left|\dfrac{F_u(\,\cdot\,)}{1+\kappa_{mn}\omega_u}\right|(\vartheta_u - \vartheta_u(0))^2 +$$

$$\dfrac{k_{rd}}{2}\left|\dfrac{F_r(\,\cdot\,)}{1+\kappa_{mr}\omega_r}\right|(\vartheta_r - \vartheta_r(0))^2 + 2a \tag{6.31}$$

对式（6.31）积分，得到 $V \leqslant \dfrac{\varrho}{2\rho} + \left(V(0) - \dfrac{\varrho}{2\rho}\right)\exp(-2pt)$ 和 $V \to \dfrac{\varrho}{2\rho}$

$(t \to \infty)$，即闭环系统中的所有信号在系统达到稳定状态后满足半全局一致

最终有界稳定。

此外，根据上述稳定性分析并结合控制律结构可知 $\delta_k^i\,(i=n、r)$ 是有界的，即存在一个正常数 Ξ_i 使不等式满足 $|\delta_k^i|\leqslant\Xi_i$，对触发误差 $e_\delta^i=\delta_k^i-\delta_i$ 进行微分可以得到

$$\frac{\mathrm{d}}{\mathrm{d}t}|e_\delta^i(t)|=\frac{\mathrm{d}}{\mathrm{d}t}(e_\delta^i(t)*e_\delta^i(t))^{\frac{1}{2}}=\mathrm{sgn}(e_\delta^i(t))\dot{e}_\delta^i(t)\leqslant|\dot{\delta}_k^i|\leqslant\Xi_i \quad (6.32)$$

由式（6.32）可以看出，触发误差收敛速率是存在上界的，结合事件触发机制式（6.16）和式（6.17）可得 $\lim\limits_{t\to t_{k+1}^i}e_i(t)>\omega_i|\delta_i(t)|+\delta_\Delta^i$，也就是说，所提出的事件触发机制存在最小事件触发事件 $t^*=t_{k+1}-t_k$。进一步可以得到 t^* 满足 $t^*>(\omega_i|\delta_i(t)|+\delta_\Delta^i)/\Xi_i\geqslant0$。由此可表明，事件触发间隔时间不为零，即不存在 Zeno 现象。

6.1.4　仿真研究

为了验证算法的合理性以及非线性修饰 LVS 制导算法优势性，本节在 2.5 节海洋环境干扰模型下，在 MATLAB 仿真平台与文献 [114] 中所提出的控制算法进行对比试验（为方便后续表达，将对比算法标注"对比算法 A"）。参考路径通过设置四个航路点生成，即 $W_1(0,0)$、$W_2(210,230)$、$W_3(210,260)$、$W_4(440,580)$，单位为 m，期望航速 u 设置为 3.5m/s，经过航路点信息解算，可以得到路径分段如下：当 $0\mathrm{s}<t\leqslant80\mathrm{s}$、$90\mathrm{s}<t\leqslant120\mathrm{s}$、$130\mathrm{s}<t\leqslant200\mathrm{s}$ 时，$r_d=0\mathrm{rad/s}$；当 $80\mathrm{s}<t\leqslant90\mathrm{s}$、$120\mathrm{s}<t\leqslant130\mathrm{s}$ 时，$r_d=0.075\mathrm{rad/s}$。相关变量初始状态设置为 $[x(0),y(0),\psi(0),\psi_{\mathrm{tw}}(0),u(0),v(0),r(0)]=[0\mathrm{m}.0\mathrm{m},0°,0°,0\mathrm{m/s},0\mathrm{m/s},0°]$，部分控制参数设置为

$$\begin{cases}k_{ue}=1,k_{re}=2,k_u=6,k_r=5,\sigma_r=0.05,\sigma_u=0.05,\\t_r=0.01,t_u=0.01,k_{\psi_e}=1.5,k_{z_e}=2.5,\Pi_u=0.5,\Pi_r=3.5\end{cases} \quad (6.33)$$

模拟海洋环境干扰下对比算法结果如图 6.3~6.5 所示。图 6.3 给出了基于航路点和跟踪轨迹两种算法的非线性修正 LVS 制导生成的参考轨迹，其中，$W_1\to W_2$、$W_3\to W_4$ 绘制了转筒型风帆助航船在顺风状态下的航行轨迹，$W_2\to W_3$ 绘制了转筒型风帆助航船在横风状态下的航行轨迹。从两种算法轨迹可以看出，本章控制算法的跟踪轨迹更加平滑，而且更接近参考轨迹。图 6.4 给出了两种算法的位置和航向误差，在直线路径和曲线路径上，该算法的误差收敛速度优于对比算法，而且在抖振频率上低于对比算法。图 6.5 给出了两种算法的控制输入 n 和 δ，结果表明，舵角控制输入指令满足海洋工程实践中的物理约束和转筒型风帆助航船航行规则，即舵角在左右舵的 30°以内。

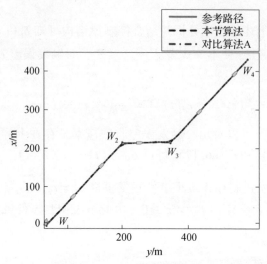

图 6.3　两种算法下的路径跟踪轨迹对比（见彩图）

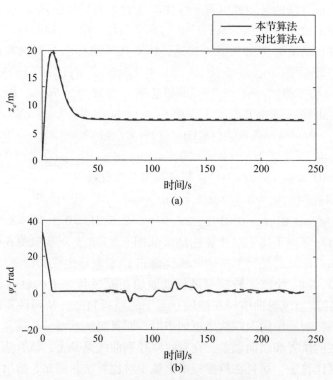

图 6.4　不同算法下的位置和方向误差

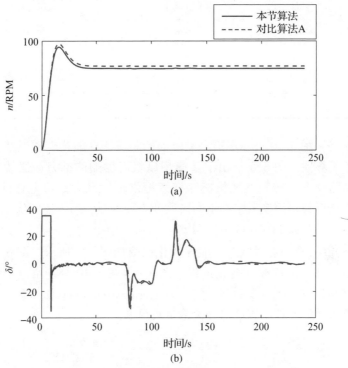

图 6.5　不同算法下的控制命令 n, δ

　　为了定量评估两种算法的仿真结果，引入三个指标：MAE、MAI 和 MTV。此外，还引入了 CM 和计算机终端运行时间（Running Time，RT）来衡量两种算法的计算负荷。表 6.1 列出了本章算法和对比算法的量化对比结果。

表 6.1　控制性能定量数据对比

指标	变量	本节所提算法	文献［114］算法
MAE	z_e/m	0.306	0.486
	ψ_e/(°)	0.490	1.128
MAI	n_o/RPM	80.628	91.946
	δ_0/(°)	2.358	2.859
MTV	n_o/RPM	0.009	0.017
	δ_0/(°)	0.003	0.007

指标	变量	本节所提算法	文献 [114] 算法
PC	CM/kb	9986	11208
	RT/s	30.1	38.9
TN	n	308	516
	δ	669	903

图 6.6 ~ 图 6.10 进一步给出了所提控制算法在能耗节省以及信号传输负载方面的优势性。图 6.6 给出了转筒型风帆对船舶的推力补偿效果，可以发现，当前路径下，转筒型风帆能够持续提供辅助推力，约为总推力的 13%。为了更直接反映转筒型风帆在不同航段的表现性能，引入能耗优化比率来评估助航推力效果，即 $\mathrm{EOR}_i(t) = (U_N^i(t) - U_S^i(t))/U_N^i(t), i = n、\delta$，其中 $U_N^i(t)$ 为无帆状态，$U_S^i(t)$ 为有帆状态，能耗优化比率如图 6.7 所示。图 6.8 给出了执行器增益函数自适应曲线变化过程。图 6.9 ~ 图 6.10 分别给出了所提控制算法下螺旋桨和舵角的触发时间间隔 (Triggering Time Interval, TTI)，结果表明，所提动态事件触发控制算法信号传输负载更低。

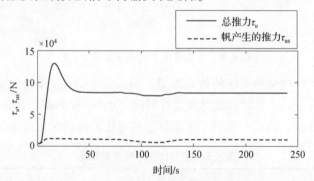

图 6.6 所提算法下的总推力和推力分量

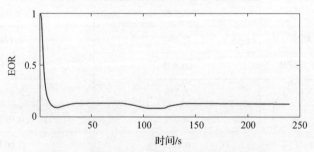

图 6.7 所提算法的转速与推力能量优化比

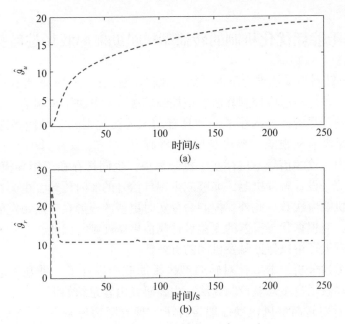

图 6.8　所提算法的自适应律 $\hat{\vartheta}_u$ 和 $\hat{\vartheta}_r$

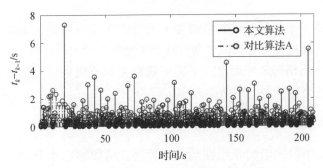

图 6.9　不同算法下螺旋桨触发时间间隔

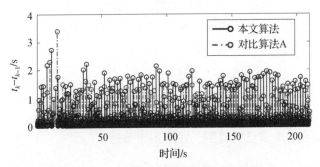

图 6.10　不同算法下舵角触发时间间隔

6.2 基于能耗优化机制的转筒型风帆助航船牧场巡航控制

6.1 节针对在最优推力下的转筒型风帆助航船设计了一种考虑帆 – 螺旋桨联合控制的鲁棒自适应控制算法，该控制算法有效解决了控制信号的通信信道有限的问题。尽管已经构建了一种具有动态反馈规则的非线性修饰 LVS 制导原则，但是没有从根源上解决制导信号的产生频率。文献［91］指出，闭环控制系统中，连续信号不仅存在于控制模块，也同样存在于制导模块，因此，针对制导信号设计触发机制，能够减少制导信号的实时传输，也会在一定程度上降低舵机响应次数。此外，控制命令实时更新的根源在于需镇定的误差信号是时变的，应根据状态误差的变化设计阈值更新规则。因此，在触发阈值参数减少的基础上还可以保证触发机制的有效性。

基于上述分析，本节针对转筒型风帆助航船设计了一种基于触发式 LVS 制导的海洋牧场自主巡航控制算法，主要研究内容总结如下：

（1）针对转筒型风帆助航船设计了一种有限边界触发式 LVS 制导策略，该策略从根源上解决了制导信号的产生频率，极大地降低了帆式船舶通信系统计算负担。

（2）改进了事件触发机制中需要人为设定固定参数阈值的缺陷，通过引入输出误差变量构建可变阈值规则，减少了触发参数的设计数量。

（3）基于马格努斯原理建立了转筒帆自主调节机制，确保了帆式船舶在固定航线中始终保持最大助航推力。

6.2.1 问题描述

根据 2.1 节帆式船舶非线性动力学模型，可归纳出本节被控对象数学模型为

$$\begin{cases} \dot{x} = u\cos(\psi) - v\sin(\psi) \\ \dot{y} = u\sin(\psi) + v\cos(\psi) \\ \dot{\psi} = r \end{cases} \tag{6.34}$$

$$\begin{cases} m_u\dot{u} = m_v vr + f_u(\,\cdot\,) + F_{PT} + F_{ST} + d_{wu} \\ m_v\dot{v} = m_u ur + f_v(\,\cdot\,) + d_{wv} \\ m_r\dot{r} = (m_u - m_v)uv + f_r(\,\cdot\,) + M_R + d_{wr} \end{cases} \tag{6.35}$$

相关变量在 2.1 节已经说明，在此不再赘述。

6.2.2　基于有限边界的触发式 LVS 制导

与 6.1.2 节相同，本章制导原则也是对 LVS 制导策略进行改进来满足转筒型风帆助航船在执行海洋牧场自主巡航跟踪任务的实际需求。参考路径通过预先设置的航路点 $W_1, W_2, \cdots, W_n$ 生成且有 $W_i = (x_i, y_i), i = 1, 2, \cdots, n$。虚拟小船以参考路径为目标，以期望的速度航行并逐渐收敛到参考路径的轨迹上。伴随着船舶智能化的不断提高，在不影响控制精度的前提下减少信号的过度传输是优化制导算法的重要途径。本节提出的触发式 LVS 制导正是为了解决信号的过度传输问题，触发式 LVS 制导原理如图 6.11 所示。

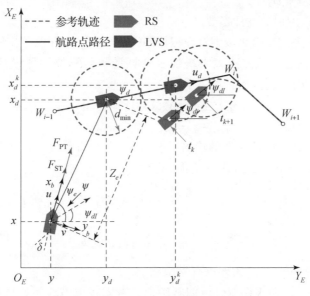

图 6.11　触发式 LVS 制导原理（见彩图）

LVS 制导原理同式（6.4）~ 式（6.5），在此基础上，引入有限边界触发规则。该规则可以降低制导信号 ψ_{dt} 的实时传输频率。如图 6.11 所示，当实船在预设的有限边界范围内，将始终保持当前时刻的航向角度，直至满足触发规则才更新参考信号。需要注意的是，有限边界范围 d_{min} 需要经过多次数学仿真验证来确定。有限边界触发规则可表示为

$$\begin{cases} \psi_{dt} = \psi_d, t \in [t_k, t_{k+1}) \\ t_{k+1} = \inf\{t_i \in R \mid t_i > t_k \mid |z_e| \leqslant d_{min} + d_s\} \end{cases} \tag{6.36}$$

式中：d_{min} 和 d_s 分别为触发边界的临界阈值和安全余量，其中，安全余量的设定需要考虑船舶的具体任务，如编队航行和避碰任务等。

6.2.3　基于触发式 LVS 制导的转筒型风帆助航船牧场巡航控制

本节根据触发式 LVS 制导信号式（6.36），对转筒型风帆助航船非线性数学模型式（6.34）和式（6.35）进行控制算法理论推导，并给出稳定性证明。

1. 控制器设计

步骤 1：为稳定转筒型风帆助航船和 LVS 之间的位置/姿态误差 z_e 和 ψ_e，设计虚拟控制律 α_u 和 α_r 为

$$\begin{cases} \alpha_u = (\cos\psi_e)^{-1}(k_u(z_e - \rho_m) + \dot{x}_d\cos\psi_{dt} + \dot{y}_d\sin\psi_{dt} - v\sin\psi_e) \\ \alpha_r = k_r\psi_e - \dot{\psi}_{dt} \end{cases} \tag{6.37}$$

式中：k_u 和 k_r 为正的设计参数。

根据反步法，在第 2 步中对虚拟控制律 α_u 和 α_r 进行求导，将引起所谓的"计算爆炸"问题，该方法大大增加了计算量和后续控制器设计的难度。因此，引入动态面控制技术，可表示为

$$\eta_u\dot{s}_u + s_u = \alpha_u, s_u(0) = \alpha_u(0)$$
$$\eta_r\dot{s}_r + s_r = \alpha_r, s_r(0) = \alpha_r(0) \tag{6.38}$$

式中：s_u 和 s_r 为一阶滤波器的输出；η_u 和 η_r 为时间常数。定义动态面误差为 $e_u = \alpha_u - s_u$ 和 $e_r = \alpha_r - s_r$，进一步可以得到

$$\begin{cases} \dot{e}_u = \dot{\alpha}_u - \dot{s}_u = -\dfrac{e_u}{\eta_u} + A_u(x_e, \dot{x}_e, \psi_{dt}, \psi_d, \dot{\psi}_d) \\ \dot{e}_r = \dot{\alpha}_r - \dot{s}_r = -\dfrac{e_r}{\eta_r} + A_r(\psi_e, \dot{\psi}_e, \dot{\psi}_d, \ddot{\psi}_d) \end{cases} \tag{6.39}$$

式中：$A_u(\cdot)$ 和 $A_r(\cdot)$ 为连续有界函数。

步骤 2：在运动学误差分析的基础上，考虑转筒型风帆最优推力 F_{ST} 补偿下进行动力学设计，动力学误差导数可表示为

$$\begin{cases} \dot{u}_e = \dot{s}_u - m_u^{-1}[m_vvr - f_u(\cdot) + F_{PT} + F_{ST} + d_{wu}] \\ \dot{r}_e = \dot{s}_r - m_r^{-1}[(m_u - m_v)uv - f_r(\cdot) + M_r + d_{wr}] \end{cases} \tag{6.40}$$

RBF 神经网络具有近似非线性函数以处理模型不确定性的能力，根据引理 3.1，引入

$$\begin{cases} f(\boldsymbol{B}_u) = m_u\dot{s}_u - f_u(\cdot) - m_vuv \\ f(\boldsymbol{B}_r) = m_r\dot{s}_r - f_r(\cdot) - (m_u - m_r)uv \end{cases} \tag{6.41}$$

式中：$\boldsymbol{B}_u = \left[-\dfrac{e_u}{\eta_u}, u, v, r\right]$，$\boldsymbol{B}_r = \left[-\dfrac{e_r}{\eta_r}, u, v, r\right]$，$\boldsymbol{B}_u$ 和 $\boldsymbol{B}_r$ 为输入向量。

式（6.40）中，螺旋桨产生的推力 F_{PT} 满足 $F_{PT} = \tau_{uu}N\mathrm{sgn}(n) = \tau_{uu}n^2\mathrm{sgn}(n)$，

舵产生的力矩 M_r 满足 $M_{rr} = \tau_{rr}\delta$。转筒型风帆助航船推力 F_{ST} 根据实时风场调整为最大助航推力。进一步，设计了考虑位置误差和航向误差的动态事件触发机制，可表示为

$$\begin{cases} N(t_u) = N_{et}(t_k^u), \forall\, t_u \in [t_k^u, t_{k+1}^u] \\ \delta(t_r) = \delta_{et}(t_k^r), \forall\, t_r \in [t_k^r, t_{k+1}^r] \end{cases} \tag{6.42}$$

且有

$$\begin{cases} t_{k+1}^u = \inf\{t_u \in R \mid t_u > t_k^u \parallel E_u \mid \geqslant \xi_{u1}N(t_u) + \xi_{u2}\} \\ t_{k+1}^r = \inf\{t_r \in R \mid t_r > t_k^r \parallel E_r \mid \geqslant \xi_{r1}\delta(t_r) + \xi_{r2}\} \end{cases} \tag{6.43}$$

式中：$E_u = N(t_u) - N(t_k^u)$、$E_r = \delta(t_r) - \delta(t_k^r)$ 为触发误差；t_u 和 t_r 为当前时刻，t_k^u 和 t_k^r 为触发时刻且 $k \in Z \geqslant 0$；t_{k+1}^u 和 t_{k+1}^r 为下一个触发时刻。通过设计合适的触发阈值，在满足控制精度的同时，避免了信息物理系统中由于连续通信而产生的资源浪费，触发阈值参数 ξ_{i1}、ξ_{i2}，$i = u$、r 可表示为

$$\xi_{i1} = \max\{\mathrm{sigmod}(i_e), a_i\}, \xi_{i2} = \exp(-\xi_{i2}) \tag{6.44}$$

式中：$\mathrm{sigmod}(i_e)$ 为确保变量为正的激活函数；a_i 为正常数。

$$o_i = \frac{o_{et}}{1 + \sigma_{i1}\xi_{i1}} - \frac{\xi_{i2}\sigma_{i2}}{1 + \sigma_{i1}\xi_{i1}}, o = N, \delta; i = u, r \tag{6.45}$$

式中：$\sigma_{i1} = \mathrm{sgn}(o)\sigma_{i2}$，在上述设计的基础上，动力学误差导数可以重写为

$$\begin{cases} \dot{u}_e = \boldsymbol{W}_u^{\mathrm{T}}\boldsymbol{h}(\boldsymbol{B}_u) - \dfrac{\tau_{uu}}{m_u}\left(\dfrac{N_{et}}{1 + \sigma_{u1}\xi_{u1}} - \dfrac{\xi_{u2}\sigma_{u2}}{1 + \sigma_{u1}\xi_{u1}}\right)\mathrm{sgn}(n) + \varepsilon_u + \dfrac{d_{wu}}{m_u} + \dfrac{F_{ST}}{m_u} \\ \dot{r}_e = \boldsymbol{W}_r^{\mathrm{T}}\boldsymbol{h}(\boldsymbol{B}_r) - \dfrac{\tau_{rr}}{m_r}\left(\dfrac{\delta_{et}}{1 + \sigma_{r1}\xi_{r1}} - \dfrac{\tau_{uu}}{1 + \sigma_{u1}\xi_{u1}}\right)n + \varepsilon_r + \dfrac{d_{wr}}{m_r} \end{cases} \tag{6.46}$$

式中：定义 α_δ 和 α_N 作为中间控制变量，设计为

$$\begin{cases} \alpha_N = -k_N u_e + \hat{\boldsymbol{W}}_u^{\mathrm{T}}h_u m_u - m_u^{-1}F_{ST} \\ \alpha_\delta = -k_\delta r_e + \hat{\boldsymbol{W}}_r^{\mathrm{T}}h_r m_r \end{cases} \tag{6.47}$$

接下来，定义 $\omega_u = m_u(1 + \sigma_{u1}\xi_{u1})/\tau_{uu}$，$\omega_r = m_r(1 + \sigma_{r1}\xi_{r1})/\tau_{rr}$，$\hat{\omega}_i$ 为 ω_i 的估计值且满足 $\tilde{\omega}_i = \omega_i - \hat{\omega}_i$，$i = u$、$r$。令 $N_{et} = \mathrm{sgn}(n)\hat{\omega}_u\alpha_N$，$\delta_{et} = \hat{\omega}_r\alpha_\delta$，在此基础上，神经网络权重更新律和自适应律可表示为

$$\begin{cases} \dot{\hat{\boldsymbol{W}}}_u = \kappa_{u1}[h(B_u)u_e - \kappa_{u2}(\hat{\boldsymbol{W}}_u - \hat{\boldsymbol{W}}_u(0))] \\ \dot{\hat{\boldsymbol{W}}}_r = \kappa_{r1}[h(B_r)r_e - \kappa_{r2}(\hat{\boldsymbol{W}}_r - \hat{\boldsymbol{W}}_r(0))] \end{cases} \tag{6.48}$$

$$\begin{cases} \dot{\hat{\omega}}_u = \gamma_{u1}[\mathrm{sgn}(\omega_u)\alpha_N u_e - \gamma_{u2}(\hat{\omega}_u - \hat{\omega}_u(0))] \\ \dot{\hat{\omega}}_r = \gamma_{r1}[\mathrm{sgn}(\omega_r)\alpha_\delta r_e - \gamma_{r2}(\hat{\omega}_r - \hat{\omega}_r(0))] \end{cases} \tag{6.49}$$

153

式中：k_N、k_δ、κ_{u1}、κ_{u2}、κ_{r1}、κ_{r2}、γ_{u1}、γ_{u2}、γ_{r1}、γ_{r2} 为正设计参数；$\hat{W}_u(0)$、$\hat{W}_r(0)$、$\hat{\omega}_u(0)$、$\hat{\omega}_r(0)$ 为相关变量的初始值。

2. 稳定性分析

利用 Lyapunov 定理，证明所提控制算法的稳定性，主要结果总结为定理 6.2。

定理 6.2 在假设 2.1～2.3 条件下，考虑转筒型风帆助航船非线性模型式（6.34）和式（6.35）、虚拟控制律式（6.37）、事件触发机制式（6.42）和式（6.43）、控制器式（6.47），神经网络权重更新律式（6.48）和相应自适应律式（6.49）组成的闭环控制系统，如果初始条件满足 $z_e^2(0) + \psi_e^2(0) + u_e^2(0) + r_e^2(0) + e_u^2(0) + e_r^2(0) + \tilde{W}_u^2(0) + \tilde{W}_r^2(0) + \tilde{\omega}_u^2(0) + \tilde{\omega}_r^2(0) \leq 2\Delta$，且任意 $\Delta > 0$，通过选取适当的设计参数，可以保证所有误差信号满足半全局一致最终有界稳定。

证明： 基于控制器设计，构造 Lyapunov 候选函数为

$$V = \frac{1}{2}z_e^2 + \frac{1}{2}\psi_e^2 + \frac{1}{2}u_e^2 + \frac{1}{2}r_e^2 + \frac{1}{2}e_u^2 + \frac{1}{2}e_r^2 + \frac{1}{2}\kappa_{u1}^{-1}\tilde{W}_u^2 +$$

$$\frac{1}{2}\kappa_{r1}^{-1}\tilde{W}_r^2 + \frac{1}{2}\left|\frac{\tau_{uu}}{1+\sigma_{u1}\xi_{u1}}\right|\tilde{\omega}_u^2 + \frac{1}{2}\left|\frac{\tau_{rr}}{1+\sigma_{r1}\xi_{r1}}\right|\tilde{\omega}_r^2 \qquad (6.50)$$

其关于时间的导数可计算为

$$\dot{V} = z_e\dot{z}_e + \psi_e\dot{\psi}_e + u_e\dot{u}_e + r_e\dot{r}_e + e_u\dot{e}_u + e_r\dot{e}_r + \kappa_{u1}^{-1}\tilde{W}_u^{\mathrm{T}}\dot{\hat{W}}_u +$$

$$\kappa_{r1}^{-1}\tilde{W}_r^{\mathrm{T}}\dot{\hat{W}}_r + \left|\frac{\tau_{uu}}{1+\sigma_{u1}\xi_{u1}}\right|\gamma_{u1}^{-1}\tilde{\omega}_u\dot{\hat{\omega}}_u + \left|\frac{\tau_{rr}}{1+\sigma_{r1}\xi_{r1}}\right|\gamma_{r1}^{-1}\tilde{\omega}_r\dot{\hat{\omega}}_r \qquad (6.51)$$

进一步可得

$$\dot{V} = -k_u(z_e - \rho_m)^2 - k_r\psi_e^2 + e_u\dot{e}_u + e_r\dot{e}_r + u_e\frac{\tilde{\omega}_u}{\omega_u}\alpha_N +$$

$$r_e\frac{\tilde{\omega}_r}{\omega_r}\alpha_\delta - k_N u_e^2 - k_\delta r_e^2 + u_e\tilde{W}_u^{\mathrm{T}}h(B_u) +$$

$$r_e\tilde{W}_r^{\mathrm{T}}h(B_r) + u_e\left[\varepsilon_u + \frac{d_{mu}}{m_u} + \frac{\tau_{uu}}{m_u}\frac{\sigma_{u2}\xi_{u2}}{1+\sigma_{u1}\xi_{u1}}\mathrm{sgn}(n)\right] +$$

$$\kappa_{u1}^{-1}\tilde{W}_u^{\mathrm{T}}\dot{\hat{W}}_u + \kappa_{r1}^{-1}\tilde{W}_r^{\mathrm{T}}\dot{\hat{W}}_r + r_e\left[\varepsilon_r + \frac{d_{mr}}{m_r} + \frac{\tau_{rr}}{m_r}\frac{\sigma_{r2}\xi_{r2}}{1+\sigma_{r1}\xi_{r1}}\right] +$$

$$\gamma_{u1}^{-1}\left|\frac{\tau_{uu}}{1+\sigma_{u1}\xi_{u1}}\right|\tilde{\omega}_u\dot{\hat{\omega}}_u + \gamma_{r1}^{-1}\left|\frac{\tau_{rr}}{1+\sigma_{r1}\xi_{r1}}\right|\tilde{\omega}_r\dot{\hat{\omega}}_r \qquad (6.52)$$

根据杨氏不等式，引入分析过程为

$$\begin{cases} e_i \dot{e}_i = -\dfrac{e_i^2}{\eta_i} + e_i A(\cdot) \leqslant -\left(\dfrac{1}{\eta_i} - \dfrac{M_i^2}{4a_i}\right) e_i^2 + a \\[3mm] i_e \left[\varepsilon_i + \dfrac{d_{\omega i}}{m_i} + \dfrac{\tau_{ii}}{m_i} \dfrac{\sigma_{i2}\xi_{i2}}{1+\sigma_{i1}\xi_{i1}} \right] \leqslant 0.25 i_e^2 + \Delta_i^2 \\[3mm] \kappa_{i2} \widetilde{\boldsymbol{W}}_i^{\mathrm{T}}(W_i - W_i(0)) \leqslant \dfrac{\parallel \widetilde{\boldsymbol{W}}_i \parallel^2}{2} \kappa_{i2} + \dfrac{\parallel W_i - W_i(0) \parallel^2}{2} \kappa_{i2} \\[3mm] \gamma_{i2} \widetilde{\boldsymbol{\omega}}_i^{\mathrm{T}}(\omega_i - \omega_i(0)) \leqslant \dfrac{\parallel \widetilde{\boldsymbol{\omega}}_i \parallel^2}{2} \gamma_{i2} + \dfrac{\parallel \omega_i - \omega_i(0) \parallel^2}{2} \gamma_{i2} \end{cases} \tag{6.53}$$

式中：$\Delta_i = \varepsilon_i + \dfrac{d_{\omega i}}{m_i} + \dfrac{\tau_{ii}}{m_i} \dfrac{\sigma_{i2}\xi_{i2}}{1+\sigma_{i1}\xi_{i1}}$。考虑式（6.53），将式（6.52）简化为

$$\dot{V} \leqslant -k_u (z_e - \rho_m)^2 - k_r \psi_e^2 - \left(\dfrac{1}{\eta_u} - \dfrac{M_u^2}{4a_u}\right) e_u^2 - \left(\dfrac{1}{\eta_r} - \dfrac{M_r^2}{4ar}\right) e_r^2 - \left(k_N - \dfrac{1}{4}\right) u_e^2 -$$

$$\left(k_\delta - \dfrac{1}{4}\right) r_e^2 - \dfrac{1}{2} \dfrac{1}{\gamma_{u1}} \left| \dfrac{\tau_{uu}}{1+\sigma_{u1}\xi_{u1}} \right| \gamma_{u1}\gamma_{u2} \widetilde{\omega}_u^2 - \dfrac{1}{2} \dfrac{1}{\gamma_{r1}} \left| \dfrac{\tau_{rr}}{1+\sigma_{r1}\xi_{r1}} \right| \gamma_{r1}\gamma_{r2} \widetilde{\omega}_r^2 +$$

$$\dfrac{1}{2} \left| \dfrac{\tau_{uu}}{1+\sigma_{u1}\xi_{r1}} \right| \gamma_{r2} (\widetilde{\omega}_r - \widetilde{\omega}_u(0))^2 + \dfrac{1}{2} \left| \dfrac{\tau_{rr}}{1+\sigma_{r1}\xi_{r1}} \right| \gamma_{r2} (\widetilde{\omega}_r - \widetilde{\omega}(0))^2 -$$

$$\dfrac{1}{2} \dfrac{1}{\kappa_{u1}} \kappa_{u1}\kappa_{u2} \widetilde{\boldsymbol{W}}_u^{\mathrm{T}} \widetilde{\boldsymbol{W}}_u - \dfrac{1}{2} \dfrac{1}{\kappa_{r1}} \kappa_{r1}\kappa_{r2} \widetilde{\boldsymbol{W}}_r^{\mathrm{T}} \widetilde{\boldsymbol{W}}_r +$$

$$\dfrac{1}{2} \kappa_{u1} (W_u - W_u(0))^2 + \dfrac{1}{2} \kappa_{r1} (W_r - W_r(0))^2 + a_u + a_r + \Delta_u^2 + \Delta_r^2 \tag{6.54}$$

定义参数

$$\begin{cases} k_u = n_{u1}, \dfrac{1}{\eta_u} = n_{u2} + \dfrac{M_u^2}{4a_u}, k_N = \dfrac{1}{4} + n_{u3} \\[3mm] k_r = n_{r1}, \dfrac{1}{\eta_r} = n_{r2} + \dfrac{M_r^2}{4a_r}, k_\delta = \dfrac{1}{4} + n_{r3} \end{cases} \tag{6.55}$$

因此，式（6.54）可进一步表示为

$$\dot{V} \leqslant -2nV + \mu \tag{6.56}$$

式中：n、μ 为正的常数且满足

$$\begin{cases} n = \min\left\{ n_{u1}, n_{u2}, n_{u3}, n_{r1}, n_{r2}, n_{r3}, \dfrac{1}{2}\kappa_{u1}\kappa_{u2}, \dfrac{1}{2}\kappa_{r1}\kappa_{r2}, \dfrac{1}{2}\gamma_{u1}\gamma_{u2}, \dfrac{1}{2}\gamma_{r1}\gamma_{r2} \right\} \\[3mm] \mu = \displaystyle\sum_{i=u,r} \dfrac{1}{2} \left| \dfrac{\tau_{ii}}{1+\sigma_{i1}\xi_{i1}} \right| \gamma_{i2} (\widetilde{\omega}_i - \widetilde{\omega}_i(0))^2 + \sum_{i=u,r} \dfrac{1}{2}\kappa_{i2} (W_i - W_i(0))^2 + \sum_{i=u,r} (a_i + \Delta_i^2) \end{cases} \tag{6.57}$$

式中：n_{i1}、n_{i2}、n_{i3} 为正的常量。对式（6.56）进行积分可得

$$V(t) \leqslant \frac{\mu}{2n} + \left(V(0) - \frac{\mu}{2n}\right)\exp^{-2nt} \tag{6.58}$$

显然，闭环控制系统中所有误差变量都满足半全局一致最终有界稳定。

根据上述稳定性分析并结合控制律结构可知 $i_{et}(i = N、\delta)$ 是有界的，即存在一个正常数 Ξ_i 使不等式满足 $|i_{et}| \leqslant \Xi_i$。对触发误差 $E_j = i(t_j) - i(t_k^j), j = u、r$ 进行积分可以得到

$$\frac{\mathrm{d}}{\mathrm{d}t}|E_j(t)| = \frac{\mathrm{d}}{\mathrm{d}t}(E_j(t) * E_j(t))^{\frac{1}{2}} = \mathrm{sgn}(E_j(t))\dot{E}_j(t) \leqslant |i_{et}| \leqslant \Xi_i \tag{6.59}$$

可以看出，触发误差收敛速率是有上界的，结合事件触发机制式（6.42）和式（6.43）可得 $\lim\limits_{t \to t_{k+1}^i} E_j(t) > \xi_{j1}|i(t_k^j)| + \xi_{j2}, \xi_{j2}$ 为正的常数。也就是说，所提出的事件触发机制存在最小事件触发事件 $t^* = t_{k+1} - t_k$。进一步可以得到 t^* 满足 $t^* > (\xi_{j1}|i(t_k^j)| + \xi_{j2})/\Xi_i \geqslant 0$，表明事件触发间隔时间不为零，可以避免 Zeno 现象发生。

6.2.4 仿真研究

本节基于 MATLAB 仿真平台进行了两个数值实例验证，其中，仿真实验 1 是风帆能耗对比仿真，该实验利用本章所提算法与文献［9］中常规动力船舶控制算法（简称"对比算法 A"）以及文献［59］中针对翼型风帆助航船控制算法（简称"对比算法 B"）进行对比，该对比有利于证明所提控制算法的优越性以及转筒型风帆助航船的优势。仿真实验 2 是面向海洋牧场网箱巡检任务的转筒型风帆助航船路径跟踪实验。仿真研究中，转筒型风帆助航船数学模型在文献［115］中船舶模型的基础上安装 $2\mathrm{m} \times 10\mathrm{m}$ 的转筒帆，相关参数如表 6.2 所列。需要说明，对于转筒型风帆，当前主要安装模式是在现有船舶上进行改装，国际上已有专业的转筒型风帆设计、建造、安装公司，安装后对船舶原有数学模型的耦合效应可忽略不计。

表 6.2 转筒型风帆助航船参数说明

参数	数值	参数	数值
船长	38m	船宽	7.2m
型深	4.5m	最大航速	24kn
主机功率	2100kW	螺旋桨转速	2100r/min
最大转舵	35°	转筒直径	2m
转筒高度	10m	转筒转速	260r/min

1. 风帆能耗对比实验

本实验将所提算法与对比算法 A 和对比算法 B 进行对比，对比算法 A 是一种具有事件触发机制的常规动力船舶控制算法，对比算法 B 是不具备事件触发机制的翼型风帆助航船控制算法。表 6.3 列出了三种控制算法的主要区别。

表 6.3　三种算法的主要特点

参数	本节算法	对比算法 A	对比算法 B
主推力机构	螺旋桨	螺旋桨	螺旋桨
辅助动力装备	转筒型风帆	无	翼型风帆
事件触发技术	有	无	有
制导算法	触发式 LVS	DVS	LVS

为了体现触发式 LVS 制导在不同转向幅度的性能表现，本实验同时考虑了大角转向段和小角转向段。在本实验中，参考轨迹由 5 个预设航路点组成，即 $W_1(500,0)$、$W_2(500,500)$、$W_3(100,250)$、$W_4(100,750)$、$W_5(500,1000)$，LVS 速度设为 $u_d = 10\text{m/s}$，平均风向设置为 $\psi_{\text{wind}} = 120°$。RBF - NNs 具有 25 个节点，标准差 $\xi_i = 3$，中心值 μ_i 分布在 $[-5\text{m/s} \times 15\text{m/s}] \times [-2.5\text{m/s} \times 2.5\text{m/s}] \times [-1.5\text{m/s} \times 1.5\text{m/s}] \times [-0.8\text{rad/s} \times 0.8\text{rad/s}]$ 上。转筒型风帆助航船的初始状态变量设置为 $[x(0),y(0),\psi(0),u(0),v(0),r(0)] = [490\text{m},0\text{m},0°,0\text{m/s},0\text{m/s},0(°)/\text{s}]$，所提控制算法的主要参数为

$$\begin{cases} k_u = 2.8, k_r = 1.5, k_N = 0.75, k_\delta = 0.9, \\ \kappa_{u1} = 0.5, \kappa_{u2} = 1.1, \kappa_{r1} = 1.5, \kappa_{r2} = 1.2, \\ \gamma_{u1} = 0.03, \gamma_{u2} = 0.15, \gamma_{r1} = 0.01, \gamma_{r2} = 0.35 \end{cases} \tag{6.60}$$

图 6.12 给出了三种算法下的路径跟踪轨迹对比，可以发现，在大角度转向时，航路点附近转向半径较大，转向弧度小，在小角度转向时，航路点附近转向半径小，转向弧度大。图 6.13 给出了三种算法下制导信号输出图对比，可以看出由所提触发式制导策略产生的参考信号更加平滑。图 6.14 给出了三种算法下的位置误差和航向误差对比。需要注意的是，由于所提出制导算法不需要对航向信号进行实时更新，因此在一定程度上降低了跟踪精度，但是也同时降低了执行器的过度操纵。图 6.15 给出了控制输入 n 和 δ 的实际信号和触发信号，结合图 6.13 和图 6.14 可以看出，所提出的事件触发机制牺牲了一部

分可控范围内的控制精度，但是明显降低了信号传输的频率。图 6.16 和图 6.17 说明了转筒型风帆助航船与翼型风帆助航船相比有更好的助航能力。图 6.16 为经过能耗优化机制处理的转筒型风帆的实时转速，图 6.17 为两种助航船舶螺旋桨产生推力 F_{PT} 和帆产生的助航推力 F_{ST} 的对比。图 6.18 为两种风帆助航船的能耗优化比率对比，能耗优化比率由 $EOR_j(t) = F_{ST}^j/(F_{PT}^j(t) + F_{ST}^j(t))$，$j = RAV$、WAV 计算，其中 RAV 为转筒型风帆助航船，WAV 为翼型风帆助航船。很明显，在横向风段，转筒型风帆助航船的能耗优化性能优于翼型风帆助航船，在顺风段，两者的表现相反。但是转筒型风帆在整体上能耗表现优于翼型风帆。图 6.19 和图 6.20 为所提算法神经网络的权重自适应律变化曲线和增益自适应参数变化曲线。图 6.21 给出了所提算法与对比算法 A 控制输入 TTI 的对比图，所提动态事件触发技术在保证精度的同时，能够更加节省信道资源。

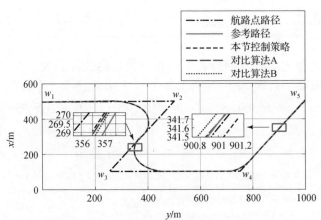

图 6.12　三种算法轨迹对比图（见彩图）

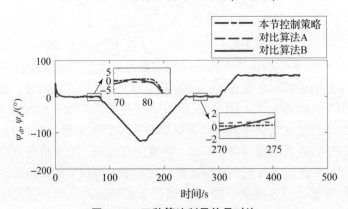

图 6.13　三种算法制导信号对比

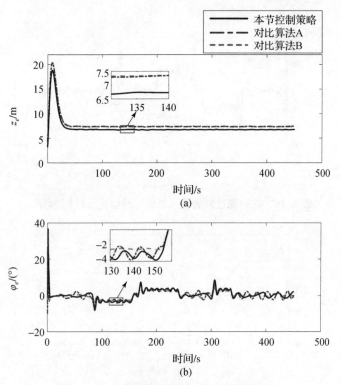

图 6.14　三种算法的误差对比（见彩图）

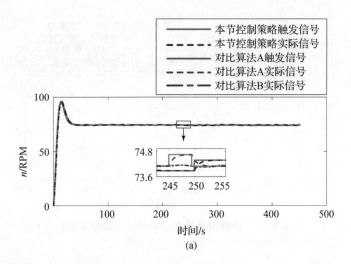

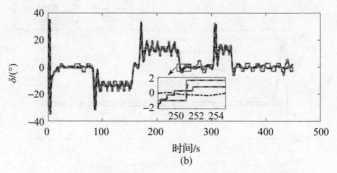

(b)

图 6.15　三种算法控制输入对比（线型区分）（见彩图）

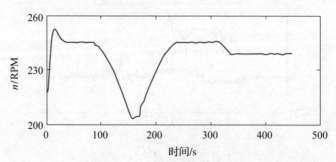

图 6.16　转筒帆转速实时图

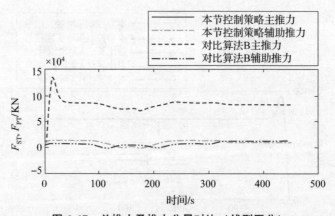

图 6.17　总推力及推力分量对比（线型区分）

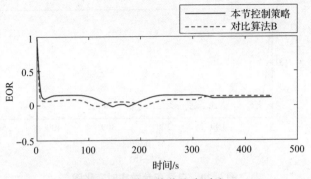

图 6.18　能耗优化比率对比

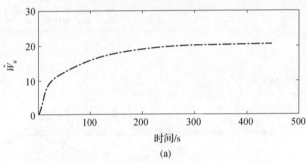

(a)

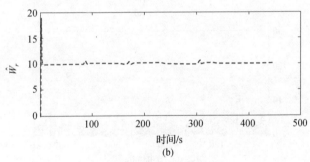

(b)

图 6.19　神经网络权重估计

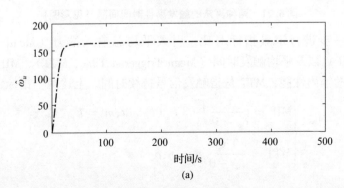

(a)

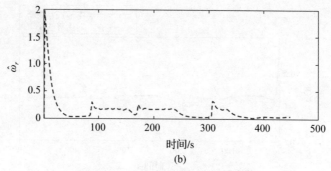

图 6.20　自适应参数实时变化图

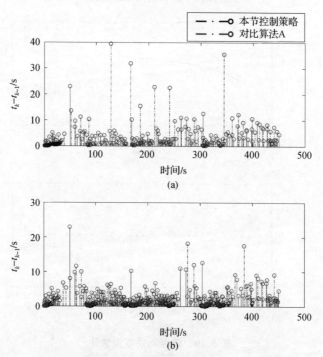

图 6.21　两种算法的触发事件时间间隔（见彩图）

为进一步进行定量指标对比，引入平均总输入推力（Mean Total Input Force，MIF）以及平均触发时间（Mean Triggered Time，MTT）。MIF 用来评价动力机构的输出性能，MTT 是指触发信号持续时间。上述两个指标定义为

$$
\begin{cases}
\mathrm{MIF} = \dfrac{1}{t_\infty - 0} \displaystyle\int_0^{t\infty} \mid F_m(t) \mid \mathrm{d}t, m = F_{\mathrm{PT}}、F_{\mathrm{ST}} \\[4mm]
\mathrm{MTT} = \dfrac{\mathrm{TN}_p}{t_\infty - 0}, p = n, \delta
\end{cases}
\tag{6.61}
$$

式中：TN_p 为触发次数。相关量化对比结果如表 6.4 所列，结果表明，本节所提控制算法助航推力输出更大，输出误差更小，且所提事件触发次数频率更低。

表 6.4　三种算法量化结果对比

指标	项目	所提算法	对比算法 A	对比算法 B
MIF	$F_{PT}/(10^4 N)$	2.454	2.835	2.531
	$F_{ST}/(10^4 N)$	0.262	0	0.229
MTT	n/RPM	0.736	1.227	0
	$\delta/(°)$	1.168	1.745	0

2. 面向网箱巡检任务的转筒帆式船舶数值仿真

海洋牧场为了监测养殖环境以及确保养殖网箱的正常运转，会利用船舶定时进行网箱巡检。值得注意的是，海洋牧场所处区域位置固定，一般具有随季节变化的稳定风场，并且可以围绕深海养殖网箱设定航路点，十分适合转筒型风帆助航船执行航行任务。本实验为了模拟这一过程，利用 2.2 节提出的海洋环境模型模拟真实的海洋环境，在 4 级海况下进行数值仿真，平均风向设置为 $\psi_{wind} = 120°$，并围绕养殖网箱设置航路点：$W_1(0,0)$，$W_2(500,0)$，$W_3(500,1000)$，$W_4(1000,500)$，$W_5(1500,1000)$，$W_6(1600,800)$，$W_7(1300,1000)$，$W_8(800,500)$，$W_9(500,200)$，$W_{10}(0,200)$。

图 6.22 为网箱巡检任务下转筒型风帆助航船路径跟踪轨迹图，通过设定的航路点，实现了对网箱养殖区域的全覆盖监控。图 6.23 为转筒型风帆助航船的控制命令和实际输入信号曲线，包括螺旋桨转速和舵角的变化。图 6.24 给出了本任务下转筒型风帆的转速实时变化曲线。可以看出，转筒型风帆的转速始终保持在合理的范围内。图 6.25 给出了所提控制算法下的主机转速和舵角命令的触发时间间隔。

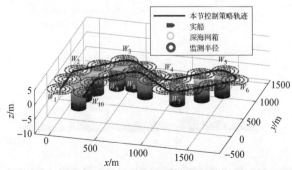

图 6.22　网箱巡检任务下路径跟踪轨迹图（见彩图）

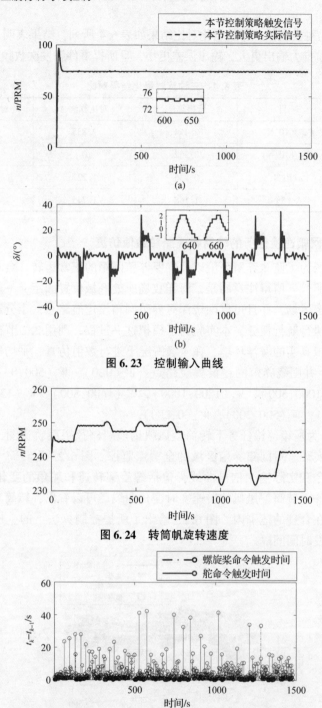

图 6.23 控制输入曲线

图 6.24 转筒帆旋转速度

图 6.25 所提算法控制输入事件触发时间间隔（见彩图）

6.3　本章小结

相比于翼型风帆助航船，6.1 节针对时变海洋环境下具有更高推进效率的转筒型风帆助航船路径跟踪问题进行研究，提出了一种非线性修饰的 LVS 制导原理和考虑最优推力的鲁棒自适应控制算法。所构建的非线性修饰 LVS 制导有效地解决了帆角补偿下的舵机输入饱和问题。基于此，设计考虑了最优推力下转筒型帆对螺旋桨和舵的补偿作用，利用输入端事件触发机制和动态面控制技术提出了一种鲁棒自适应控制算法，在一定程度上减轻了通信传输负载。最后，通过模拟海洋环境下的仿真实例，验证了所提算法的有效性，从量化指标对比结果来看，本节所提控制策略具有明显的节能优势和低计算负载的优点。

在 6.1 节研究内容的基础上，6.2 节针对转筒型风帆助航船提出了一种基于能耗优化机制的牧场巡航控制算法，实现了在时变风场环境下考虑最优推力获取的转筒型风帆助航船路径跟踪控制。其中，触发式 LVS 制导可以从根源上减少了参考信号产生的频率，可以满足转筒型风帆在不同转弯半径下的制导需求。在触发式 LVS 制导的基础上，设计了一种适用于海洋牧场网箱巡检场景的动态事件触发控制算法，其中，动态事件触发技术有效降低了控制器与执行器之间信号的传输频率。通过对比试验证明了所提事件触发技术的有效性以及转筒型风帆的节能优势。此外，通过模拟海洋牧场网箱巡检，证明了所提算法具有潜在的工程应用前景。

参考文献

[1] UN Trade and Development. Review of Maritime Transport[R], New York：United Nations, 2022：107 – 112.

[2] 本刊讯. 全球商船船队价值创历史新高 [J]. 中国航务周刊, 2021, 2021(35)：19.

[3] 胡琼,周伟新,刁峰. IMO 船舶温室气体减排初步战略解读 [J]. 中国造船, 2019, 60(1)：195 – 201.

[4] 吴清亮,焦勇勤,谢辉强. 机帆船在南海的普及及与南海更路簿的演变 [J]. 海南大学学报, 2019, 37 (4)：16 – 24.

[5] 吴青,王乐,刘佳仑. 自主水面货船研究现状与展望 [J]. 智能系统学报, 2019(1)：1 – 12.

[6] 中国政府网. 智能船舶发展行动计划(2019 – 2021)[EB/OL]. https://www. gov. cn/xinwen/2018 – 12/30/content_5353550. htm, 2018 – 12 – 30.

[7] Cruz N A, Alves J C. Autonomous sailboats：An emerging technology for ocean sampling and surveillance [C]. OCEANS, New York, USA, IEEE, 2008.

[8] 钱学森. 发展我国的数学科学——在中国数学会数学教育与科研座谈会上的讲话 [J]. 数学通报, 1990(6)：2 – 4.

[9] Huang C, Zhang X, Zhang G. Adaptive neural finite – time formation control for multiple underactuated vessels with actuator faults [J]. Ocean Engineering, 2021(222)：108556.

[10] Hendrik E, Busser G W, Cdric P, et al. Navigation strategy and trajectory following controller for an autonomous sailing vessel [J]. IEEE Robotics and Automation Magazine, 2010, 17(1)：45 – 54.

[11] 张国庆,张显库. 船舶智能航行制导与控制 [M]. 北京：科学出版社, 2022.

[12] Skjetne R, Smogeli O, Fossen T I. A Nonlinear Ship Manoeuvering Model：Identification and adaptive control with experiments for a model ship [J]. Modeling Identification and Control, 2004, 51(1)：3 – 27.

[13] Fossen T I, Lauvdal T. Nonlinear stability analysis of ship autopilots in sway, roll and yaw [C]. Proceedings of the 3rd International Conference on Maneuvering and Control of Marine Craft, Southampton, UK, 1994.

[14] Pettersen K Y, Egeland O. Exponential stabilization of an underactuated surface vessel [J]. Modeling, Identification and Control, 1997,18(3)：239 – 248.

[15] 张显库,贾欣乐,蒋丹东. H∞ 自动舵鲁棒性的海试验证 [J]. 控制理论与应用, 2000, 17(1)：147 – 149.

[16] 张显库,贾欣乐,蒋丹东. 基于 PC104 工控机的新型航迹舵 [J]. 计算机系统应用, 1998, 8 (5)：46 – 47.

[17] 张显库,尹勇,金一丞,等. 航海模拟器中适应式鲁棒航迹保持算法 [J]. 中国航海, 2011, 34(4)：57 – 61.

[18] Do K, Pan J. Control of Ships and Underwater Vehicles (Design for Underactuated and Nonlinear Marine Systems)[M]. New York：Springer, 2009.

[19] Peng Z, Wang J, Wang D, et al. An overview of recent advances in coordinated control of multiple autono-

mous surface vechiles [J]. IEEE Transactions on Industrial Informatics, 2021, 17(2): 732 – 745.

[20]卜仁祥. 欠驱动水面船舶非线性反馈控制研究 [D]. 大连: 大连海事大学,2008.

[21]曾薄文,朱齐丹,于瑞亭. 欠驱动水面船舶的曲线航迹跟踪控制 [J]. 哈尔滨工程大学学报, 2011, 32(10): 1317 – 1322.

[22]孟威. 欠驱动水面船舶运动的非线性控制研究 [D]. 大连: 大连海事大学,2012.

[23]Duc D K, Jie P. Robust and adaptive path following for underactuated autonomous underwater vehicles [J]. Ocean Engineering, 2004, 31(16): 1967 – 1997.

[24]Duc D K, Jiang Z, Jie P. Robust adaptive path following of underactuated ships [J]. Automatica, 2004, 40(6): 929 – 944.

[25]Duc D K, Jie P. Control of Ships and Underwater Vehicles (Design for Underactuated and Nonlinear Marine Systems)[M]. New York: Springer, 2009.

[26]Jiang Z. Controlling underactuated mechanical systems: A review and open problems [J]. Lecture notes in control and information sciences, 2011, 407(12): 77 – 88.

[27] Zhou J, Wen C. Adaptive Backstepping Control of Uncertain Systems [M]. Berlin: Springer – Verlag, 2008.

[28]Zhang G, Zhang X. A novel DVS guidance principle and robust adaptive path – following control for underactuated ships using low frequency gain – learning [J]. ISA Transactions, 2015(56): 75 – 85.

[29]张卫东,韩鹏,杨子恒,等. 无人船自动驾驶研发现状与展望 [J]. 水上安全, 2022(6):51 – 59.

[30]严新平,刘佳仑,张煜,等. 智能航运的研究现状与展望 [J]. 现代交通与冶金材料, 2022, 2(1): 7 – 18.

[31]严新平,吴超,马枫. 面向智能航行的货船"航行脑"概念设计 [J]. 中国航海, 2017, 40(4): 95 – 98,136.

[32]Liu J, Yang F, Li S, et al. Testing and evaluation for intelligent navigation of ships: Current status, possible solutions, and challenges [J]. Ocean Engineering, 2024(295): 116969.

[33]张国庆. 超恶劣海况下船舶运动简捷鲁棒自适应控制 [D]. 大连: 大连海事大学,2016.

[34]Zhang G, Liu S, Huang J, et al. Dynamic Event – Triggered Path – Following Control of Underactuated Surface Vehicle With the Experiment Verification [J]. IEEE Transactions on Vehicular Technology, 2022, 71(10): 10415 – 10425.

[35]Li J, Zhang G, Jiang C, et al. A survey of maritime unmanned search system: Theory, applications and future directions [J]. Ocean Engineering, 2023, 285: 115359.

[36]Fossen T I. Handbook of Marine Craft Hydrodynamics and Motion Control [M]. Chichester: John Wiley & Sons Ltd, 2011.

[37]俞建成,孙朝阳,张艾群. 无人帆船研究现状与展望 [J]. 机械工程学报, 2018, 54(24): 98 – 110.

[38]Elkaim G H. System identification for precision control of a wingsailed GPS – guided catamaran [D]. Stanford: University of Stanford,2002.

[39]Elkaim G H, Boyce C O L. Experimental aerodynamic performance of a self – trimming wing – sail for autonomous surface vehicles [J]. IFAC Proceedings Volumes, 2007, 40(7): 271 – 276.

[40]Cokelet E D, Meining C, Slavas N L, et al.. The use of saildrones to examine spring conditions in the bering sea [C]. Oceans, 2015, Washington, DC, USA, IEEE.

[41]罗潇,刘旌扬,王健,等. 高性能无人帆船软硬件设计 [J]. 计算机工程与应用, 2018, 54

(9)：265 – 270.

[42]徐建云. 无人帆船避障系统研究 [D]. 上海：上海交通大学,2018.

[43]杨少龙. 无人操纵帆船设计及运动控制研究 [D]. 大连：大连海事大学,2013.

[44]Zhang G, Li J, Yu W, et al. Event – triggered robust neural control for unmanned sail – assisted vehicles subject to actuator failures [J]. Ocean Engineering, 2020, 216(5)：107754.

[45]Zhang G, Li J, Jin X, et al. Robust adaptive neural control for wing – sail – assisted vehicle via the multiport event – triggered approach [J]. IEEE Transactions on Cybernetics, 2022, 52(12)：12916 – 12928.

[46]王健,罗潇,刘旌扬,等. 复合动力超长续航无人艇系统的设计与实现 [J]. 船舶工程, 2017, 39(5)：48 – 53.

[47]孙文祺,王文龙,姜兆祯,等. 海洋观测无人艇发展现状与展望 [J]. 中国造船, 2022, 63(5)：256 – 271.

[48]Elkaim G H. The atlantis project：A GPS – guided wing – sailed autonomous catamaran [J]. Navigation, 2006, 53(4)：237 – 247.

[49]Illingworth J H. Navigation and strategy in ocean racing [J]. Journal of navigation, 1997, 50(3)：381 – 389.

[50]Elkaim G H. Autonomous surface vehicle free – rotating wingsail section eesign and configuration analysis [J]. Journal of Aircraft, 2008, 45(6)：1835 – 1852.

[51]Roland S, Tobias P. Autonomous sailboat navigation for short course racing [J]. Robotics & Autonomous Systems, 2008, 56(7)：604 – 614.

[52]Deng Y, Zhang X, Zhang G. Fuzzy logic based speed optimization and path following control for sail – assisted ships [J]. Ocean Engineering, 2019, 171(1)：300 – 310.

[53]张国庆,张显库. 船舶运动数学模型与 MATLAB 仿真 [M]. 徐州：中国矿业大学出版社, 2020.

[54]贾欣乐,杨盐生. 船舶运动数学模型 [M]. 大连：大连海事大学出版社, 1999.

[55]Abkowitz M A. Measurement of hydrodynamic characteristics from ship manoeuvring trials by system identification [C]. Proceedings of the Annual Meeting of SNAM, 1980.

[56]Perez T. Ship Motion Control (Course keeping and roll stabilisation using rudder and fins)[M]. London：Springer, 2005.

[57]Stelzer R, Proll T. Autonomous sailboat navigation for short course racing [J]. Robotics and Autonomous Systems, 2008, 56(7)：604 – 614.

[58]葛艳. 基于模糊进化理论的帆船运动路线规划研究 [D]. 青岛：中国海洋大学,2005.

[59]Deng Y, Zhang X, Zhang G. Fuzzy logic based speed optimization and path following control for sail – assisted ships [J]. Ocean Engineering, 2019, 171(1)：300 – 310.

[60]Xiao L, Jouffroy J. Modeling and nonlinear heading control of sailing yachts [J]. IEEE Journal of Oceanic Engineering, 2014, 39(2)：256 – 268.

[61]Yeh E C, Bin J C. Fuzzy control for self – steering of a sailboat. [C]. International Conference on Intelligent Control and Instrumentation, Singapore, IEEE, 1992：1339 – 1344.

[62]Abril J, Salom J, Calvo O. Fuzzy control of a sailboat [J]. Internation Journal of Approximate Reasoning, 1997, 16(4)：359 – 375.

[63]Wille K L, Hassani V, Sprenger F. Modeling and course control of sailboats [J]. IFAC PapersOnLine, 2016, 49(23)：532 – 539.

[64]沈智鹏,邹天宇. 控制方向未知的无人帆船自适应动态面航向控制 [J]. 哈尔滨工程大学学报,

2019, 40(1): 94 – 101.

[65] 沈智鹏,邹天宇,郭坦坦. 输入受限的非仿射无人帆船航向系统自适应动态面控制 [J]. 控制理论与应用, 2019, 36(9): 1461 – 1468.

[66] 张雪飞,袁鹏,谭俊哲. 基于模糊 PID 的无人帆船航向控制方法 [J]. 中国舰船研究, 2019, 14(6): 15 – 21.

[67] Zhang G, Zhang X, Zheng Y. Adaptive neural path – following control for underactuated ships in fields of marine practice [J]. Ocean Engineering, 2015, 108(4): 558 – 567.

[68] Jin X. Fault tolerant finite – time leader – follower formation control for autonomous surface vessels with LOS range and angle constraints [J]. Automatica, 2016, 68(6): 228 – 236.

[69] Petres C, Romero – Ramirez M A, Plumet F. A potential field approach for reactive navigation of autonomous sailboats [J]. Robotics and Autonomous Systems, 2012, 6(5): 1520 – 1527.

[70] Zhang G, Liu S, Zhang X. Adaptive distributed fault – tolerant control for underactuated surface vehicles with bridge – to – bridge event – triggered mechanism [J]. Ocean Engineering, 2022, 262: 112205.

[71] 童帮裕,胡坚垄. 基于改进蚁群算法的船舶冰区航行路径规划 [J]. 中国航海, 2020, 43 (1): 24 – 28.

[72] Santos D, Junior A G S, Negreiros A, et al. Design and implementation of a control system for a sailboat robot [J]. Robotics, 2016, 5(1): 1 – 5.

[73] Zhang G, Li J, Liu C, et al. A robust fuzzy speed regulator for unmanned sailboat robot via the composite ILOS guidance [J]. Nonlinear Dynamics, 2022, 110(3): 2465 – 2480.

[74] Zhang G, Li J, Li B. Improved integral LOS guidance and path – following control for an unmanned robot sailboat via the robust neural damping technique [J]. Journal of navigation, 2019, 72(6): 1378 – 1398.

[75] Li J, Zhang G, Zhang X, et al. Event – triggered robust adaptive control for path following of the URS in presence of the marine practice. Ocean Engineering, 242, 110139, 2021 [J]. Ocean Engineering, 2021, 242: 110139.

[76] Luc J, Bars F L. An interval approach for stability analysis: application to sailboat robotics [J]. IEEE Transactions on Robotics, 2013, 29(1): 282 – 287.

[77] Xiao L, Alves J C, Cruz N A, et al. Online speed optimization for sailing yachts using extremum seeking [C]. O-ceans, Hampton, USA, IEEE, 2012.

[78] Corno M, Formentin S, Savaresi S M. Data – driven online speed optimization in autonomous sailboats [J]. IEEE Transactions on intelligent Transportation Systems, 2016, 17(3): 762 – 771.

[79] 廖珂,邓德衡,许劲松. 基于约束模型试验的无人帆船速度预报 [J]. 船舶工程, 2020, 42(7): 138 – 143.

[80] Deng Y, Zhang X, Zhang G. Line – of – sight – based guidance and adaptive neural path – following control for sailboats [J]. IEEE Journal of Oceanic Engineering, 2019, 45(4): 1177 – 1189.

[81] An L, Yang G H, Deng C, et al. Event – Triggered Reference Governors for Collisions – Free Leader – Following Coordination Under Unreliable Communication Topologies [J]. IEEE Transactions on Automatic Control, 2024, 69(4): 2116 – 2130.

[82] Ao W, Huang J, Wang K, et al. Asymptotic adaptive output feedback event – triggered control of uncertain strict – feedback nonlinear systems with sensors triggering [J]. ISA Transactions, 2023(136): 75 – 83.

[83] Hung N T, Pascoal A M, Johansen T A. Cooperative path following of constrained autonomous vehicles with model predictive control and event – triggered communications [J]. International Journal of Robust and

Nonlinear Control, 2020, 30(7): 2644 –2670.

[84] Zhang C, Yang G. Event – triggered adaptive output feedback control for a class of uncertain nonlinear systems with actuator failures [J]. IEEE Transactions on Cybernetics, 2018, 50(1): 201 –210.

[85] 邓英杰. 风帆推进船舶路径跟踪制导与控制 [D]. 大连：大连海事大学, 2020.

[86] Xing L, Wen C, Liu Z, et al. Adaptive compensation for actuator failures with event – triggered input [J]. Automatica, 85(11): 129 –136.

[87] Zhang G, Wang L, Li J, et al. Improved LVS guidance and path – following control for unmanned sailboat robot with the minimum triggered setting [J]. Ocean Engineering, 2023, 272: 113860.

[88] 张显库, 杨光平. 大型船舶的非线性 Norrbin 数学模型改进 [J]. 中国航海, 2016, 39(3): 50 –53.

[89] Zhang G, Cao Q, Huang C, et al. Adaptive neural quantized formation control for heterogeneous underactuated ships with the MVS guidance [J]. Ocean Engineering, 2024, 294: 116760.

[90] Zhang G, Chang T, Wang W, et al. Hybrid threshold event – triggered control for sail – assisted USV via the nonlinear modified LVS guidance [J]. Ocean Engineering, 2023, 276: 114160.

[91] Li J, Zhang G, Cabecinhas D, et al. Prescribed performance path following control of USVs via an output – based threshold rule [J]. IEEE Transactions on Vehicular Technology, 2024, 73(5): 6171 –6182.

[92] Zhang G, Zhang X. Concise adaptive fuzzy control of nonlinearly parameterized and periodically time – varying sysems via small gain theory [J]. Internation Journal of Control Automation & Systems, 2016, 14 (4): 1 –13.

[93] 郑长德. 信息经济学的三剑客——2001 年诺贝尔经济学奖评述. [J]. 西南民族学院学报, 2001, 22 (11): 120 –127.

[94] Li J, Zhang G, Zhang X, et al. Integrating Dynamic Event – Triggered and Sensor – Tolerant Control: Application to USV – UAVs Cooperative Formation System for Maritime Parallel Search [J]. IEEE Transactions on intelligent Transportation Systems, 2024, 25(5): 3986 –3998.

[95] Zhang G, Li J, Chang T, et al. Autonomous navigation and control for a sustainable vessel: A wind – assisted strategy. [J]. Sustainable Horizons, 2024: Online.

[96] Petar K, Murat A. Constructive nonlinear control: a historical perspective [J]. Automatica, 2001, 37(5): 637 –662.

[97] Hou Z, Chi R, Gao H. An Overview of Dynamic – Linearization – Based Data – Driven Control and Applications [J]. Ieee Transactions on Industrial Electronics, 2017, 64(5): 4076 –4090.

[98] Jiang Y, Jiang Z P. Robust Adaptive Dynamic Programming and Feedback Stabilization of Nonlinear Systems [J]. IEEE Transactions on Neural Networks and Learning Systems, 2014, 25(5): 882 –893.

[99] Sui S, Chen C L P, Tong S. Finite – Time Adaptive Fuzzy Prescribed Performance Control for High – Order Stochastic Nonlinear Systems [J]. IEEE Transactions on Fuzzy Systems, 2022, 30(7): 2227 –2240.

[100] Chen F, Jiang R, Zhang K, et al. Robust Backstepping Sliding – Mode Control and Observer – Based Fault Estimation for a Quadrotor UAV [J]. Ieee Transactions on Industrial Electronics, 2016, 63(8): 5044 –5056.

[101] Yu J, Shi P, Zhao L. Finite – time command filtered backstepping control for a class of nonlinear systems [J]. Automatica, 2018(92): 173 –180.

[102] Long L, Zhao J. Adaptive Output – Feedback Neural Control of Switched Uncertain Nonlinear Systems With Average Dwell Time [J]. IEEE Transactions on Neural Networks and Learning Systems, 2015, 26

(7): 1350 – 1362.

[103] Van M, Mavrovouniotis M, Ge S. S. An Adaptive Backstepping Nonsingular Fast Terminal Sliding Mode Control for Robust Fault Tolerant Control of Robot Manipulators [J]. IEEE Transactions on Systems Man Cybernetics – Systems, 2019, 49(7): 1448 – 1458.

[104] Wang N, Gao Y, Zhang X. Data – Driven Performance – Prescribed Reinforcement Learning Control of an Unmanned Surface Vehicle [J]. IEEE Transactions on Neural Networks and Learning Systems, 2021, 32 (12): 5456 – 5467.

[105] 杨盐生. 不确定系统的鲁棒控制及其应用 [M]. 大连: 大连海事大学出版社, 2003.

[106] M. K, I K, P K. Nonlinear and Adaptive Control Design [M]. New York: Wiley, 1995.

[107] 张显库. 船舶运动简捷鲁棒控制 [M]. 北京: 科学出版社, 2012.

[108] Zhang G, Zhang X, Guan W. Stability analysis and design of integrating unstable delay processes using the mirror mapping technique [J]. Journal of Process Control, 2014, 24(7): 1038 – 1045.

[109] 胡寿松. 自动控制原理(第7版)[M]. 北京: 科学出版社, 2019.

[110] Tabuada P. Event – triggered real – time scheduling of stabilizing control tasks [J]. IEEE Transactions on Automatic Control, 2007, 52(9): 1680 – 1685.

[111] Girard A. Dynamic triggering mechanisms for event – triggered control [J]. IEEE Transactions on Automatic Control, 2015, 60(7): 1992 – 1997.

[112] Zhang G, Deng Y, Zhang W, et al. Novel DVS guidance and path – following control for underactuated ships in presence of multiple static and moving obstacles [J]. Ocean Engineering, 2018 (170): 100 – 110.

[113] Sun Z, Zhang G, Yi B, et al. Practical proportional integral sliding mode control for underactuated surface ships in the fields of marine practice [J]. Ocean Engineering, 2017(142): 217 – 223.

[114] Zhang C, Zhang G, Zhang X. DVSL guidance – based composite neural path following control for underac- tuated cable – laying vessels using event – triggered inputs [J]. Ocean Engineering, 2021 (238): 109713.

[115] Zhang G, Chu S, Jin X, et al. Composite Neural Learning Fault – Tolerant Control for Underactuated Vehicles with Event – Triggered Input [J]. IEEE Transactions on Cybernetics, 2021, 51 (5): 2327 – 2338.

附录 主要符号、缩写说明

数学符号

$\mathbb{R}$	实数集或实数域，$\mathbb{R}:=\mathbb{R}^1$
$\mathbb{R}^n$	n 维实欧几里得空间，$\mathbb{R}^n:=\mathbb{R}^{n\times 1}$
$\mathbb{R}^{m\times n}$	所有 $m\times n$ 维矩阵构成的实空间
$\mathbb{R}^+$	所有元素均不小于零的实数集
T	上标 T 表示矩阵转置
lim	极限符号
sgn	符号函数
$n!$	阶乘运算，即 $n!=1\times 2\times 3\times\cdots\times n$
$\lvert a\rvert$	标量 a 的绝对值
$\lVert a\rVert$	向量 a 的欧式范数
$\lVert A\rVert_\infty$	矩阵 A 的 ∞ – 范数，对于 $A=[a_{i,j}]\in\mathbb{R}^{m\times n}$，$\lVert A\rVert_\infty=\max\limits_{1\leqslant i\leqslant m}\sum_{j=1}^n\lvert a_{ij}\rvert$
e^a	指数函数，$e^a=\exp(a)$
$\tan(a)$	正切函数
$\arctan(a)$	反正切函数
$\min\{*,*,\cdots,*\}$	$(*,*,\cdots,*)$ 中最小者
$\max\{*,*,\cdots,*\}$	$(*,*,\cdots,*)$ 中最大者
$\inf\{*\}$	下确界。如 $f(x)=\exp(-x^2)$，则 $\inf\{f(x)\}=0$
$\sup\{*\}$	上确界。如 $f(x)=1-\exp(-x^2)$，则 $\sup\{f(x)\}=1$
$\text{argmin}\{*\}$	最小变量定义域。如 $\text{argmin}\{f(x)\}$ 表示当 $f(x)$ 取最小值时自变量 x 的集合

专业术语缩写

UNCTD	联合国贸发委
PID	比例积分微分控制器
DSC	动态面控制
MLP	最小参数化技术
SISO	单输入单输出
MIMO	多输入多输出
NN	神经网络
IMO	国际海事组织
COLREGS	国际海上避碰规则
ETM	事件触发机制
MAE	绝对平均误差
MAI	绝对平均输入
MTV	绝对平均变差
MAR	平均绝对横倾
CM	计算机占用内存
ET	运行时间
TN	触发次数

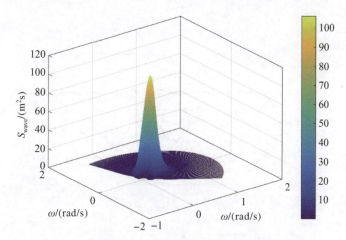

图 2.13 7 级海况下(平均浪向 40°)PM 谱三维视图

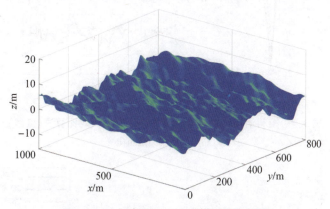

图 2.14 7 级海况下 PM 谱模拟波面视图

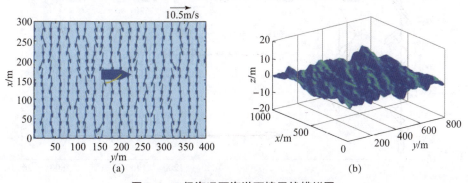

(a)

(b)

图 3.4 5 级海况下海洋环境干扰模拟图

(a)2D 风场图;(b)3D 风生浪图。

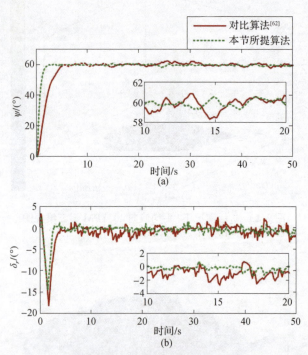

图 3.5　控制结果比较:所提控制策略(绿线)、对比算法(红线)

(a)艏向对比;(b)舵角命令。

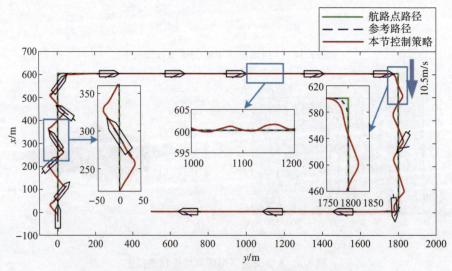

图 3.6　本节控制策略下无人帆船路径跟踪轨迹(线型区分)

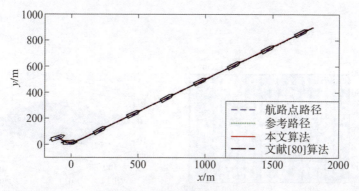

图 3. 13　直线轨迹对比曲线

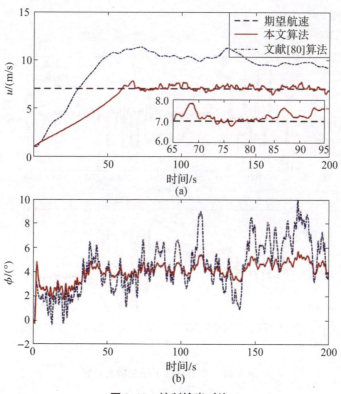

图 3. 15　控制输出对比

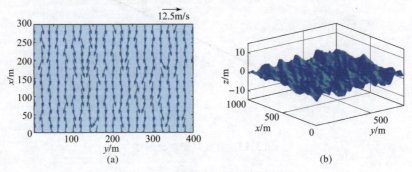

（a）   （b）

图 3.17   5 级海况下模拟海洋环境

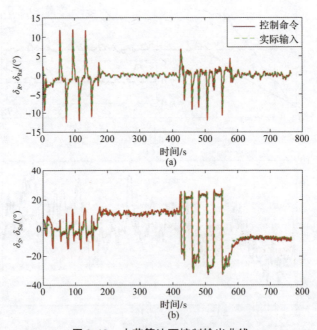

图 3.19   本节算法下控制输出曲线

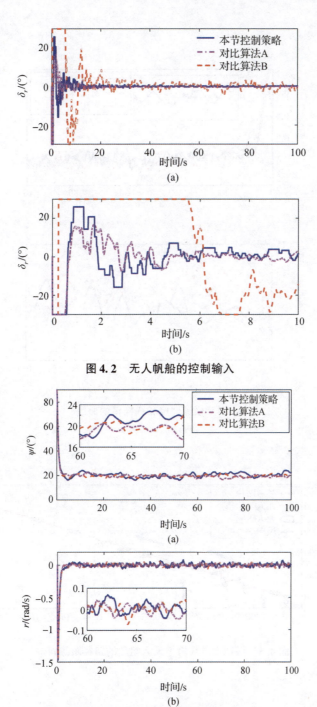

图 4.2 无人帆船的控制输入

图 4.3 航向角和艏摇角速度曲线

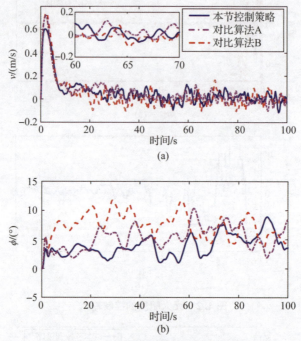

图 4.4 横漂速度和横摇角的曲线

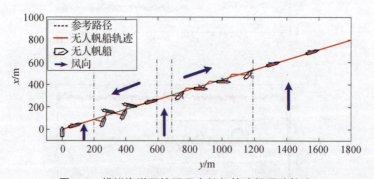

图 4.5 模拟海洋环境下无人帆船的路径跟踪轨迹

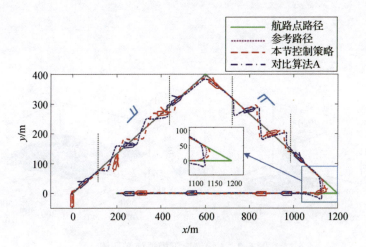

图 4.13　不同算法下的路径跟踪轨迹对比

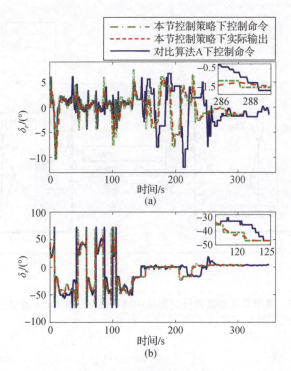

图 4.14　控制输入比较

(a)舵角；(b)帆角

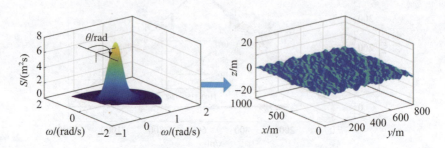

图 5.2 4 级海况下模拟海洋环境

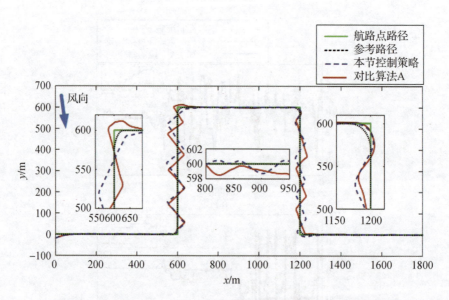

图 5.3 本节算法和文献[52]算法的路径跟踪轨迹对比(线型区分)

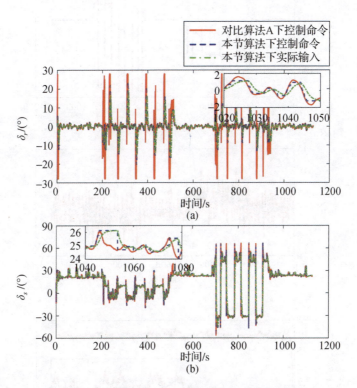

图 5.4　本节算法和文献[128]算法的控制输入对比

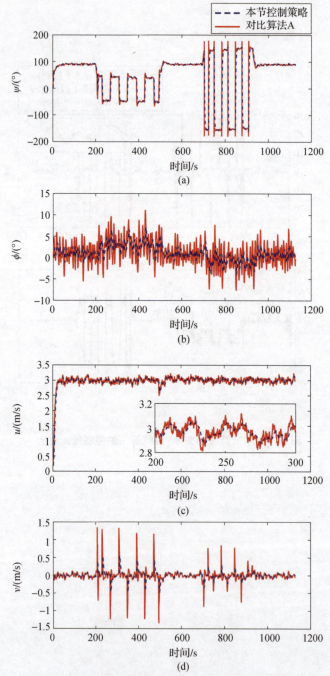

图 5.5 本节算法和文献 ［128］ 算法的控制输出对比

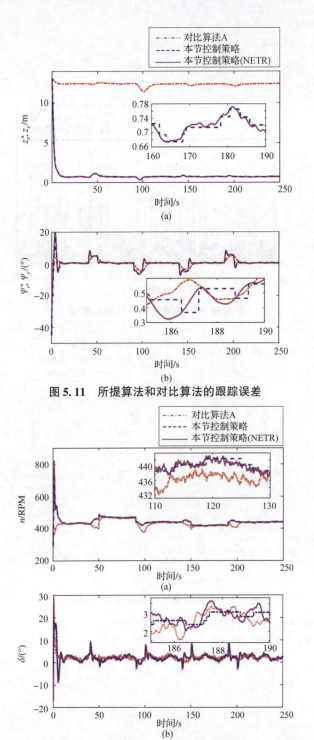

图 5.11 所提算法和对比算法的跟踪误差

图 5.12 控制命令：所提算法，所提算法（NETR），对比算法

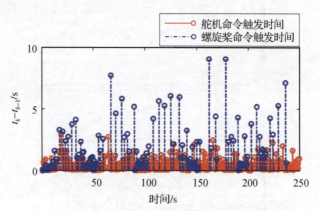

图 5.15 所提算法的事件触发间隔

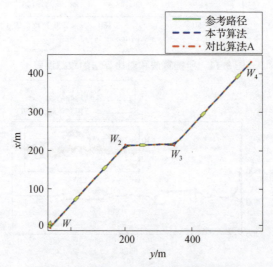

图 6.3 两种算法下的路径跟踪轨迹对比

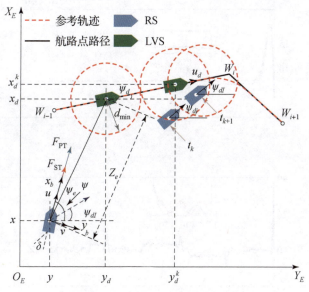

图 6.11　触发式 LVS 制导原理

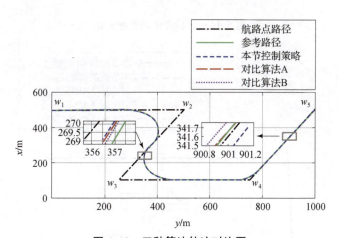

图 6.12　三种算法轨迹对比图

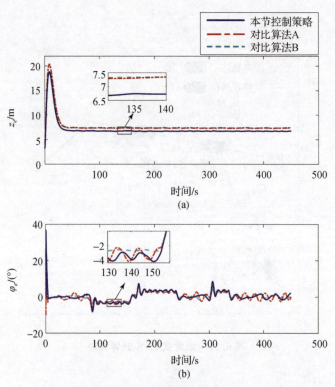

图 6.14 三种算法的误差对比

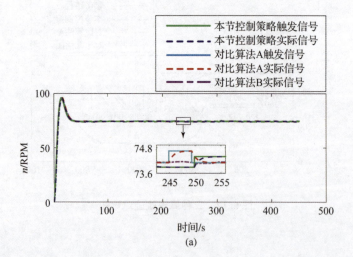

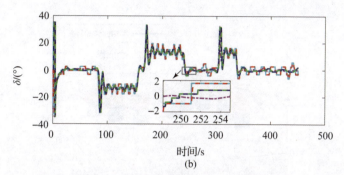

(b)

图 6.15   三种算法控制输入对比（线型区分）

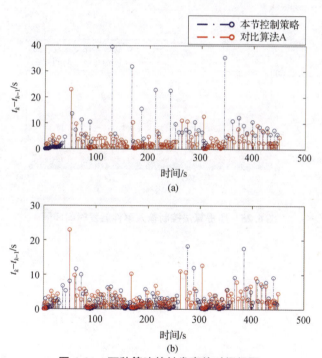

(a)

(b)

图 6.21   两种算法的触发事件时间间隔

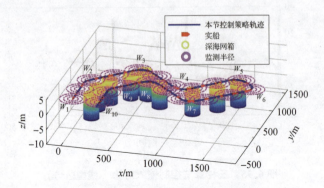

图 6.22　网箱巡检任务下路径跟踪轨迹图

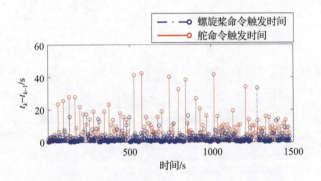

图 6.25　所提算法控制输入事件触发时间间隔